无边界化重构

回 归 企 业 发 展 本 质

BOUNDLESS RECONSTRUCTION
RETURN TO THE ESSENCE OF ENTERPRISE DEVELOPMENT

陈小勇 著

社会科学文献出版社
SOCIAL SCIENCES ACADEMIC PRESS (CHINA)

前　言

分工是经济增长的源泉。然而，分工意味着个人需要进行专业化作业。专业化作业使单个人直接产出的消费品类别减少，甚至完全不生产消费品，这就与个人多元化的消费需求形成了矛盾。针对这一矛盾，人类采用"交易"的方式来进行化解，并以此来使分工得以确立。交易效率的提升又会进一步推进分工的深化和拓展。交易需要交易者了解与交易相关的各种知识，而与交易相关的知识分散于个人，限于"人"有限的认知和计算能力、信息不完全及机会主义行为等客观实际，交易在不同情况下面临不同的成本约束。分工能够带来的好处会被交易成本所抵消。正是基于此，罗纳德·哈里·科斯（Ronald H. Coase）深刻指出，"交易成本"对于个人行为及人与人之间的交互行为具有非常重要的影响，这种影响对于影响交易的各种因素来讲是处于核心地位的。也正是从交易成本的视角，科斯系统阐释了市场经济下企业能够存在的根本原因，他因此成为企业理论研究的开创者和奠基人。

"市场"和"企业"作为组织分工的两种重要组织形式，它们虽在"组织同样分工"上的效率有差异，但这种差异随着相关条件的改变会不断发生变化。作为组织分工的组织形式，企业和市场都是为了使分工能够确立，以此最大化获取分工带来的好处。随着分工的深化与拓展，专业化的类别就会增加，不同专业化之间的交易需求也会随之增加，这就使市场得以扩大、企业繁荣发展；当然，这同时会给市场和企业带来更大的挑战，因为各种不同分工之间的交易会变得更为复杂，交易成本也会随之增加。相应地，市场规模扩大及市场和企业组织分工的效率提升又会进一步推动分工深入发展。因此，分工的发展和市场与企业的发展是互为促进的。

虽然互联网经济在近20年获得了井喷式的发展，但理论界对于"分工""市场""企业"的分析视角仍凸显深深的"地理空间烙印"。国内，当前市场运行于基于互联网所构筑的"虚拟空间"。虚拟空间是超越"地理空间边界的"，具有"先天性的全球化特征"。而理论界的探讨仍主要集中于区域市场的特殊性。实际上，区域市场和全球化市场的功能在本质上是相同的，只是它们发挥作用的范围不同。因此，以超越地理空间边界的思维战略来重新思考"分工"、"市场"和"企业"，这在理论上和实践上都是务实的。

基于互联网构建的市场是对传统"基于地理空间构建的市场"的创造性破坏。这可以从三个层次来理解：第一，它从价值观层面突破了经济行为主体基于区域分工体系来构建分工战略的思维；第二，在实践层面，它打破了区域间分工协作的边界局限，使传统以单一的实体形态存在的市场转变为"实体"和"虚拟"的融合；第三，它借助平台化运营模式，成功实现了企业和市场组织形式的统一，实现了权威指挥机制和自由竞争机制的融合。这种创造性破坏推动经济行为主体和理论工作者必须聚焦互联网构建的全球一体化市场，并在此框架下动态思考市场参与者的战略定位。

从技术层面来讲，信息技术的不断迭代升级，不仅将人与人之间信息沟通的效率提升到了极致，而且在信息获取、存储、传输、加工、应用等方面也获得了空前的效率。信息技术取得的成就应用在经济领域，表现为交易效率的大幅度提高，这种效率渗透到市场和企业，直接拓展了市场和企业组织分工的范围。尤其是互联网所构筑的市场是跨越全球各个国度的统一大平台，它超越了地理空间的束缚，将经济行为主体直接置于全球一体化市场上。这给原来活跃在局部市场上的企业提供了同台竞争的环境，更为企业相互学习提供了多元化的榜样。

相对于传统市场，互联网构筑的全球化市场因规模空前，所以其专业化及分工将会向更复杂和高级的方向演化。价值链型分工模式逐渐向价值网络型分工模式发展。价值链型分工模式具有线性边界，这使得每一个分工单元只能在价值链条的某一个环节进行价值创造。价值网络型分工模式打破了价值链型分工的边界约束，使其成为价值网络生态体系中的节点，不再只是价值链条上的某一个环节。占据价值网络中某一个或几个节点的企业，不再是全能型组织，而是具有模块化形态的专业化组织，这种形态的企业通过与各种具有核心能力的其他模块型企业以虚拟化运作的方式进行联盟重构，以协同的方式进行价值创造。这种以价值联盟的方式进行价值创造的企业，其组织边界不再清晰，其实体规模不再反映其价值创造能力，因此，其规模边界形态不再反映其价值创造能力的边界。为此，需要重新审视企业发展过程的边界属性。

关于企业的本质是什么，企业的发展边界在哪里，是否收敛？现代企业理论主要沿用科斯的定义，认为企业是对市场自由价格竞争机制的一种替代，是用行政指挥机制来配置资源的组织。行政指挥机制和市场自由价格竞争机制的不同就构成了企业和市场之间清晰的边界。然而，全球化的价值网络型分工体系，使得分工的发展不断发生脑体产业分离，而且脑袋产业和身体产业各自也不断进行分离，这使得传统意义上的企业内部的某些价值创造模块，从企业内部走向企业外部。值得注意的是，这些走出企业而原本属于一体化企业的模块化价值单元，以联盟价值创造的形式仍从事与原有一体化企业相同的价值创造活动，但是其行为方式发生了巨大的变化。它既以市场自由价格竞争机制作为行为的基本原则，同时又接受企业对其某种程度上的约束。比较模块化单元从企业内部走向外部的前后两种状态，可以发现企业发展目标没有变化，并且实现这一目标所运作的要素构成本身并没有发生太大的变化。但是，联盟价值创造模式使企业在发展中的边界很难进行定义了。尤其是按照既有企业理论关于企业边界的定义，很难说明诸如Google、阿里巴巴、Facebook、腾讯等平台型企业的边界在哪里。即使以价值网络中的节点来定义企业边界，将节点视为完整的企业，但这种处于价值网络体系中的节点，其价值创造能力是不具有收敛特征的。因为它自身可以通过复制，并以联盟、连锁的方式与其他价值节点进行合作，从而使其价值创造过程呈现复杂的交互关系，而且这种关系不断动态变换。因此，这种企业的发展本质上不存在明确的边界，它是无边界发展的。联盟价值创造要求企业必须以开放的形态面对它所需要的各种资源，面对与它相关的供应商、客户、市场以及整个社会体系，只有保持开放，企业才能以更高的效率去实现重构、实现创新、实现发展。然而，现实中企业在发展过程中的重构行为，面临着主观和客观的多重边界障碍，比如：主观意识形态上的认知边界，客观上的地理空间边界、时间边界、物质形态边界等，以及由此所造成的企业和其他各个相关利益者之间的各种界限等。

  本书的研究认为无边界化重构是企业遵循事物发展规律的科学选择。因为事物的本质是运动，运动体现的是普遍联系性，联系是开放的，而不是封闭的。人类所定义的不同事物，它们之间本质上不存在什么绝对的边界，为了方便对其认识，人们习惯对它们进行分类，并突出不同类别之间的区别，这实际上就是在它们之间树立了一条边界。虽然用边界的概念来描述不同事物之间的区别，有利于人类认识自身所生存的复杂世界。但人们也应当在认知层面保持警觉。那就是，人类所定义的事物，它们之间本质上是没有什么绝对的边界。如果人们用边界思维来指导实践，在某种程度上讲是违背事物运动发展的客观实际的，从而行为人必然要承受规律发生作用带来的后果。在企业实践中，企业内外边界体系林立，一方面有利于凸显企业的独特性；另一方面也会严重影响企业开放发展的要求。企业进行无边界化重构的目的就是让企业回归开放的本质。按照熊彼特的定义，发展的本质是实现新组合，是通过重构实现的创新。因此，企业发展体现的是能力，是通过重构不断实现新组合的能力，这种重构是对有形物质资源和无形资源的重构，这种能力是由有形物质资源和无形资源共同塑造的。在价值网络型分工模式下，企业重构体现的是做大网络，而不是传统所追求的做大规模。规模体现的是实力，而网络体现的是实体和虚拟相融合的势力。做大网络体现的是企业在有边界的实体上实现无边界化重构。结合案例，本书对企业在经营层面、管理层面和操作层面的无边界化重构战略进行了归纳和抽象。最后，构建了企业通过塑造和延伸"核心能力"来实现无边界发展的路径。

目 录

第一章 导 论 1
　第一节　问题的提出 1
　第二节　本书写作的意图 8

第二章 相关背景分析 14
　第一节　企业生存环境的变化 14
　第二节　相关研究述评 46
　第三节　国内外研究评述 79
　第四节　本章小结 82

第三章 企业组织无边界化重构战略的理论分析框架 85
　第一节　概念系统 85
　第二节　基本假设及研究主体说明 86
　第三节　企业发展的模型设定及解析 103
　第四节　企业无边界化重构的作用 118
　第五节　企业无边界化重构战略的三个视角 121
　第六节　互联网经济与企业无边界化重构 126
　第七节　本章小结 135

第四章 企业经营层面无边界化重构战略的案例分析 139
　第一节　超越产品边界的经营重构 139
　第二节　超越时间边界的经营重构 144

1

第三节　超越空间边界的经营重构 …………………………… 150
　　第四节　超越运作边界的经营重构 …………………………… 156
　　第五节　本章小结 ……………………………………………… 160

第五章　企业管理层面无边界化重构战略的案例分析 …………… 163
　　第一节　超越垂直边界的重构 ………………………………… 163
　　第二节　超越水平边界的重构 ………………………………… 171
　　第三节　本章小结 ……………………………………………… 178

第六章　企业操作层面无边界化重构战略的案例分析 …………… 180
　　第一节　企业操作层面无边界化重构的案例 ………………… 180
　　第二节　企业操作层面无边界发展的机理分析 ……………… 189
　　第三节　本章小结 ……………………………………………… 194

第七章　企业无边界重构的一般路径构建 ………………………… 196
　　第一节　企业核心能力重构 …………………………………… 196
　　第二节　核心能力提升和延伸模式 …………………………… 219
　　第三节　形成无边界化发展的产业生态体系 ………………… 234
　　第四节　本章小结 ……………………………………………… 240

第八章　结论与思考 ………………………………………………… 244
　　第一节　结论 …………………………………………………… 244
　　第二节　思考 …………………………………………………… 252

参考文献 ……………………………………………………………… 257

第一章 导 论

第一节 问题的提出

企业是现代经济活动的主体，研究企业问题必须要将企业放在整个经济体系中去考察。经济体系既是整体的，更是个体的，整体是个体相互关系演化的结果。从个体的视角来看经济活动，个人欲求必然是所有经济分析的起点，不管心理学对于"人"的欲求给出什么样的定义，至少人通过经济活动所生产的"物质和精神产品或服务"总是为了满足人某方面的欲求，这显然是符合实际的。因此，可以将经济活动的目的定义为尽可能增加物质和精神产品或服务的产出。

经济学家用投入产出模型来反映人们从事经济活动的效率，并意图基于投入产出模型所反映的变量关系来找出决定经济增长最为核心的因素。罗伯特·索洛的模型"$Y=F(K/AL,1)$"属于这方面开创性的探索，在对这个模型的分析中，索洛发现资本 K 和人口 L 对于经济增长的贡献会收敛到一个稳定点，Y 的持续增长主要取决于 A，索洛将 A 定义为有效劳动。但是怎样的劳动才算是有效的劳动，决定劳动有效性的核心因素到底是什么？索洛将 A 视为外生变量，他并没有在这方面追问下去，也就是没有厘清劳动有效性的含义。

保罗·罗默的研究明确了 A 的核心就是知识，认为经济持续增长取决于知识存量的增加。那么，怎样才能促进知识存量的增加，决定知识存量水平的核心因素是什么？罗默考察和实证分析了研发投入、人口增长、人才储备等各因素对知识生产的贡献，发现这些因素与 A 的增长没有呈现一个确定的关系①。杨小凯强调，要理解 A 的本质，必须回到亚当·斯密的分工理论。基于阿伦·杨格对分工理论的深刻认识，杨小凯比较了"自给自足"和"分工"两种生产方式，他发现，如果全社会的人都自给自足，社会知识总量会与单个人的知识总量相差无几，是分工使得社会知识总量远远大于单个人拥有的知识量。因此，分工才是决定知识增长的关键②。

然而，分工会引发两类矛盾：一是个人的专业化生产和多样化消费之间的矛盾（产品分工）；二是分工之后，需要多个人相互协作来完成生产过程（产品内分工），这会产生多个个人目标之间的矛盾。因此，分工能否确立取决于这两类矛盾化解的效率。人类在实践中认识到化解这类问题唯有通过协作。因为，通过专业化协作能使协作双方都有机会获得专业化带来的额外好处，从而使协作双方的福利同时获得增加成为可能。

既然协作可以增加专业化双方的福利，为什么人类在漫长的历史时期主要以"自给自足"的方式进行生产，而不以专业化协作的方式进行生产？这是因为专业化协作面临多种困境，克服这些困境需要付出成本。当克服协作困境所需的成本大于专业化带来的好处，专业化分工就难以实现。造成专业化协作困境的因素有很多，其中，最为核心的是信息问题。因为信息是人进行有目的的行为决策的基础，这源于人进行决策的过程是计算的过程，也就是不断地计算成本和收益之间的差额。因此，关于成本和收益的信息获取就会非常关键。理论上，行为人如果拥有各种行为的全集信息，关于每一个行为的成本信息和收益信息都完全掌握，并且对所掌握的信息具有完全的计算能力，他就能做出最优决策。

然而，现实中的行为人进行决策必然面对信息不完全的问题，尤其是行为人之间进行专业化协作总会面临信息不足和信息不对称的问题。在信息不足和不对称的情况下，人的机会主义行为会带来额外的交易成本，从而会削弱专业化本身带来的好处。正是这种交易成本使得专业化协作，也

---

① Romer, Paul M., "Endogenous Technological Change," *Journal of Political Economy*, 1990, Vol. 98.
② 〔澳〕杨小凯：《经济学：新兴古典与新古典框架》，张定胜、张永生、李利明等译，社会科学文献出版社，2003。

第一章 导 论

就是专业化之间的交易并不容易实现。交易效率决定分工水平,交易效率高则分工水平高;反之,则分工水平低[①]。怎样才能降低交易成本,从而提高交易效率?这取决于组织分工的形式,亚当·斯密系统探讨了市场运用价格自由竞争机制来组织分工的效率,他强调"看不见的手"的力量[②];科斯[③]指出市场组织分工之间的交易并不总是效率最高的,反而在有些情况下成本较高,而且这种成本以企业行政指挥机制来组织可能会更低,这不仅构成了企业出现的客观原因,而且也说明了组织分工之间的交易方式不止市场一种。而且,传统理论认为自由价格竞争机制和行政指挥机制之间的边界清晰,各自分属于市场和企业,互不相容。随着互联网经济的蓬勃发展,在企业中存在自由价格竞争机制的现象越来越普遍。如何解释这种现象?这就需要深入认识互联网经济的本质,需要深入认识互联网经济体系给企业带来的变革。

根据以上阐述,可以将经济运行的逻辑体系描述如图1-1,从图1-1可以明确看出,企业和市场作为组织分工的组织形式,它们运行在由正式制度和非正式制度交织的环境中,两者的运作效率直接决定分工之间协作的效率,进而决定分工的深化发展能否实现,最终决定经济活动的产出能否获得持续性的增加。

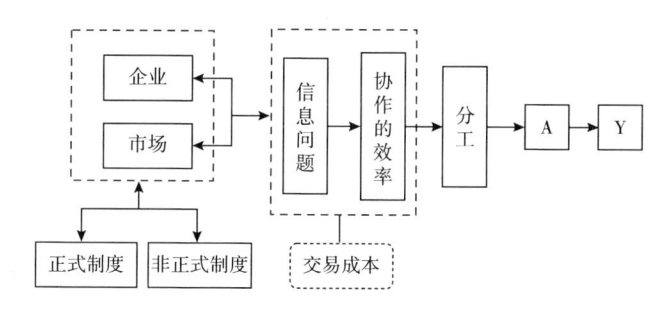

图1-1 经济体系运行的逻辑构架

[①] 杨小凯:《经济学:新兴古典与新古典框架》,张定胜、张永生、李利明等译,社会科学文献出版社,2003。
[②] 〔英〕亚当·斯密:《国民财富的性质和原因的研究》,郭大力、王亚南译,商务印书馆,1981。
[③] Ronald H. Coase, "The Nature of the Firm," *Economica*, 1937.

结合互联网来重新审视经济体系的运行逻辑，不难发现，互联网促进了经济网络化、虚拟化、知识化，其中最为核心的是，基于互联网运行的市场具有先天性的全球化基因。这些变化改变了企业的生存环境，从而也使企业的生产经营活动、消费者的消费发生着深刻的变革，这主要表现在以下几方面。

第一，信息技术促进了劳动生产率水平获得大幅度的提升。物质产品生产的高效率使得物质产品的供应变得相对丰富，人们开始普遍增加对于精神产品的消费追求，个性化消费、体验式消费是反映人们消费需求转变的典型表现。因此，现代企业应当深入思考如何将物质价值和精神价值统一在其提供的产品和服务中。

第二，互联网给企业带来了全球化的市场空间，同时也使其面对来自全球的竞争对手所带来的挑战。过去，企业参与国际竞争主要表现在产品市场上的竞争，这只体现了商品贸易的全球化。现在，基于全球劳动力市场、资本市场进行资源整合已成为现代企业发展的重要战略。尤其是基于互联网构建的市场，它利用现代化的信息技术将原来分布在全球不同区域的片段化市场，有机融合成全球统一的大市场。在信息高速运转的虚拟空间，跨时空资源整合的交易成本获得了大幅度的降低。企业竞争战略的视角无论是从其发展所依赖的资源基础，还是从其生存的市场空间，都被扩大到全球。消费者和生产者不再界限分明，杰夫·豪[1]所定义的"众包"型企业发展模式，说明了企业利用互联网络可以直接将分布于世界不同地理位置的人力资本和物质资本纳入其发展战略规划中。在众包活动中，消费者和生产者既不同于"自给自足"经济时代的消费者和生产者完全为一体，也不同于"传统分工经济时代"的消费者和生产者完全相分离。

第三，企业参与分工的战略从价值链升级为价值网络。互联网构筑的虚拟空间为分工的发展提供了前所未有的市场空间，社会分工、区域分工、国与国之间的分工、产业分工、产品分工、产品内分工以及企业内部的各种职能、流程、区段和业务等各种分工获得了充分的市场基础。在这

---

[1] 〔美〕杰夫·豪：《众包：大众力量缘何推动商业未来》，牛文静译，中信出版社，2009。

种背景下，分工之间协作的模式已经突破价值链的边界，呈现网络形态的立体化拓扑构型，这是一种复杂的全球化分工网络体系。置于这种分工网络体系中的企业，不再只是作为价值链条上的一个环节，而是立体分工网络体系中的价值节点；其价值实现的路径不再受线性价值链边界的约束，而是可以沿着价值网络体系中多条路径进行延伸。因为分工网络体系赋予每个价值节点多种选择，所以它本身也从封闭走向了开放。由于分工的确立取决于分工之间的协作效率，在价值链型分工协作机制下，各分工单元之间以闭环的方式实现价值创造和信息循环，不同价值链条之间的信息互动被价值链边界轻易地阻隔了。这样一来，不同价值链之间就会存在很高的可占用性租金。而且，专业化程度越高，这种可占用性租金的值就会越大，在信息不对称的条件下，就会增加专业化之间进行协作的机会主义成本，从而使位于价值链各个环节的价值单元进入和退出的成本很高。而在价值网络型分工体系下，每一个价值节点通常都是多个价值创造过程（传统意义上的价值链）的一个环节，这种价值实现模式不仅增加了价值节点价值增值的机会，而且充分释放了价值节点参与不同价值创造过程的自由度。从信息互动的通路来看价值网络型拓扑构型，每一个价值节点与其相邻或者其他价值节点信息互动的通路，在理论上是有无限种可能的。这实际上将价值链式的闭环信息沟通模式直接升级为无边界化的信息互动模式。置身全球价值网络型分工体系，企业因同时能够参与多个价值创造过程，从而使它能够保持充分的自主性和创新性。

第四，平台化成为企业获取竞争优势的重要组织形式。现代企业之间的竞争，已经从以企业之间的竞争为主转向以企业族群之间的竞争为主[①]。零和博弈或负和博弈是企业之间竞争的通常结果，这种博弈通常以争夺市场份额为目的，强调做大企业规模。在全球价值网络型分工体系中，企业拥有全球化的市场空间，而且它可以同时参与多个价值创造过程，因此，它主要通过联盟、协作的形式来构筑和实施生产经营决策。在这种情形

---

① 李海舰、魏恒：《新型产业组织分析范式构建研究——从 SCP 到 DIM》，《中国工业经济》2007 年第 7 期。

下，企业和企业之间以合作博弈为主，强调做大市场和网络。当前，平台型企业大量涌现，这些平台型企业展现出强大的竞争力，如 Google、Facebook、腾讯、阿里巴巴等典型的平台型企业，它们不仅是一个企业，而且是庞大的企业族群[1]。

第五，企业从一体化全能型组织走向以核心能力为主要竞争力的模块化组织，从基于规模和实体的经营走向虚拟经营。普拉哈拉德和哈默尔等强调核心能力是塑造企业竞争力的关键，规模庞大的企业反应笨拙，应当由具有核心能力的企业替代[2]。Richard R. Nelson 尤其强调动态核心能力[3]。戈德曼等认为在分工发达的网络经济环境中，协作和联盟是企业取得竞争优势的关键，从而他们强调建立围绕核心能力的灵捷性虚拟组织[4]。在互联网时代，模块化展示出非凡的力量[5]，打造具有界面联系规则的核心能力模块型组织是提升产业竞争力的重要途径[6]。全球化时代，企业呈现出脑体产业分离的趋势，脑袋产业往往实行虚拟化经营。

第六，企业从边界内寻求价值到从外部无边界的社会体系中寻求价值。在崇尚实体经营的时代，企业的边界是清晰的，企业的价值链通常是很"完整"的，因此企业主要在边界内创造价值[7]。然而，在互联网经济时代，全球化的市场瞬息万变，企业为了提高市场的应变能力，将自身打造成简洁的核心能力模块。以客户需求为中心，在无边界的价值网络中，通过不断地融入各种价值联盟来实现自己的价值。费根堡母（Feigenbaum）

---

[1] Marshall W. Van Alstyne, Geoffrey G. Parker, Sangeet Paul Choudary, "Pipelines, Platforms, and the New Rules of Strategy," *Harvard Business Review*, 2016.

[2] Prahalad, C. K., G. Hamel, "The Core Competence of the Corporation," *Harvard Business Review*, 1990.

[3] Richard R. Nelson, "Why Do Firms Differ, and How Does It Matter?" *Strategic Management Journal*, 1991, 12.

[4] 〔美〕史蒂文·L. 戈德曼、罗杰·N. 内格尔、肯尼思·普瑞斯：《灵捷竞争者与虚拟组织》，杨开峰、章霁等译，辽宁教育出版社，1998年。

[5] Baldwin C. Y., K. B. Clark. *Design Rules*: *The Power of Modularity*, Cambridge, MA, MIT Press, 2000.

[6] 〔日〕青木昌彦、安藤晴彦：《模块时代：新产业结构的本质》，周国荣译，上海远东出版社，2003年。

[7] 李海舰、聂辉华：《全球化时代的企业运营——从脑体合一走向脑体分离》，《中国工业经济》2002年第12期。

提出全面质量管理（TQM）的思想，指出企业价值创造"始于顾客，终于顾客"。德鲁克（Drucker）直接指出企业的宗旨是创造顾客，他强调企业价值实现来自开放的社会体系。梅森（Mason）和贝恩（Bain）的SCP分析范式，及波特（Porter）的钻石模型则集中阐述了企业价值实现和开放社会体系之间的紧密联系，启发企业要从外部广阔的市场寻求价值创造。

综上，互联网经济强调分工与协作，强调开放与互联，它更突出在独立和相互联系中寻求平衡。这源于现代企业本身就是社会分工体系中的亚体系，其生存和发展需要不断与其所处的自然环境和社会环境进行物质、能量和信息的交换，这决定了企业必须保持开放的形态。然而，企业的实践面临诸多边界制约，这些边界表现为企业和市场之间的边界，企业和企业之间的边界，企业和客户之间的边界，企业和供应商之间的边界，企业在经营时间上的边界，企业在经营空间上的边界，以及企业内部等级之间、部门之间、员工之间的边界，等等。因此，突破这些边界约束，让企业能以开放的形态在全球价值网络型分工体系中实现无边界化重构，成为互联网经济时代企业发展的重要内容。

从理论上看，传统企业理论大都将企业置于规模边界的框架内进行研究。古典经济学的企业理论，将无形要素外生化，主要以资本（k）、劳动（l）、土地（e）等作为企业函数的变量，从而将其函数表述为$f=f(k, l, e)$的形式。由于资本、劳动、土地属于有形要素。所以，它体现的主要是实体规模特征。按照边际理论，资本、土地、劳动的边际效率遵循递减规律，即$\partial f/\partial k<0$，$\partial f/\partial l<0$，$\partial f/\partial e<0$。因此，随着资本、劳动、土地等投入量的不断增加，$f=f(k, l, e)$的最优产出将收敛于一个常数，从而得出企业的实体规模是有边界的。然而，企业是有形要素（f_1）和无形要素（f_2）的集合，企业目标（f）是f_1和f_2的函数。理论上，可以用$f=f(f_1, 0)$，$f=f(0, f_2)$，$f=f(f_1, f_2)$三种函数形式来对企业进行刻画，其中：$f=f(f_1, 0)$表示企业目的和功能的实现只依赖有形要素的投入；$f=f(0, f_2)$表示企业目的和功能的实现只依赖无形要素的投入；$f=f(f_1, f_2)$表示企业目的和功能的实现同时依赖有形要素和无形要素的投入。然而，实践中企业完全只由有形要素构成或只由无形要素构成是不可能的，

因此，$f=f(f_1, 0)$ 和 $f=f(0, f_2)$ 两种极端的函数形式在现实中不存在，任何企业都同时包含无形要素和有形要素。因此，$f=f(f_1, f_2)$ 是现实中企业的常态。古典企业函数属于典型的第一种极端形式 $f=f[f_1(k, l, e), 0]$，这种形式和现实严重脱离。新制度经济学派同样采用边际分析的方法，通过比较企业进行额外一单位市场交易的替代所引起的管理费用增加与市场交易费用的减少，来确定企业发展的边界。该学派所探讨的管理成本和交易成本都是以实体规模为参照标准的，因此，其理论关于企业发展边界的观点仍然是主要基于有形要素。可见，古典经济学派和新制度经济学派的企业理论都属于典型的 $f=f(f_1, 0)$ 所描述的企业形式，它们明显忽略了无形要素对企业发展的内生性作用。值得注意的是，传统企业理论主要基于所有权来分析企业思考生产经营战略的资源基础，这容易忽视使用权、协作、联盟等对于资源不足的补充作用。实际上，包含了无形要素的企业 $[f=f(f_1, f_2)]$ 体现的是能力，体现的是实现自身价值诉求和满足社会对其功能需要的能力，而不是规模。因为能力具有"质"和"量"相融合的特性，它具有更为广泛的含义，通过"量"表现的边界只能反映它部分特征，其更多的内涵表现为无边界的"质"的特征。从而，它是基于有形边界的无边界发展。

鉴于此，本书基于分工的视角，以"交易"和"产权"作为最基本的分析单位，融合经济学、管理学、社会学、系统论等方面的知识来构建企业无边界化重构战略的理论分析框架，并基于案例的视角，从企业经营层面、管理层面和操作层面入手，考察和分析现代企业如何通过无边界化重构来将实体和虚拟融合成网络之大，在有边界中实现无边界发展。最后，本书提出了以核心能力为中心，构建通过塑造和延伸核心能力来实现企业无边界重构的发展战略。

第二节　本书写作的意图

一　理论意图

新古典经济学的企业理论以理性人为基本假设，假设个人具有完全信息和完全计算能力，个人总是能够进行最优决策。而现实中的个人是有限理性的，拥有的信息量不完全，计算能力有限。客观的最优决策到底是什么？人类很难得到先验的正确答案。因此，人在不知道"什么是最优的"的情况下，不可能按照"最优"的标准来行为，只可能以原有状况作为参照，以预期的更优状态作为进一步行为的参照。企业无边界化重构战略的理论分析框架，将人的有限理性作为分析基础，以此来克服新古典企业理论"完全理性人"假设存在的缺陷。

传统企业理论的研究大都将无形要素作为外生变量，将视角聚焦在有形物质要素对企业发展的影响分析之上。根据边际理论，有形物质要素的边际效率递减，所以，企业发展必然具有最优规模边界。企业重构战略容易受规模边界思维的束缚。企业无边界化重构的分析框架将企业能力作为核心指标，将无形资源作为企业发展的内生变量，重点分析由有形资源和无形资源共同决定的企业能力的无边界发展规律，以此突破企业进行组织重构的边界束缚，实现无边界化重构，从而弥补传统企业理论在无形要素对企业发展的影响方面的研究不足。

传统企业理论从个体的视角，侧重于研究企业如何实现自身价值最大化，强调企业的独立性，对企业社会性的一面研究不足。企业无边界发展研究基于企业个体性，着重探寻企业和社会体系之间的融合性联系规律，并从系统存在和发展的客观规律来说明企业无边界重构是系统开放性本质的必然要求，也是企业主动尊重事物普遍联系的开放性本质的表现，从而弥补传统企业理论将企业视为"独立的单元"，忽略了"企业作为社会体系构成的基本单元"，对其社会性方面研究所存在的不足。

传统企业理论主要基于价值链型分工模式来构建企业参与分工的战略，注重的是如何依靠价值链来实现自身价值最大化。企业无边界化重构战略理论研究基于全球价值网络型分工模式来构筑企业参与分工的战略，全球价值网络型分工是社会分工、区域分工、国与国之间的分工、产业分工、产品分工、产品内分工以及企业内部的各种职能、流程、区段和业务等各种分工交织融合而形成的复杂性生态网络分工体系。因此，企业无边界化重构战略理论强调企业在全球价值网络中，以何种方式参与全球价值网络分工体系更能实现企业价值创造能力的可持续提升。

传统企业理论认为市场和企业作为资源配置的两种组织形式，它们之间是界限明晰的。传统企业理论认为市场以价格自由竞争机制实现资源的优化配置，而且企业以行政指挥机制来优化资源配置。传统企业理论通过比较两种组织对于资源配置效率来论述市场和企业的发展边界。但是，该理论未能解释企业中存在以市场机制配置资源的现象。企业无边界化重构战略理论认为，单纯以资源配置的方式来定义企业是不全面的，企业产生有其主观和客观的原因。企业产生的主观驱动力是企业家精神，客观驱动力是市场交易成本。因此，如果将企业家精神和交易成本融合起来重新审视企业，那么，两种资源配置机制同处于企业中是自然而合理的。这也说明企业和市场之间本质上没有边界。企业的物质形态只是其特征之一，它更是利润中心，具有满足社会需要的特殊功能单位。利润中心是以结果来反映企业的特征，权威配置资源和市场价值配置资源都可以置于利润中心的框架下。权威控制强调规模，利润中心追求的是实现利润的能力。纯利润是驱动企业家才能供给的关键要素，企业家逐利行为既创造市场非均衡，又推动市场从非均衡向均衡运动。

二　实践意图

在传统经济条件下，无论以静态的视角还是以动态的视角来看，企业生产经营的业务范围都具有显著的边界。在互联网经济下，跨界经营打破了企业生产经营范围的边界，一些企业因为无边界化的跨界经营而迅速崛起，成为具有强大竞争力的超级企业，阿里巴巴、京东、腾讯、Google、Facebook、Amazon、苹果公司等企业不仅打破了传统企业生产经营的业务范围边界，而且也打破了其生产经营的地理空间边界，从而实现了对于要素和力量的无边界化重构。

无边界发展的企业呈现以下显著特征。第一，基于互联网构筑的虚拟空间进行运作，而传统企业基于自然界的地理空间。第二，无形要素成为这种企业生产经营活动中的核心投入要素，尤其是以信息收集、储存、加工、传输、应用等为主要内容。而传统企业以有形的物质资源为主要投入要素。第三，虚拟企业强调开放性，以合作性竞争替代排他性竞争。第四，实施虚拟化运作，无边界化重构成为这些企业保持持续竞争优势的重要战略。总之，互联网使企业在组织形式、运行机制和发展路径等诸多方面都与传统基于实体的企业具有很大的不同。

然而，从既有的文献可以看出，关于企业发展的理论大多是基于实体企业进行研究的。目前，对于企业在互联网构筑的虚拟空间中是如何行为的，虚拟空间对于企业获取竞争力带来了哪些机遇和挑战？在这方面还没有形成一个系统性的理论分析框架，更缺乏能够指导企业在互联网构筑的全球一体化市场中进行实践的系统性理论。互联网构筑的虚拟空间，并不是虚无的概念，它本质上是对现实世界的逻辑映射。虚拟空间的开放性属性，要求置身其中的企业也需要保持充分的开放性，无边界化重构是开放性的价值网络型分工模式对企业发展最本质的要求，它属于新兴事物。目前，企业的这种发展模式仍处于探索阶段，亟须深化对它的认识。理论研究是对企业无边界化重构战略进行深化认识的重要途径，也是保证企业能够科学地从事生产经营活动，缩短企业实践探索路径的重要手段。因此，对企业无边界化重构发展战略的研究具有显著的实践意义。

三　本书的框架

本书将企业置于互联网经济的大背景中，从企业的本质出发，沿着提出问题、分析问题、解决问题的研究思路，将写作的思路和框架安排如图1-2所示。

第一章，导论。概括说明本书所聚焦的核心议题，对本书的思路、方法及研究框架和结构进行总体性的介绍。

第二章，相关背景分析。基于互联网经济背景，聚焦互联网经济的开放性、无边界性发展要求与传统企业有边界的经营战略之间存在的矛盾，以此明确企业发展的客观趋势及存在的问题，进而通过文献综述来明确关于这些问题在理论研究上的进展。本书的理论综述主要按照企业边界理论发展的历史沿革来对相关文献进行梳理。从古典经济学关于企业边界理论的论述开始，对各个学派关于企业边界理论的发展进行比较和归纳，进一

● 无边界化重构

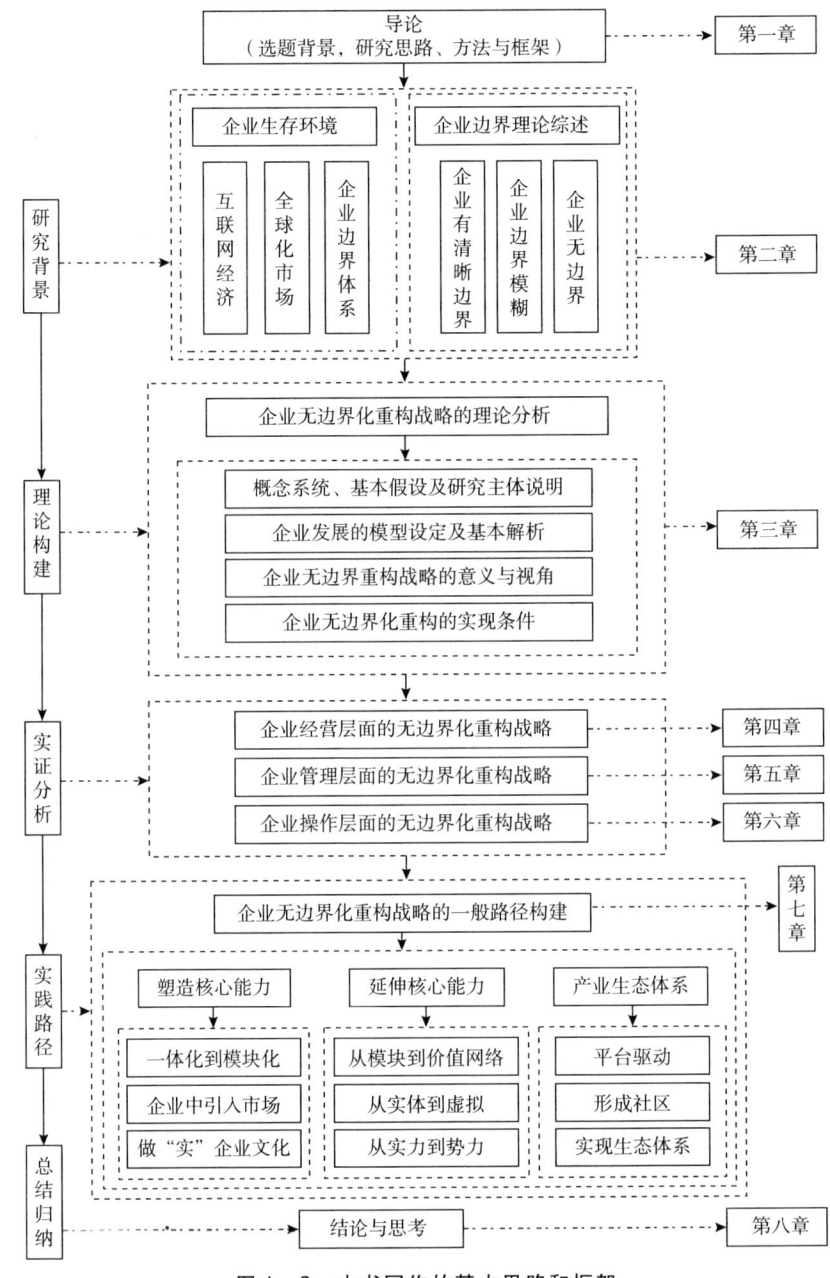

图 1-2 本书写作的基本思路和框架

步明确企业边界理论研究的方向和研究内容。为此，本书按照企业有清晰边界、企业边界模糊、企业无边界这三种核心思想来对文献进行综合梳理和评述。

第三章，企业组织无边界化重构战略的理论分析框架。基于新古典经济学分析框架的四层概念层系，结合新制度经济学、奥地利经济学派对于现代企业理论的发展，本书将行为人假定为有限理性，将"有限理性"引入概念层系的第一层；将企业家精神引入第二层；第三层为将市场过程作为角点均衡求解的基本场景；第四层采用新兴古典经济学的定义，不仅用帕累托最优来度量资源配置的效率，还用它来度量经济组织和体制的效率。对于企业发展的函数形式，本书着重分析无形要素内生化后模型的动态变化状况。基于模型中的 A，归纳企业无边界重构战略的意义、视角及所具备的现实条件。

第四章，企业经营层面无边界化重构战略的案例分析。结合典型案例，具体从企业经营的产品、时间、空间、经营战略等几个方面来考察和验证企业是通过无边界化重构发展战略实现其能力的无边界发展。

第五章，企业管理层面无边界化重构战略的案例分析。具体从企业管理的垂直结构和水平结构所形成的边界障碍入手，考察和实证分析，企业在实践中正是运用正式制度和非正式制度的融合、市场价格自由竞争机制和企业行政指挥机制的融合等无边界化重构战略，才有效打破了企业中各种管理边界，实现了管理层面的无边界化发展。

第六章，企业操作层面无边界化重构战略的案例分析。具体从研发、制造、物流、销售等几个环节，实证分析了企业正是运用无边界化重构战略，才打破了自身资源的边界困境，有效实现了能力的无边界发展。

第七章，企业无边界重构的一般路径构建。基于前面的理论和实证分析，围绕"核心能力"的塑造、提升和延伸，并借助无边界化发展的平台化战略来塑造产业生态体系等，以此逻辑进一步构建企业无边界化重构发展战略的一般路径。

第八章，结论与思考。对全书进行归纳总结。

第二章 相关背景分析

互联网经济的蓬勃发展赋予了企业新的生存环境,这种环境的"新"主要体现在以下几方面。第一,互联网显著推动了经济全球化的进程。随着全球市场一体化的纵深发展,从事相同产品经营的企业,无论来自发达国家还是发展中国家,现在都被推向同一个市场空间。甚至,经营不同产品和服务的企业也都被纳入统一的全球化市场中,因为行业之间的边界变得越来越模糊。第二,市场从实体走向了虚拟。互联网不仅为人们的沟通交流提供了有效工具,还构筑了一个虚拟空间,现实世界在互联网上得到了越来越逼真的模拟,人们将越来越多的活动搬到虚拟空间来进行。第三,虚拟空间的开放性,为企业发展提供了无限的空间。置身其中的企业面临政治、经济、科技、文化以及分工、竞争、资源等诸多方面的新变化。

那么,相比传统的经济环境,互联网经济这个新环境使企业行为发生了怎样的变化?对于这些变化,既有的企业理论能否给予充分解释,能否对企业实践进行有效指导,或针对这些变化,理论研究又取得了什么新进展?本章意图对互联网经济这个大背景进行系统性分析,在此基础之上,结合当前企业的实践对相关文献研究做一个全面梳理。

第一节 企业生存环境的变化

一 互联网经济下的市场发展新态势

(一) 市场的本质

人类经济活动的最终目的是获取能够满足自己物质和精神文化生活需

要的产品或服务，或者更抽象地说是提供满足人类欲求的产品或服务。这些产品或服务有些可以从自然界和人类社会直接获取，但大部分需要进行再加工，需要通过劳动以创造性、创新性的方式取得。

经济活动的方式可以分为自给自足和分工协作两类。在自给自足的情况下，人们之间的交易很少或者没有交易，但经济活动仍然涉及计划管理，尤其是自我时间的计划管理和对自己掌握的有限资源的计划管理。相比自给自足，通过分工协作的方式开展经济活动，就涉及大量的交易环节。从自给自足到分工，虽然只多了交易一个环节。但是，当交易涉及的人数越来越多时，经济活动就会变得越来越复杂。经济活动的计划与管理的难度因此也会变得更大。而这种复杂程度的提高从根源上讲都是由专业化之间的交易所引起的，或者是由直接交易引起的，或者是由间接交易引起的。

为什么在分工经济下，交易活动增加使经济活动的复杂程度大幅度提高？这其中最深层次的问题在于信息，这种信息涵盖自然界、人及人类社会信息的方方面面。单从产品或服务的供给来讲，以自给自足的方式开展经济活动，活动主体起码对于需求信息是充分的。因为，自我需求来源于自我欲求。而分工协作方式却在此方面存在显著的信息不对称。因为，专业化的生产者生产出的产品不是为了满足自己的需要，而是为了满足他人的需要。受时间、地点及信息拥有者显示信息的意愿及能力等各种因素的影响，一个人要获取他人的需求信息面临重重困难。因此，供给者和需求者之间往往存在一道信息鸿沟，它直接影响协作的效率，进而影响实现经济活动最终目标的效率。

经济活动中的协作本质上是一种价值交换。价值在经济学上是与人的效用评价相联系的。效用评价是主观的。实践中，人们用一般等价物来传递其关于某个物品的效用评价信息。在货币经济时代，人们以货币表示的价格来传递这种信息。价格能够化解由信息不对称带来的交易障碍。价格也是提升协作效率的重要机制。然而，价格的形成，依赖于供给与需求之间的互动。现实中，供给主体和需求主体在地域分布上的分隔，造成人与人之间互动的成本很高。市场试图突破这种局限，将供给者和需求者集中起来，意图突破信息鸿沟对于传递信息造成的障碍，从而使交易的效率提高，进而使分工合作的效率得以提升。

为什么在市场上，价格机制能够做到这些？对于一个交易来讲，交易达成时的价格至少包含这样的信息：买方获得此物品得到的效用（用 g 代表这个物品）至少不小于为了获得此商品而付出的货币数量的效用损失（p 是以货币表示的价格，假定每一单位货币的效用对于不同人是无差异的，币值是稳定的）；相对应的，卖方对于得到的货币量的效用不小于持有此物品的效用。以 u 代表效用总量，则交易能够达成的基本条件可以表示如下。

买方：$u(g) \geq u(p)$ 表示买方要换取 g 他最多愿意放弃 p 单位货币；

卖方：$u(p) \geq u(g)$ 表示卖方要至少得到 p 单位货币才愿意放弃 g。

由此可见，交易能够达成不一定要买卖双方就交易标的的价值评价完全一致。对于同一个商品，当买方用货币对其的评价高于卖方用货币对其的评价时，则交易就可以达成。因此，理论上，对同一个商品的货币评价，买方的评价比卖方的评价越高，则越容易成交。在这个过程中，货币成为标尺，成为人们对某一个具体物品价值进行衡量的简便工具。它将一个人对于某种物品的主观性、只有自己知道的价值评价直观地显示出来。由此可见，货币执行着一个人向其他人传递其对于某种商品价值评价信息的信号功能。例如：对于买方来讲，如果他在购买一双鞋子时愿意出的价格是 10 元钱，这个 10 元钱就向他人发出了一个信号，买方对于这个鞋子的评价至少不低于 10 元钱。相对应的，卖方将该鞋子的卖价定为 10 元钱，这个 10 元钱同样也向他人发出了一个信号，卖方对于这个鞋子的评价至少不低于 10 元钱。因此，当一个价格出现，它同时也就向市场上的其他买方和卖方提供了进行决策的参照信息。基于这个价格，买卖双方就可以方便地进行买卖决策。买方基于自己的效用信息做是否买的决策，而卖方则做是否进行生产的决策。当然，交易者的出价通常具有试探性，对于卖方来讲，可能会尝试先高后低，也会尝试先低后高，这取决于他所处的市场情境，及自己想要达到的交易目标。当同样物品的交易者数量增加，买方合力和卖方合力会驱动价格变动。当市场上买方和卖方的数量都逐渐增大的时候，竞争的压力决定了每个交易者的最优策略就是讲真话。价格变动的过程不仅是买卖双方之间的博弈，实际上也包括买方集体和卖方集体之间的相互博弈，它是复杂博弈的动态过程。这就是亚当·斯密论述的"看不见的手"的力量，这种"看不见的手"将市场推向帕累托最优。

（二）市场虚拟化转型

市场作为交换的场所，过去主要是以有形的方式存在，表现为交易者集中在特定的地区进行交换活动。从交换活动本身来看，可将其划分为三个主要阶段，一是寻找交易对手阶段；二是价格谈判阶段；三是交割阶段。当然，对于现代经济活动来讲，还有第四个阶段，交易实现后的责任延伸阶段，比如：售后。但对于一般交易来讲，主要是这三个阶段。在这三个阶段中，前一个阶段都是后一个阶段的基础。相比较而言，前两个阶段活动内容的核心是"信息交换"，第三个阶段活动的主要内容是"物流"（暂不讨论物流信息化问题）。在信息通信技术不发达的时代，人们通过集中在同一个地方来交换信息是最经济的，可以节约交易双方大量的信息成本，而且，信息交换的效率更高。因此，从某种意义上讲，市场的本质是组织信息交换的场所。

在信息通信技术不发达的情况下，市场保持有形的状态。随着信息技术的发展，尤其是互联网的发展及广泛应用，很多领域的实体市场被虚拟市场所替代。为什么虚拟市场能够替代实体市场？从根本上看，还是因为市场的本质功能在于组织信息，包括集中信息和传递信息。现代互联网通信技术使信息收集和传播的效率获得了巨大的提升，这是否意味着不需要市场了呢？从互联网经济的实践来看，这不仅没有弱化市场存在的必要性，反而强化了市场存在的必要性。从当前迅速崛起的互联网企业本身的经营特征就可以充分说明。比如：Apple公司、Amazon公司、阿里巴巴、腾讯等，这些互联网巨头，每一个公司本质上也是一个巨大的市场，因为它们的核心功能主要表现在对于各种交易信息的集中与传递，当然这些企业在信息的存储、加工等方面表现得更为优异。

在互联网上，这些以公司形态运行的市场，并没有地理空间的概念，它是虚拟的。它给处于不同地理位置的人以"与市场零距离"的感觉。市场形态的这种转变不仅给经济活动带来了巨大的变革。对于企业来讲，市场虚拟化转型构成了其生存环境最重大的改变。

市场虚拟化转型集中体现在，它基于互联网构建的虚拟空间来发挥其组织分工的职能。市场的本质并不是一个交换的场所，而是一切交换关系的总和。无论是传统上特定地理空间上的市场，还是在互联网虚拟空间中的市场，交换场所只是市场存在的基础，不是市场本身。如同人一样，人生活在一定的场所中，但人不能以其所生活的场所来定义。但不同的场所，能够使市场发挥功能的效率存在差异。因此，在此需要强调的是，市场虚拟化转型不是市场功能的转型，而是市场发挥其功能所依托的场所的转型。过去，市场主要基于实体空间来发挥其组织分工的功能。现在，借助现代化的信息技术，市场可以在虚拟空间发挥其功能。因为虚拟空间更有助于市场发挥其功能。随着互联网通信技术的不断发展，现代市场加速虚拟化转型。

（三）市场超越边界向全球化加速发展

传统市场是基于特定地理位置形成的，是有形的。受所处地理位置的约束，进入市场的交易者主要是居于市场周围一定范围内的经济活动主体。不同交易主体因为在地理空间中所处的位置不同，从而他们进入市场的交易难易程度（或者说成本）是不同的。理论上，离市场近的，进入市场的成本要低于离市场较远的。这样一来，处于不同地理位置的人们就会根据居所形成多个市场来克服距离引发的交易困境。从全球或者特定区域来讲，市场就被分割了，由此使传统市场之间形成了比较清晰的发展边界。当不同市场在地域上呈现相互分隔的分布状态时，不同市场要获得同步发展就需要联动。不同地方的市场之间主要通过跨市套利进行联动。但这种联动方式因地理空间距离的影响，往往成本较高，因此，此种联动进行得比较缓慢，对于推动区域之间市场一体化发展的效率有限。

在互联网经济下,市场虚拟化转型突破地理空间对市场参与者的制约。中心外围式的市场结构被"虚拟-实体"型市场结构所替代,如图2-1所示。传统市场位于市场参与者所处地理位置的中心地带,这可以节约市场参与者进入市场的成本。市场是有形的,交易主体都聚集到市场进行交易。无论产品市场、劳动力市场,还是资金市场等一般都呈现典型的中心外围式分布形态。

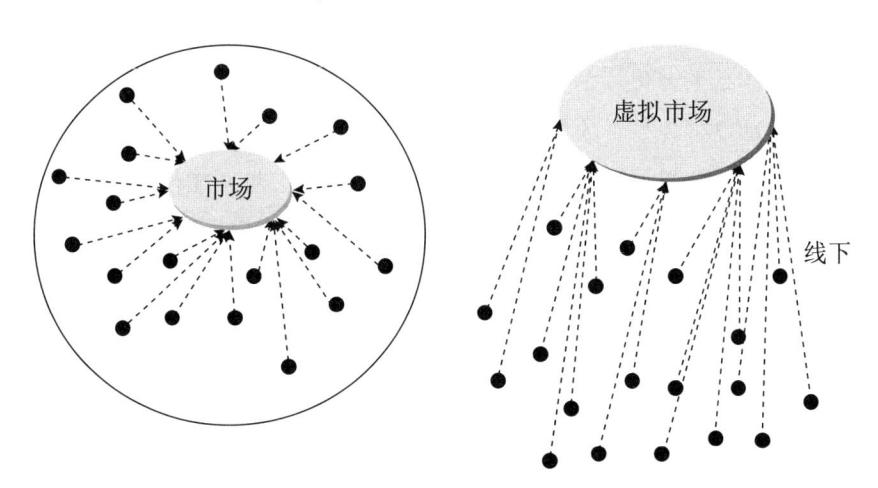

2-1-1 特定地理位置上的市场及其参与者分布状态　　2-1-2 虚拟市场及其参与者分布状态

图2-1　传统市场和虚拟市场的形态比较

注:●代表市场参与者。

虚拟市场是基于互联网建立的,现代化的互联网通信技术解决了市场交易主体之间互动的距离问题。传统交易者的互动和沟通需要通过见面或者信件的方式进行。现在,利用电话、视频、电子邮件等各种多媒体技术和通信技术,交易者不需要发生位置移动也可以和任何地方的人进行如面对面一样的交流。这一方面,节约了距离因素带来的交易成本;另一方面,也使市场超越地理位置的边界约束,来自全球任何地方的经济活动主体都可以通过互联网在虚拟市场进行互动,并进行交易。这样,虚拟市场聚集的是来自全球各地的经济活动主体;而传统市场上聚集的只是特定地理范围内的经济活动主体。

从"实体"到"虚拟",市场发生了巨大的变化。首先,分隔的区域市场变成全球一体化市场，市场边界被超越了。其次，市场运作方式从实体运作变为虚拟运作，如交易搜寻、交易谈判、交易达成、交易执行、售后等各个环节都实现了虚拟化运作。最后，市场规模是空前的，促进全球化分工格局加速深化发展。现在，企业通过互联网开展生产经营活动，这些活动很少局限在一个特定的区域，大部分活动具有显著的全球化特征。

（四）市场平台化运营

经济体系平台化。平台化模糊了市场参与者之间身份和功能的边界，将经济活动以更为显著的生态系统构型，组织在一个体系中。在这个体系中，经济活动参与主体通过平台进入市场，市场参与者能进行各种身份动态转换，一边是消费者，另一边是供给者，又可能是仲裁者。平台化运营的市场运行机制，不同于传统纯粹的市场化运行机制，也不同于纯粹的权威控制型的企业组织运行机制。它是企业权威控制机制与市场自由竞争机制的有机融合，使平台化的市场实现了既具有充分的创新激励，又具备有序的发展秩序。平台化是市场虚拟化转型的突出特征，它是市场向全球化加速发展的基本依托。

在虚拟市场上，生产规模经济向消费规模经济转型。平台运营的市场是消费规模经济驱动型的，这根源于人类行为受意识驱动，人类的经济行为受人的欲求驱动。本质上讲，人类欲求是经济活动的驱动力之源。在交换经济下，产品或服务供给者的价值诉求能否最终得以实现，取决于其与消费者之间能否达成有效率的交换。这里面存在消费者价值诉求和供给者价值诉求的平衡问题。在现代化的经济活动中，这种平衡又体现在生产规模经济与消费规模经济之间的平衡问题。平台化虚拟市场正是这一矛盾激化所催生出来的。

虚拟市场更有利于降低交易费用和促进分工升级。交易费用从根源上都是由信息问题和人的机会主义行为所造成的，在现实世界中，信息不完全、不对称是客观常态。而人和人之间进行交易需要信息，供给信息，需求信息，产品质量、数量、体积、重量、价格等各种各样的信息在交易双方中进行流通和互动是交易达成的基础。主观上，人面对机会主义，因此，交易本身具有降低信息不对称的激励。降低信息不对称本身是有成本的。虚拟市场将市场交易各参与主体集中在同一个空间，交易信息共享，从而可以大幅度降低交易各方信息不对称的程度。

平台化运营的另外一大特征是用经营社会的视角经营企业[①]。企业是嵌入社会体系的一个有机单元，社会不仅是其生存的基础，而且，企业生产经营的直接目的也是满足社会的需要。企业和市场是分工的产物，在人类社会发展中，分工的深化发展强化了人与人之间对于合作的需要。合作是人类实现共同繁荣的唯一效率选择，企业和市场本身就是从事不同专业化作业的人之间进行合作的两种方式。从企业的功能来看，其生产经营的目的不是直接满足企业所有人或者企业职工自身的需要，其提供的产品或服务主要是为了满足消费者的需要。消费者来自社会上千千万万的其他产品和服务的专业化生产者。因此，分工使人类自给自足的生产消费变得复杂。从原来的个人生产和消费都是自我掌控变为相互之间依赖。因此，企业作为专业化生产单元，其生产经营的目的是满足社会的需要。企业作为组织分工的一种形式，它与市场并不是人类合作仅有的组织形式。在社会体系中，人类进行合作的组织形式多种多样，例如：社会上还存在很多非营利性的组织。在互联网诞生之前，企业和市场与其他组织形式之间的界限相对清晰。但是，随着互联网技术的高速发展和广泛应用，各种组织之间的界限变模糊了。例如：平台型企业将生产者、消费者、用户、政府组织及其他各种组织都纳入同一个平台。从而，在一个平台型企业中，活跃的主体已经超越原来意义上企业的成员结构。

平台化转型使得企业从相对封闭的经营方式转向开放的经营方式。这表现在，首先，企业从基于所有权进行生产经营，转向基于使用权，甚至是领导权来进行生产经营。基于所有权是典型的一体化生产方式，这种方式使企业的发展具有显著的边界特征。但是，基于使用权，企业可以将外部丰富的资源纳入自己的生产经营战略。通过商业模式变革，一套有价值

---

① 李海舰、郭树民：《从经营企业到经营社会——从经营社会的视角经营企业》，《中国工业经济》2008年第5期。

的商业计划书（知识资本、创意资本）就可以吸引风险投资，就可以实现在创业者资金约束条件下创业成功。而且，依靠这种方式，企业发展壮大得更为迅速。快速崛起的Apple、Amazon、Alibaba、腾讯等平台型企业就是最好的证明。尤其是平台化和模块化相融合发展的模式，它有效平衡了通用的系统信息和私人信息之间协调的问题。让企业在社会这个更大的平台上，通过遵循社会一般规范，依据自身所掌握的私人信息，来自由创新和创造。社会这个大平台为合作提供了越来越坚实的可信承诺，这可以从各种制度的完善推之。

二　全球化市场下企业发展新态势

（一）企业发展更具动态变化性

信息技术的革新换代提高了经济行为主体之间的信息沟通效率，大幅度降低了专业化协作之间的信息成本。全球化的市场空间，一方面给企业带来了前所未有的发展机遇；另一方面企业也面临前所未有的市场竞争压力。因为全球化市场是极具动态变化的市场，置身其中的企业也必须进行更为频繁的重构来迎接机遇，应对挑战，因此，企业更具动态变化，这体现在企业生产、经营和管理活动的方方面面。

第一，企业发展从依赖物质资源逐渐转向更具动态变化的非物质资源。人、财、物、空间是企业开展生产经营活动的基础。随着市场环境的变化和企业发展阶段的更替，这些要素在企业重构过程中的战略地位不断发生变化。

纵向来看，在企业发展所需的各种要素中，物质要素的相对重要性变得越来越弱，而非物质要素的作用相对变得越来越核心。在互联网经济诞生之前，企业主要基于地理空间开展生产经营活动，受地理空间边界的约束，企业生存的市场空间通常比较狭小，在这种市场上，竞争结构相对比较稳定，通常缺乏外部压力来打破这种稳定状态，内部力量缺乏动力来打破这种均衡，因为狭小的市场使变革能够带来的收益增加的幅度非常小。当市场处于比较稳定的状态时，置身其中的企业对于维系和创造客户的非物质资源的需求并不迫切，因此，非物质资源如网络、社区、声誉等在企业的投入中的比重就比较小。随着交通运输效率的提高，市场范围逐步扩大，尤其是在互联网经济时代，高效率的信息通信技术使人们的沟通交流完全突破地理空间的边界障碍，将人和人之间信息交流的成本降至近似为零。互联网构建的虚拟空间使得企业经营的产品或服务信息通过互联网可以传播到全世界各个角落，在现代高度发达的物流体系的支撑下，企业面对的客户规模获得了空前的增加。而客户在互联网上对于所需的产品和服务也拥有更为广阔的选择空间。企业获客能力的提升增加了企业发展的机遇，但客户选择集的扩大给企业维系客户关系带来了挑战。正是这种矛盾致使现代企业的经营活动越来越需要非物质要素如网络、声誉、品牌等来获得客户、创造客户和维系客户。对企业本身来讲，置身开放的互联网经济中，它自身也必须保持开放的组织形式。那么，开放的企业组织形式如何来维持其联合其他企业进行联盟价值创造的凝聚力，这是企业重构过程的关键。随着互联网与实体经济在"互联网+"和"+互联网"的发展中不断进行深化，企业发展所需的战略资源逐渐从以有形的物质要素为核心转变到以无形要素为核心。

横向来看，与企业生产经营的相关利益者包括供应商、客户、合作伙伴、职员、投资人、债权人、债务人等。在信息不完全的客观现实约束下，这些相关利益者之间很容易因信息不完全、不对称而发生机会主义行为，从而会内生出企业运营的交易成本。因为这种机会主义行为会直接导致与企业进行交易的双方之间难以建立起信任。当信任关系不能建立时，企业与各相关利益者之间的交易就不能达成。供应商不会供应企业所需的产品；消费者不会购买企业生产的产品和服务；债权人和投资人就不会向企业提供资金支持；老板和员工之间就会相互猜忌，从而会对企业生产效率、管理效率、经营效率和创新效率造成巨大的影响。那么，如何来建立信任关系？这需要从影响信任关系的因素来进行考察，影响信任关系的因素非常多，其中信息和制度是最为核心的两大因素。在信息不发达和信任制度不健全的时代，人们保持较小的交往圈层，以此来维系信任关系。但是，随着信任制度的不断优化和改进，信息技术的不断提升，人们逐渐从熟人社会向陌生人社会转变。互联网将全世界变成地球村，实质上大部分人之间都是陌生的，如何在陌生人之间建立起信任关系？这需要更为科学合理的信任制度体系来做保障，因为不同人之间的信任关系表现形式不同，比如：对于友谊的信任，对于能力的信任，对于遵守承诺的信任，等等。在互联网经济下，人们交往范围极度扩大，并且交易更为复杂和多变。对于企业来讲，企业和利益相关者之间的"信用"关系存在更多的不确定性，这需要企业投入更多的资源来构建信任制度这种非物质要素。此外，在实践中，处于不同发展阶段的企业对于信任关系建立的需求会不同，因而需要解决信任问题的资源也会不同。因此，在互联网经济下，企业与相关利益者直接的关系面临更多的不确定性。

人力资本的动态变化。人力资本是企业获得永续发展的核心投入要素。一个企业中员工的数量、结构及员工自身素质或者拥有的知识水平都是不断发生变化的。从数量上看，企业采用不同的经营模式，对于员工数量的要求会不同，一体化经营模式对员工需求的数量会高于联盟合作的生产经营模式，而且，不管采用什么样的经营模式，企业扩大规模一般都需要增加员工的数量。然而，随着人工智能技术的发展，重复性可编程的工作越来越呈现被机器人替代的趋势。所以，未来企业对于员工的需求数量是动态变化的，目前国内外很多无人超市和无人工厂对未来人力资本培育方向的定位提出了新的挑战。过去金字塔式的企业组织中，企业员工分为管理人员、行政人员、技术人员、销售人员，每一类员工都以专业进行定义。企业中的员工和企业外的人员边界清晰，但是，随着零工时代的来临，众包商业模式在实践中流行，生产者和消费者已不再像工业经济时代那样界限分明，消费者参与企业生产过程的案例俯首皆是。人工智能技术的蓬勃发展在大幅提升劳动生产率的同时，也给当前就业人口带来了巨大的就业压力。可通过编程实现的重复性劳动，其所占据的行业将会面临被机器人全面替代的威胁，实际上这种替代可能发生在现存各行业中各个领域。究竟什么样的人力资本在未来是稀缺的？如何来培育这种稀缺的人力资本？目前没有定论，所以，如何定义人力资本，本身充满着变数。

第二，企业组织形式持续动态演进。从家庭作坊，到合伙制企业，再到现代社会化公司制企业，企业的组织形式不断地演进，不同的组织形态使企业关注的焦点不同，家庭作坊式组织形态在组织构成上以家庭成员为主，随着工业革命的发展，机器生产对家庭作坊进行了大规模替代，参与企业生产经营活动的人员主要是雇员。随着规模经济的蓬勃发展，单个企业家拥有的资本已经不能满足大规模生产的需要，从股份制企业获得蓬勃发展，股份制公司加速了企业社会化，大小股东和企业员工之间形成了复杂的交易关系，这种公司通常规模庞大，为了保证庞然大物能够有效运作，企业发展出了各种形态的组织架构，其中典型的有U形、H形和M形。在这种企业组织中，委托代理问题使得企业行政成本居高不下，高筑的管理层级也使企业面对市场变化反应迟钝。随着交通运输技术和互联网通信技术的蓬勃发展，一些企业的实践充分说明现代企业不再需要保持庞然大物、层级高筑的组织形态。尤其是企业借助现代化的互联网技术，实施虚拟化运作，一个企业只需要保持很小规模的实体资产，就可以运营一个庞大的企业体系。平台化的企业就是这种组织形态的典型代表。此外，传统企业都以一体化的方式进行经营，现代都以专业化、模块化的组织形式转变。时至今日，虽然传统的各种企业组织形式仍然同时存在，但是企业组织形式的主流已经发生了巨大的变化，企业理论研究学者试图用扁平化、模块化、柔性化、轻型化、弹性化、虚拟化、平台化等词语来概括现代企业组织的动态变化特征。

第三，更具弹性的企业经营管理制度。制度是规则体系，企业生产经营活动需要依据一定的准则和规范来开展，因为企业生产经营活动是集体行动，规则实质上是对投入企业的各种要素关于责、权、利的规定。在互联网构筑的虚拟空间，一体化运行的全球化市场使企业处于一个持续变化的环境之中，包括人力资本在内的各种要素的数量、质量，及其结构和分布状态都处于不断变化中。为了应对这些变化，企业必须针对各种要素的责、权、利进行重构。人的需求的复杂性以及每一个人在生命周期的不同阶段所关注的需求具有动态变化的特征，这需要企业基于这些需求不断进行制度革新，无论针对客户需求的变动，还是针对企业自身员工需求的变动，企业必须根据内外环境的实际需要进行动态调整。

现代企业内部的制度安排会直接影响各类相关利益者的激励，不同的制度安排会产生不同的激励，而不同的激励会使企业表现出不同的绩效。在传统经营条件下，物质资本占主导，企业主要按生产流程进行分工，如果各个分工单元的贡献容易分隔进行计量，那么，采用计件报酬机制可能最优。此外，要发挥计件报酬制度的优势，就需要引入市场价格自由竞争机制。但是，如果企业分工过程中各种分工单元的贡献难以分隔计量，或者分隔计量的成本高昂，按时计酬的制度安排可能有效率，引入行政指挥机制可能更优。在互联网经济时代，信息和知识成为现代企业投入的核心要素，知识是内化于自然人的要素，属于人力资本的范畴。人力资本是一种主动性资本[1]，这种主动性资本的输出数量和质量，任何其他人都难以客观衡量。鉴于人力资本的这种属性，阿尔钦和德姆塞茨指出对这种资本的计量和监督的制度安排，需要以寻找更好的激励为主，而不能是压榨[2]。也正因为如此，奈特指出企业家才能具有难以计量的特征，所以，将剩余索取权分配给企业家的制度安排，最有利于激励企业家输出更多高质量的人力资本[3]。随着市场加速向全球一体化推进，企业组织形式不断发生巨大的变化，围绕变化的环境，企业制度安排如何演进，尤其是人工智能对于现有人力资本多个领域的加速替代，未来关于人力资本的制度安排必然充满变化。

第四，企业需要将竞争战略动态化。在市场竞争中企业的主动性主要表现在通过制定和实施策略来适应外部环境的变化。从家庭手工作坊，到工厂，再到社会化的现代公司制企业，企业组织不断随环境的变化进行持续重构，这种重构是应对变化的环境的一种战略。在工业经济时代，规模化竞争是企业采用的重要竞争战略，因为规模化可以有效降低生产成本。

---

[1] 周其仁：《市场里的企业：一个人力资本与非人力资本的特别合约》，《经济研究》1996年第6期。

[2] 陈郁《企业制度与市场组织——交易费用经济学文选》，上海三联书店、上海人民出版社，1996。

[3] 〔美〕弗兰克·H.奈特：《风险、不确定性与利润》，安佳译，商务印书馆，2006。

这是因为机器生产可以不断提高劳动生产率，但是机器生产需要大规模投资，只有大企业才能承担。因此，对规模经济的追寻促使企业不断扩大投资来增加企业的规模，追求规模经济的企业主要表现为做大实体。随着技术水平的不断提升，很多小型企业通过应用先进的技术也可以达到大规模企业的生产运营成本的水平。随着这种技术的广泛应用，企业的竞争环境就被改变了，这就迫使规模化战略必须转型。当前很多学者将互联网经济时代称为后工业化时代，这个时代的突出特征是，信息技术让小型甚至是微型企业获取了强大的竞争力。因为信息技术大幅降低了经济行为主体间的交易成本，大规模企业的竞争战略逐渐开始向塑造核心能力转型，向虚拟化经营转型。因为在瞬息万变的全球一体化市场上，规模庞大的公司常常反应迟钝。

企业单枪匹马在市场上竞争逐渐转向企业族群之间的竞争。当前，市值排名全球前10的企业中，超过半数都是平台型企业，这些平台型企业具有非常复杂的组织形态。以苹果公司的App Store为例，这个App Store容纳的公司数量庞大，而且不断有新企业入驻。正是这些公司的入驻才使App Store成为App Store，如果没有这些公司的入驻，App Store不可能存在。因此，App Store和入驻App Store的企业是融为一体的。从这个视角来看，苹果公司本身的竞争力是由这个庞大的企业群体来支撑的。淘宝和Amazon也一样，它们的竞争力同样基于入驻其平台数量庞大的公司和客户，这些公司不断进行创新的目的就是让其他公司留在平台上，并吸引更多的公司进入。实际上，企业族群与企业族群之间的竞争方式早就存在，不同的是，传统企业族群间的竞争带有显著的实体特征，现在的企业更多的是虚拟化运作。如：在1882年，由40家公司组成的美孚石油联盟，形成了美孚石油托拉斯。联盟中各家公司法定身份独立，相互之间交叉持股，通过财务和契约安排关联在一起，这个联盟实际上控制美国当时煤油产量的90%[1]。该托拉斯设置了中央办事处，负责对联盟整体生产工艺的

---

[1] Ralph W. Hidy, Muriel E. Hidy, Pioneering in Big Business 1882-1911, Volume I in History of Standard Oil company (New York：Harper& Brothers，1955).

改进，控制联盟总体产品供给，经过这些安排，使联盟成员生产每加仑煤油的平均成本获得大幅度降低，在1880年，日产1500～2000桶的工厂，其平均成本降低至约为2.5美分每加仑，而到1885年，这一平均成本进一步降至1.5美分。然而，由于实体联盟也出现了显著的弊端，其管理成本也随之大幅度增加[①]。互联网使实体联盟逐渐转向虚拟化联盟，虚拟化联盟的信息沟通成本近乎为零，从而使得企业族群间的竞争战略普遍化。

企业价值创造方式从边界内寻求价值增值，逐步转向从企业外部无边界的外部世界中寻求价值增值。企业实施虚拟化战略，主要是基于价值网络型分工模式来重构分工战略的，价值网络是开放的体系，其存在的本身就是在开放性合作中寻求价值增值，这有效克服了价值链型分工模式在价值链边界内需求价值增值所面临的固有的局限。价值网络型分工模式如图2－2所示，它是行业分工、产品间分工、产品内分工、职能型分工、流程分工、区段分工等各种类型的分工所交叉融合而形成的生态化分工体系。价值网络型分工突破价值链分工的边界局限，将原来相互独立的价值链条通过交叉融合关联在一起。图2－2中每一个椭圆形的图案都代表一个价值节点，这些价值节点都是具有核心能力的半结构化的、具有模块化形态的价值创造单元，它可以是一个独立的自然人，可以是一个企业，也可以是其他非营利性团体或组织。黑色加粗线条连接起来的黑色椭圆图案代表的是价值链，白色和黑色椭圆形图案通过各种通路连接在一起所形成的网络体系就是价值网络，从图2－2可以看出，在价值网络中，原来意义上的价值链呈现嵌入形态。

在图2－2中，四条价值链交汇处的黑色椭圆图案代表具有核心能力的模块化企业。从这些价值链延伸的路径可以看出，基于价值链的分工模式显著制约了企业价值创造能力发挥的空间。因为，价值链条上的关联关系，决定了企业价值实现的空间只能局限在价值链的边界内，当各条价值

---

① 〔美〕小艾尔弗雷德·钱德勒：《规模与范围——工业资本主义的原动力》，张逸人等译，华夏出版社，2006。

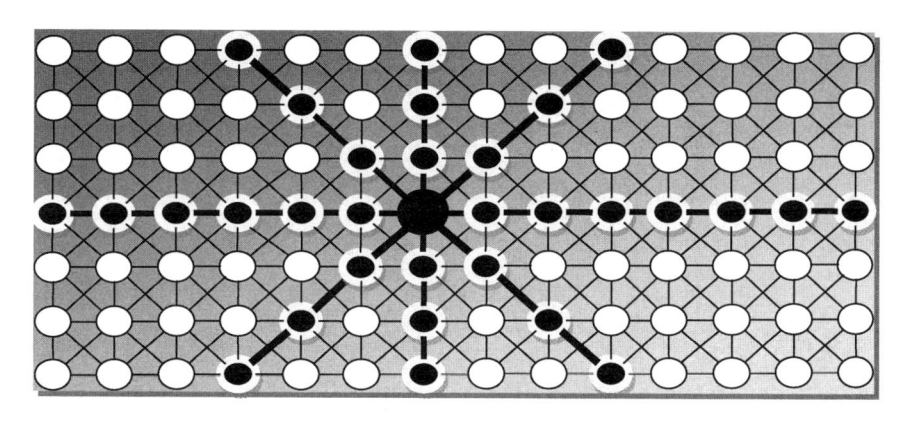

图 2-2 核心能力企业参与价值联盟的模式

链都相互独立时，处于任何价值链上的价值创造单元都很难将其价值创造能力输送到其他价值链条。这种分工协作的模式，使具有核心能力的企业的价值创造能力不能得到有效发挥。价值网络型分工协作模式完全解除了企业在价值链中面临的约束，如图 2-2 所示，价值网络为原来意义上的无数条价值链建立了多条通路，从而使这些价值链上的价值创造单元成为价值节点，因为节点具有枢纽性作用，每一个节点都是多条价值创造链共用的价值创造单元。价值链接方式的网络化转变，直接拓展了价值创造单元功能发挥的空间。如图 2-2 中黑色大椭圆形图案，其所代表的企业同时服务于四条不同的价值创造链，实际上，如果将视角延伸至白色椭圆所显示的广阔的价值网络空间，那么，黑色大椭圆所代表的企业，其功能发挥的空间实际上是无边界的。由此也可以发现，价值网络既基于价值链，又超越价值链。

（二）企业动态发展过程的开放性联系特征

1. 开放性的经营战略

产品或服务是企业制定和实施生产经营战略的思维起点，以"产品和服务"为核心，企业的战略体系涵盖产品战略，包括产品选择、开发、生产、销售等，再进一步细化，又需要制定投资战略、融资战略和企业管理战略等。因此，企业的战略是一个体系，构成这个体系的每一个子战略或者分战略各自具有不同的侧重点，但是它们之间彼此密切相关。产品战略，尤其是关于产品选择的战略涉及企业发展的市场定位问题，直接关系到它生产出的产品和服务能否有效满足市场的需要。因此，产品选择战略绝不可只从企业所拥有的资源本身去考量，而必须结合外部市场需求进行综合思考，尤其是对市场中客户需求的准确把握，是企业经营能否成功的关键。市场是复杂的组织体系，企业的定位战略，除了需要思考客户外，还需要思考供应商、同类竞争者、替代竞争者及其他各类利益相关者。定位战略确定了企业的生产经营方向，接下来企业需要组织资源向这个方向迈进，这就涉及资源组织战略。与制定定位战略一样，企业组织资源的战略也需要保持开放思维，不能只依据自身所拥有的资源进行考量。因为，任何企业自身所拥有的资源毕竟有限。如果仅仅依赖自有资源来进行战略规划，自身资源的约束就会大大缩小战略的选择空间，这也使企业发展能力呈现显著的边界。科斯指出在交易费用为零的条件下，只要产权界定清楚，市场可以实现资源配置的帕累托效率。然而，现实世界的交易费用不可能为零。在交易费用为正的情况下，不同组织形式组织资源配置的成本是有差异的，正是这种差异才使各种组织能够同时存在。随着技术和制度的不断变革，即使是同一个组织，它组织资源配置的成本也会随技术和制度的不断变化而发生变化。互联网大幅降低了经济活动的信息沟通和交流成本，这为企业借助互联网来充分利用外部资源提供了坚实的基础。这是因为互联网是开放的，企业因此必须保持开放才能获得互联网提供的广阔发展空间，才能与企业外部广阔的世界进行充分的物质、能量和信息的交换。

2. 开放式管理模式

向内管理模式是传统企业管理最为典型的思维模式，管理企业内部的员工、资产、现金等。向内管理是企业采取有界发展模式的显著体现。这种管理思维认为，管理能力能够达到的范围只局限于企业有形投入要素的边界，比如只局限于其所雇用的员工、其所购置的资产、其可以支配的现金流。然而，考察企业的实践，不难发现优秀的企业，其管理的效力超出企业有形资源的边界。在各行各业，优秀的企业管理标准常常成为整个行业发展的标准，从而促进整个行业发展水平跃上更高的台阶。这充分体现了一个企业管理的效力可以延伸至广阔的企业外部空间。在互联网经济时代，这种现象更为普遍，也更容易观察。从虚拟化运作的企业就可见一斑，一个采用虚拟化运营的企业，它可能只拥有少量的实体资本，但是它实际管理的实体资本却往往非常庞大。以平台型企业为例，这种企业运作的核心就是一套规则体系，通过这套规则体系它可以将数量和规模庞大的资产置于其管理之下。这套规则体系本身是开放的，任何遵从规则的企业都可以加入规则体系，从而接受其计划、组织、领导、协调和控制；如果不愿意接受，或者接受不了规则体系的约束，可以退出。这种开放式管理模式，充分释放了企业管理能力发挥的空间，有效打破了企业生产经营自身资源有限的约束。

3. 开放的资源互动机制

企业发展过程表现为企业规模、结构、制度和能力等各个指标从低级向高级运动的过程，也体现为企业进行生产经营所需的物质、能力和信息在企业内外不断流动的过程。企业生产经营活动所需的要素包括有形要素和无形要素，有形要素涵盖机器、厂房、土地、原材料等，无形要素涵盖品牌、商誉、知识、网络、社区、文化习俗、社会资本等。从企业生产经营活动的实践来看，企业的研发、生产、存储、物流、市场营销、企业管理等活动可以分为商流、物流、资金流和信息流。企业生产经营活动所展现出的流程，充分体现了企业生产经营过程中所需要的物质、能量和信息的流动特征。企业将经营的产品和服务出售给客户，表现为资源从企业流向客户，这就要求企业和客户之间有一个通畅的通道，不能被边界阻隔；企业要发展就需要从外部招聘员工、购买原材料，这就要求企业和劳动力市场、原材料市场之间具有一个通畅的通道。只有这样，才能保证企业具有充分的活力。互联网使这种特征表现得更为明显，因为互联网缔造了空前的市场规模，这使专业化分工的深化发展获得了前所未有的基础，分工经济实现的前提在于分工之间的协作能够有效达成，而协作本身是建立在协作双方保持开放的基础之上的，体现的是协作双方将自身所拥有的资源进行共享，进行无边界化流通。因此，互联网更能展示分工经济的协作本质。

（三）动态性、开放性要求企业通过无边界化重构来实现发展

根据前面的分析，企业作为一类特殊的事物，其发展的过程与一般事物无异，都是动态发展的过程，体现为自身与外界不断进行物质、能量与信息的交换。而这一过程要能够有效进行，企业对外保持开放的状态是必要条件，这也是自然界和人类社会体系的开放性的本质要求。当然，自然界和人类社会的开放性本质，并不意味着在这个大体系中不存在边界障碍。实际上，这个大系统中处处存在边界障碍。边界障碍也有其存在的价值，它可以使事物能够在特定的发展阶段不受外界的干扰，从而对于特定阶段的事物发展具有保护作用。然而，随着事物不断向前发展，这些边界又会构成其进一步发展的障碍。对于企业来讲，长期处于边界内运营，会使其形成一种边界思维惯性，这种边界思维惯性会构成企业实现突破性发展过程中的关键性障碍。因为，企业的发展体现为在广阔的空间中不断进行物质、能量和信息重构的过程，所以，它必须保持开放。

1. 开放性要求企业必须打破经营层面的边界障碍

企业经营战略的构建涉及产品与服务、时间、空间三个维度，产品和服务是功能性和目的性的统一体，其功能性表现在，它可以满足人们的某种需求，或是物质性的需求或是精神上的需求；站在企业的立场，其目的性表现为企业家借助产品和服务来实现自身价值诉求。因此，产品和服务就成为这三个维度的核心。以客户为视角来看待产品和服务，很容易获知，客户的需求具有多样性、变动性和复杂性的特征，因此，企业经营产品和服务不能固守单一思维，而必须基于客户的需求的变动，对所经营的产品和服务进行动态调整。这种动态调整并不意味着企业一定要去不断更迭产品或服务的类别，对产品和服务的不同方面进行改进都属于动态调整。从时间维度来讲，交通运输不发达的时代，昼夜更替使人们适应了依据这种时间更替来安排各种行为区间，白天劳作，晚上休息。然而依据这种自然的时间安排，就会忽略这个时间段很多需求，从企业经营的角度来讲，这显著减少了企业价值创造的机会。如果从全球的视角来看，昼夜更替这种自然的时间安排在不同区域呈现显著的错位分布，一些地区的黑夜

正好是另外一些地区的白天，反过来亦是。所有这些都为企业开放原有的时间边界提供了主观和客观条件。随着交通运输和信息通信技术越来越发达，企业利用各地区的时差重新进行资源优化配置。假设企业 A 拥有的无形资源和有形资源的总量为 a，A 利用 a 在甲地区可以创造的价值为 Y_1，再假设 A 可以无成本将 a 用于乙地区，在乙地区可以创造的价值为 Y_2。如果甲地区和乙地区存在时差，并且时差刚好 12 小时。不考虑其他变量，拥有资源 a 的企业 A 通过比较两地经济效率的大小，就可以进行更为优化的生产经营决策，如果 $Y_1 > Y_2$，就选择在甲地生产；反之则在乙地生产。这种突破时间边界的重构大幅度增加了企业价值创造能力提升的机会。从空间的维度来看，对于企业提供的任何产品和服务，如果不考虑地理空间边界的障碍，其潜在的客户分布必然遍布全球。要获得这些潜在的客户，企业必须要打破空间的边界障碍。

2. 开放性要求企业必须打破管理层面的边界

企业管理的目的是保证企业战略目标能够有效实现，企业管理涉及人事、资金、资产等多个范畴，其中最为核心的是人事管理。因为除了人事以外，其他都属于被动性资产，这些被动性资产不涉及激励问题。只有主动性的人力资本才涉及激励的问题。企业的战略目标需要在市场中实现，而大量的工作却需要在企业内部完成。因此企业管理必须兼顾企业内外，然而，如何才能做到内外兼顾？这就需要思考哪些因素会造成企业的管理不能内外兼顾？从企业的实践来看，企业内部的管理层级，以及部门之间的边界是造成企业难以内外兼顾最为重要的因素。管理层级涉及控制权配置的问题，对于处于一线员工来讲，这种层级越多，他们受约束的方面自然会越多，这就会抑制一线员工创造性的发挥。在追求规模经济的时代，随着企业规模不断扩大，管理层级增加是必然现象，这不仅会使大型企业管理成本高昂，而且会降低企业的执行力，尤其是面对变化越来越快的市场时，企业层级多就会反应迟钝，甚至对市场变化毫无知觉。这是因为管理层级如同厚厚的墙壁，将企业内部一些员工和外部市场隔开了。因此，很多企业为了应对市场的快速变化，尤其是大企业都试图减少管理层级，实施扁平化战略，以此来增强企业对于市场的反应能力。此外，企业规模扩大使得企业内部分工深化，尤其是处于同一管理层级的分工发展成很多并行的职能部门，这些职能部门在发展过程中，由于功能相对独立，所以相互之间的交集不断缩小。但是，当企业发展面临重要变革时，需要这种交集扩大，这样部门间已经形成的边界会显著构成障碍。和层级一样，部门间的边界同样使企业对市场的反应能力显著降低。在开放的互联网经济下，企业所处的市场瞬息万变，这要求企业必须通过打破管理层边界来应对这些变化。

3. 开放性要求企业必须打破操作层面的边界障碍

企业发展战略的实施主要依靠操作层面来完成。对任何一家企业来讲，基于所有权来使用的资源是有边界的，无论从有形资源来讲，还是从无形资源来讲，这种边界是显著的。企业只有打破这种边界，才能使自身获得充分的资源来支撑战略的实施。从企业的研发实践来看，研发成果取决于人力资本的投入量，在分工高度发达的互联网经济时代，单个企业如果储备自己所需要的所有人力资本不仅成本高昂，而且不是最优选择。因为这种做法并不会给其带来更高的收益。发达的交通运输和信息通信技术大幅度降低了企业以外包、众包等解决方案的运作成本，企业借助这些模式来整合研发所需的人力资本，不仅可以使企业自身的资源能够集中在核心业务上，从而更有利于自身核心业务优势的提升；而且还能够使企业有效避免利用自有资源来投资研发所需承担的投资风险。因此，打破资源使用的所有权边界对于企业获取更多的资源来实施发展战略是一种效率选择。从生产经营活动来看，现代企业生产经营过程的分工非常细致，企业战略目标能否有效实现，不仅取决于每一个分工单元功能的大小，还取决于各分工单元相互协作的契合度，其中，相互协作的契合度更为关键。因为，如果分工单元之间契合度很低或者没有契合度，那么整个体系的整体活动将很难持续，更谈不上企业整体目标的有效实现了。要保证相互之间协作的契合度，各自保持一个开放的通道来进行相互沟通交流是关键。从企业的销售实践来看，企业提供的产品和服务到达消费者的过程，涉及物流、资金流和信息流。对于任何一类流程来讲，开放企业和消费者之间的边界，才能有效实现这个流程。企业要将产品和服务顺利销售给客户，需要首先掌握客户的需求信息，客户需求信息是属于客户私人的，只有和客户进行沟通，或者通过获取客户的行为信息来分析才能获得。因此，企业和客户各自保持开放才能更有利于降低这个过程的成本，有效提升双方的福利。

三　企业无边界化发展中的边界体系困境

作为现代经济体系的核心行为主体，企业的宗旨是提供让消费者满意的产品和服务，因为，这是企业家实现自身价值诉求的前提基础。这反映了企业经济活动的动机不只单纯表现为实现自身价值最大化，还可以实现相关利益者"共同利益"的最大化。这些相关利益者包括投资人、债权人、供应商、客户，甚至是竞争者。无论在位的竞争对手或潜在的竞争对手，还是替代产品的竞争者，因为他们的存在会驱动企业不断创新，在好中追求更好。企业与这些相关利益者之间的关联关系充分体现了其生存环境的开放性。企业要发展，就必须从这个开放系统中持续获取发展所需的各种要素和力量。而要保证这些要素和力量能够顺利从外部获得，企业需要拥有与外界能够顺利联系的通道。然而，限于客观上和主观上的各种原因，企业发展总面临诸多边界障碍，这些障碍严重影响了企业的开放性，给企业从外部获取要素和力量带来极大的阻碍。这直接影响企业的生存与发展。因此，企业理论研究需要首先梳理清楚企业到底面临哪些边界障碍，这些边界障碍是如何形成的，这样才能使企业在实践中依据不同的边界的属性和特征来制定和实施科学的企业发展战略。

（一）企业边界体系

边界具有广泛的含义，其中最重要的含义在于将不同的事物区分开来。然而，被"界限"或者"边界"所区分开来的事物，它们之间本身并不是完全独立的。人们用边界来区分它们的目的是方便对它们进行分析。企业作为一类特殊的事物，强调其特殊性，本身就是在其外部划出一条边界，但是这个边界并不意味着它将企业与这个边界之外完全分离。但是，值得注意的是，这种边界在很多时候确实如同一堵厚厚的墙壁，它阻碍了边界内外进行物质、能量、信息的交换。这些边界突出表现为企业与市场之间的边界、企业与企业之间的边界、企业与其他非企业组织之间的边界，以及企业与消费者之间的边界。

（1）企业与市场之间的边界

企业理论研究试图找到企业和市场之间最本质的不同，从而将两者进行区分。科斯从交易费用的视角，指出了企业本质是对市场资源配置方式的一种替代。市场基于价格自由竞争机制对资源进行配置，而企业主要是用行政命令进行资源配置。因此，从资源配置的角度来看，企业就是对市场价格自由竞争机制的替代性组织。可是，企业和市场都不是完美的配置资源的组织，它们都存在缺陷。市场采用自由竞价机制，因为信息不完全，所以存在显著的交易成本（与价格发现相关的成本），企业通过行政指挥机制配置资源存在管理成本。配置同样一笔资源，两种组织相互替代的原则是进行成本比较，如果在市场中配置该笔资源的成本低于企业，那么市场就替代企业。反之，则企业替代市场。经济行为主体总是追求资源配置效率的最大化，当两种组织配置资源的效率相同时，企业和市场的发展边界就在此收敛。这种关于企业边界的认识意味着，经济行为主体要额外组织一笔资源的配置，如果他以行政命令的方式来组织，就应当放到企业内部；而如果他以非行政命令的方式进行组织，那么，就放在市场中进行组织。似乎企业和市场之间有一道无法逾越的界限，企业只能选择行政命令的方式进行资源配置，而市场只能进行自由价格竞争机制来组织资源配置。

（2）企业与企业之间的边界

作为独立的法人实体，一般企业在市场中表现为具有独立利润核算体系的价值创造单元。这种企业强调自我利润，因此，它们的行为主要从自身立场出发，强调自我利益的最大化。这种以自我为中心的经营模式使企业与企业之间界限分明，而且这种界限也是它们相互之间进行竞争性博弈的参照准则。这种情况在同质性市场博弈中表现得最为突出，企业之间以抢夺市场份额作为战略的核心，往往忽略了做大市场份额的战略构建。这种竞争战略侧重的是同类产品之间的竞争，会弱化产品内分工的发展。当分工不能有效获得深化发展，企业往往强调独立性，而不是相互之间的关联性。独立性很容易形成排他性思维模式，因此，企业将自身视为独立的利润实现单元，很容易导致它们选择排他性的市场竞争战略。从博弈的视角来看，排他性竞争的博弈往往是零和博弈，而不是"共赢"的超越边界的价值实现战略。

（3）企业与其他非企业组织之间的界限

组织是现代人类开展各种活动的基本方式。家庭、企业、学校、医院、政府，以及宗教组织、文艺组织、公益组织等各类组织，无论是区域性的，还是国际性的，这些组织已经成为工作、生活、学习和交流的重要形式。"是否营利"成为区分企业和非企业组织的一条界线。营利性是企业向社会体系索取回报的一种诉求，并以此作为正当理由来追求利润最大化。过分强调营利性，以显示企业与其他非企业组织的不同，会忽视企业和其他非企业组织之间的相同点。这一认知反过来会强化企业自身对于自己存在状况认识的狭隘化，容易将自身视为社会体系中独立的存在，而忽视与社会之间的普遍联系性。即使从狭隘的视角来看待企业的营利性特征，这种营利性目标的顺利实现也需要处理好它与各类组织的关系。也许可以说，非企业组织存在的目的既是弥补企业组织在社会责任方面的缺失，也是督促企业组织更好地自觉履行社会责任。实践中，企业聚焦利润最大化，有意或无意忽略其所具有的社会责任的一面，使其与非企业组织之间自然表现出显著的边界。

（4）企业与消费者之间的边界

企业与消费者，一个作为产品和服务的提供者，一个作为产品和服务的需求者，它们之间的边界障碍主要表现在以下两方面。①企业通常不知道消费者真正的需求，以及需求的变化；②消费者不了解有哪些企业提供他们想要的产品和服务。因此，消费者通常难以买到他们真正想要买的产品和服务。主要有两方面的因素引致这种边界障碍，一是主观思维。从生产的目的来看，生产的最终目的是满足需求，也就是需求决定生产。但随着分工经济逐渐替代自给自足经济，生产和消费被分置，从事生产的人，可能完全不消费自己所产出的产品或服务，而消费者消费的产品或服务全部不是自己生产的。当生产和消费分置，需求决定生产的情况就会发生改变。经济活动中常常出现供给决定消费的场景。为什么供给决定需求的情况能够存在？其本质并不是供给真的能够决定需求，而是供给恰好唤醒了人们潜在的需求。虽然供给决定需求的思维具有积极的意义，但是这种思维模式也容易使企业形成"生产活动属于企业的事情"这一思维惯性。一旦这种思维成为主导，企业和消费者之间就形成了一种显著的边界，将消费者的需求及其变化与企业的生产相隔离了。二是客观上限制，信息不完全和不对称是人类行为面临的客观现实，在信息通信技术不发达的情况下，企业与消费者保持信息互动的成本通常较高，这也会在企业和消费者之间形成一条边界。当生产和消费之间有一条边界，就会使企业生产的产品或服务与消费者的需求之间不匹配成为常态。

除了企业和社会体系之间有边界，企业内部也存在边界障碍。这些边界障碍不仅影响企业内部分工之间的协作效率，同时也会影响企业与外部社会体系之间的物质、能量和信息的交换。纵向来看，这些边界表现为企业内部的垂直等级边界体系；横向来看，则表现为企业内部各职能部门之间的边界。

（1）企业内部垂直等级边界体系

垂直等级边界体系表现为企业内部上下级之间的一种边界，从董事长到最基层一线职工，这种垂直等级体系构成了金字塔形结构。处于每一层级的职员都有清晰的权利和责任规定，各级职员通常依据规定来行为，为了保证管理有序，各级职员不能随意越级进行互动，更不能越权处理不在其权利范围之内的事情。随着企业规模扩大，这种垂直等级边界体系就会纵向延伸，从上到下，处于每一层级的职员主要只在该层级活动，这个层级与上下两个层级之间如同隔着厚厚的"天花板"和"地板"，直接将处于该层级的职员活动空间隔离在一个有限的空间中。

（2）企业内部水平的部门边界体系

在垂直层级体系中，处于每一层级的职员按照职能分工不同，又被划分为多个部门。每个部门都具有相对独立的职能，处于同一层级的各个职能部门主要接受上一层级相关部门的领导，同级别各个部门一般不具有相互领导的权力，他们之间的关系也主要由上级来协调。这样一来，同级别各个部门之间的沟通交流通常变得非常有限，各个部门的活动空间也被局限在部门，部门之间如同有一道墙壁将各自隔离开来。从企业整体来看，垂直边界和水平边界如同天花板、地板及垂直的墙壁将企业内部围成一个个具有显著边界的四方形空间。

（3）职员相互之间的边界

企业家除了拥有剩余索取权，还拥有剩余控制权，对于剩余控制权的分配构成了企业中职员之间不对称的自主程度。在垂直型管理体系中，一般来讲，上级行为的自主程度通常高于下级。当企业中职员自主性受到制约，那么，其行为的范围就具有一定的边界。最重要的是，对职员行为的制约有其积极的一面，比如可以制约偷懒和机会主义行为。这种制约也会有其不足，它可能约束了职员创新性。因为创新通常需要创新主体拥有充分的自主性，而企业对职员行为自主程度的不对称分布显然弱化了这一条件。行政指挥机制给职员的激励通常表现为职员只需要完成交代的工作就可以，额外的努力未必获得相应的报酬。因此，职员之间具有相对清晰的职责划分，这种职责使他们只在职责边界内行为。

综上，企业是置身具有各种边界制约的边界体系中的。这些边界会将企业围拢成一个具有封闭性特征的闭循环体系，这种边界既包括企业和社会体系之间的边界，如企业与市场、企业与企业、企业与非企业组织以及企业与消费者等之间的边界，也包括企业内部垂直体系中各层级之间的边界和企业各层级内各部门之间的边界。

（二）边界的限制性特征

事物的本质是相互联系的，这主要表现为万事万物之间持续进行着物质、能量和信息的交换，并以此来保持运动。这种交换能够有效实现是基于不同事物相互开放，有一个可以供物质、能量及信息在它们之间进行交换的通道。物质、能量和信息就是事物存在的形式，对企业来讲，它们是企业发展所需要重构的内容，更是企业在变化的自然和社会环境中维持动态平衡的重要保障。但是，事物之间的边界经常会阻塞它们之间开放的通道，从而制约物质、能量和信息在它们之间充分流动，表现如下。

1. 边界在思维层面对于行为主体造成的观念性约束

人的行为受观念指挥，有什么样的观念就会有什么样的行为方式，不同的行为方式就会造成不同的行为结果。关于人的假设，无论"理性人假设"还是"有限理性人假设"，都表明人具有以自身价值最大化为行动目标的特征。人以自身为中心的行为本质，并不意味着个人和他人之间格格不入，相互之间边界清晰。如果以这种观念看待经济人，那就是在用孤立的思维模式在看待经济人。这就易于在个人利益和群体利益之间划出一条界线，这属于典型"小我"思维观念①。这种思维观念形态很容易加剧个体理性与集体不理性之间的矛盾。在信息不完全的客观约束下，市场出现的帕累托非效率就是集中体现。当然，信息不完全只是造成市场运行出现帕累托非效率的客观原因，更为核心的是人主观上的机会主义行为。机会主义行为是违背理性人的行动原则的，因为，真正理性的人懂得自身价值最大化的实现离不开人们之间的协作。尤其是在分工经济条件下，不同分工单元只有相互合作，才能使每个人实现自身的价值最大化。如果片面地将个人价值最大化与他人的价值最大化的追求隔离起来，在他们之间竖起一道界限，那么，在分工经济环境下，每个人都难以实现自身的价值最大化。因此，思维模式的边界将直接影响个体能在多大程度上实现自身的价值。

2. 边界对物质在企业内外流动所造成的阻碍

流动是事物保持运行形态的根本方式，事物在运动中保持动态平衡。人们赋予物质以产权的概念，企业以产权的方式来支配其生产经营所需要的物质资源。产权要清晰表达，就需要将物质资源基于产权进行边界划分。由于产权是一个复杂的体系，包括所有权、使用权、处置权、收益权、受益权等，不同的产权形式展现出对物质资源不同方面的规定。从本质上讲，经济活动过程就是基于各种产权的交换过程，产权在交换的过程

---

① "小我"思维模式是指完全从以自我为中心的原则出发来考虑自我利益最大化。与此相对应的就是"大我"思维模式，"大我"思维模式是指从群体间相互影响、相互作用机制的原则出发来考虑自我利益最大化。

中也会产生产权内容的变换。产权边界清晰对于促进交换具有重要的价值，但是，传统企业通常围绕所有权来开展生产经营活动，尤其采用产权一体化的经营方式，这种方式使企业完全依靠以所有权定义的资源来发展，这显著限制了企业发展所能使用的物质资源的范畴。对于不是由企业所掌握的资源来讲，它们流入企业的可能性就被所有权的边界直接给挡在了外面。

3. 边界对能量在企业内外流动的阻碍作用

边界对能量在企业内外流动的约束主要表现在两方面：一是能量从企业内部流向外部；二是能量从企业外部流入企业内。企业的能量可以概括为价值创造的能力，在传统一体化的企业中，为了维持生产经营活动，企业以所有权聚合了各种要素和力量。从满足企业正常运转的情况来看，各种要素和力量并没有时时刻刻都满负荷发挥作用。相反，各种要素在不同情况下，总有一些被暂时闲置。因此，为了充分利用这些资源和力量，企业常常开拓范围经济。但范围经济仍然依据一体化的方式运行，所以仍然难以将企业内的能量充分释放。企业只有让这些能量在满足企业内部正常运转之余，到广阔的市场中去寻找发挥这些能量的价值创造能力，才能使这些能量得到有效释放。这需要企业必须打破一体化经营方式边界约束。同样，对于市场中的很多力量也是一样，它们可能暂时处于闲置，刚好也能满足企业临时性的需要。但是，企业存在的边界往往就将这种供给和需求给隔离了。由此可见，边界阻碍了能量在企业内外的充分流动。

4. 边界信息在企业内外流动的阻碍作用

分工经济本质上属于合作经济，经济合作本质上体现的是人与人之间的合作。对于人和人之间的合作来讲，信任是核心。因为，人类在进化过程中，为了确保自身的安全，对各种不确定性和风险都具有警惕性。正是这种警惕性使得人与人之间存在隔阂或者边界。这与人类需要通过合作来实现共同福利的增加产生了矛盾。要消除人与人之间的隔阂，在他们之间建立起信任，就需要合作双方就合作的内容具有充分的认知，从而降低双方对于合作对象相关事项不确定性和存在风险的担忧。不确定性和风险既是人在信息不完全的约束下行为的表现，也是人在信息不完全下的行为特征。虽然，人在行为过程中不可能达到信息完全，但是，可以通过借助一定手段降低信息不完全的程度。在实践中，企业内部的垂直边界和水平边界往往阻碍信息在企业内外充分流动，更重要的是信息在通过企业内外层边界的过程中会发生遗漏、歪曲、变异，从而造成信息失真。这会进一步加剧人与人之间不信任的程度。

综上，边界虽然有利于保持事物的异质性状态，但是边界也具有显著的约束性。边界体系建构了企业内外复杂结构形态，这种结构形态一方面构成了企业发展的基础，但另一方面也容易形成物质、能量和信息在企业内外进行充分流动的障碍。这容易使企业变得更加封闭，从而违背事物开放式发展的本质。随着市场经济向全球拓展，企业拥有更广阔的空间来实现合作。经济的进一步发展也需要通过更广阔范围的合作来实现。然而，边界保护性的一面往往会将经济系统分割成多个相对封闭的小系统，发展战略的构建容易基于自我为中心的原则，而忽视了企业在经济体系中的动态联系性。由此一来，企业就可能因为忽视其与经济体系的联系性，而失去了以"大我"利益最大化为原则在更大范围实现自身价值创造能力提升的机会。看不到企业与经济体系的联系性，是一种"小我"利益最大化的经营战略，这种战略容易恶化个人理性和集体理性之间的矛盾冲突。因此，企业发展需要克服边界的制约性，因为边界的制约性会趋向于将个体和体系分开，会使包括企业在内的各种经济行为主体的思维和行动限制在一个孤岛上。

（三）企业发展的边界陷阱

边界的积极作用在于，它可以有效保证边界内部体系的稳定性。因此，在各种边界支撑下的企业，就表现出较为稳固的特征，而且边界体系越多，这个体系的稳定性越强。而这种稳定性，正是边界通过将外部的物质、能量和信息隔离，使其不能进入内部，才保证的。然而，没有新的物质、能量和信息的注入，企业不可能实现发展。在互联网经济下，全球一体化的市场经济使企业的外部环境瞬息万变，企业作为市场中的一个竞争主体，如果被各种边界层层包围，那么，企业的发展就会面临诸多边界陷阱。

1. 边界引致企业组织体系僵化

企业的组织结构体系是由构成企业的各要素和力量以一定方式在时间上和空间上所进行的排列和分布。边界为它们标识自己提供了准则，也定义了它们活动的范围。每种要素和力量，基于边界各就各位。由此一来，由边界支撑起来的企业具有鸽子楼的结构形态，这种要素和力量就像被放置在一个个界限明确的格子中，这种清晰明确的边界使整个企业表现出良好的稳定性。但就是这种稳定性，使企业的发展面临僵化的陷阱，尤其是面临外界环境持续动态变化。历史地看，企业既有结构形态，都是适应过去和外界进行物质、能量和信息交换而形成的，这种结构形态在一段时间可能最有利于企业与外部进行物质、能量和信息交换，为了保持这种方式的持续性，企业就发展各种边界将这种方式固定化——模式化。随着外界环境的变化，原有的模式可能不再有利于企业与新的外部世界进行物质、能量和信息交换。然而，已经固化的边界在短时间内可能难以拆除，甚至有的边界在长时期的发展中经过自我强化而变得异常坚固。这就成了企业为了适应新的环境而建立新的物质、能量和信息交换的通道的边界障碍。

2. 边界致使企业运营机制僵化

运营机制是对企业生产经营活动的制度安排，包括对企业生产活动、研发活动及经营和管理活动等所设定的规则。各种规则相互关联在一起就构成了企业的制度安排。企业中每一条规则，其作用范围都具特定的边界，这种边界决定了企业中各个行为主体的行为结构形态。对于企业中不同行为人的职权来讲，权力边界所支撑的企业职权架构对企业集体行为产生很大的行为惯性。因为，企业中任何行为人权力的获取都是经过艰辛的努力获得的，而拥有权力的行为人很容易对于自身的经验具有充分的自信。这种自信表现在，环境发生了新的变化，而行为人能够轻易按照旧有的处事方式来解决问题。即使这种旧的处事方式表现出显著的无效率，囿于既有权力边界惯性，无效率的局面很难克服。因为行使无效行为的行为主体是权力的主导者，挑战其权威必然面临巨大的阻力。因此，以权力边界所支撑的企业运营机制会弱化企业应对外部变化的灵活性，使其表现出显著的机制僵化。

3. 边界容易引致思维保守

世界的复杂性，使人对于世界的认识只能循序渐进。人类总是从阻力最小的方向去认识事物，体现出人类在认识世界上所表现的智慧。但是，这也容易滋生人们坐井观天的思维模式。如果将世界的含义扩大至无限的宇宙空间。那么，人类目前所获得的所有认识都带有显著的局部性，从局部性得到的认识用于指导人类的行为，往往只适用于所认识的场景。离开了该场景，仍然基于既有的经验来思维，并用该思维来指导实践，不仅不会有效实现行为目标，还会碰壁。实际上，人类总是偏向从阻力较小的地方前行，源于世界体系的庞大和复杂。因此，将复杂体系分隔成小系统，再将小系统分割成更小的系统，有利于人类循序渐进地认识世界。但也正是这种分割，往往使人在认识问题的过程中，倾向于将思维的焦点局限于边界围拢的一个较小范围，而有意或无意地将边界外的大系统忽略，这种边界思维方式属于显著的片面思维方式和保守型的思维方式。对于企业经营来讲，以这种思维方式来指导企业的生产经营活动，很容易将企业的发展与外界隔离开来。

综上，边界对经济行为主体的思维模式具有禁锢性，一个人的思维模式直接决定其行为模式，而其行为模式会决定其行为的结果。企业作为现代经济体系的基本构成单元，尤其是现代市场经济体系中的核心行为主体，其行为目标能否有效实现，直接取决于企业外部的市场需求。在互联网经济下，市场瞬息万变，企业要充分感知市场所发生的变化，必须要将其触角深入市场中。然而，现实中的企业被各种边界包裹，从而使其触角在向市场的延伸过程中受到重重阻碍，从而为企业发展带来了诸多边界陷阱。

（四）无边界化重构是企业实现发展的必然诉求

企业发展表现为不断实现重构的过程。约瑟夫·熊彼特（Joseph Alois Schumpeter）指出，生产意味着人们把他们所能支配的原材料和力量组织起来实现某种价值创造。如果生产过程中没有加入新的东西，或者说没有新变化，那么，经济活动将会始终如一、一如既往地循环下去。现实是，生产的环境在不断改变，经济行为主体，尤其是企业家必须做适应性改变。这种适应性改变突出表现为，各行为主体对于原有所能支配的原材料和力量进行重新组合。这种新组合被熊彼特称为创新，他直接将发展定义为实现新组合，并概括了新组合的五种主要情况：一是采用一种新产品或者一种产品的新特性；二是采用一种新生产方法，也就是在有关的制造部门中尚未通过经验检定的方法，这种方法绝不需要建立在科学新发现的基础之上，并且，也可以存在于商业中处理一种产品的新方式之中；三是开辟一个新市场，就是进入从来没有进入的市场，不管这个市场以前是否存在过；四是取得原材料或半制成品的一种新供应来源，无论这种来源是否存在过；五是实现新的组织，如造成一种垄断地位或打破一种垄断地位①。

企业的开放程度决定企业重构的效率。根据熊彼特对于企业发展的定义，只有实现了新组合才能被称为发展。从新组合实现的过程来看，它是一个不断超越产品边界、原材料边界、市场边界、组织边界、方法边界的过程。在企业的具体实践中，主要表现为企业可支配原材料和力量流入流出企业的过程。如果企业原有组合中的边界稳固，如同前面所讨论的，企业边界林立，并且将企业围成封闭内循环，那么，企业外部原材料和力量很难进入企业，企业内部原材料和力量也很难到外部去寻找价值拓展的空间，尤其是企业和市场之间如果边界清晰，那么，企业内部感知市场的能力就会被大幅度削弱，从而会使企业难以实现其存在的目的。因此，一个企业越开放，那么，原材料和力量进出企业的成本就会越低，企业进行重构的效率就会越高。

由此可见，发展的本质是事物打破内在原有结构，并与外在资源和力量进行重新分化组合的过程。这个过程要求企业原有组织必须保持充分的开放，只有这样才能保证企业新组合得以有效实现。因此，企业要获得发展，无边界化重构就是必然诉求，它也是企业自觉遵循事物运动发展规律的实践。

---

① 〔美〕约瑟夫·熊彼特：《经济发展理论》，何畏、易家详等译，商务印书馆，1990。

第二节 相关研究述评

为了更好地认识世界，人类创造了各种概念，用概念来区分人类感知和观察的一切。概念不仅表征事物，更用来区分不同事物。企业边界也是一个概念，是人们用以表征企业在社会体系中的相异性的重要概念，它包含两层含义：一是企业的本质，也就是关于"企业是什么的问题"；二是表征企业在系统中存在的范围或所占据的空间。第二层含义是建立在第一层含义的基础之上的。因此，企业理论的研究必须建构在对企业边界第一层含义的回答之上，即从回答"企业是什么？"开始。正因为此，学术界认为企业理论研究真正开始于科斯对于企业性质的回答。但是，这并不是对科斯之前的经济学关于企业研究的全盘否定。只不过科斯之前的企业研究，大多数是基于企业边界的第二层含义展开的。然而，对于企业发展边界的认识，无论是科斯之前，还是科斯之后，学者们主要聚焦在企业边界的是第二层含义上的。比如：传统经济学用规模表征企业的特征，认为企业具有清晰的边界，企业发展边界趋于收敛。此外，传统经济学各学派在分析企业发展边界时，大都将无形要素外生化。然而，现代许多学者发现，随着网络经济的不断发展，市场经济走向全球化。网络经济、知识经济的纵深发展使无形要素逐渐取代了有形要素在经济活动中的地位。网络的开放性和无形要素的内生性，使得企业发展边界模糊化，呈现无边界化。

本书沿着企业边界理论的演进历程进行文献梳理，以此对无边界思想的形成背景、企业无边界发展理论研究的发展、存在的问题和未来展望等思路进行相关研究文献的述评。首先，从概念的界定上对无边界思想形成进行文献梳理。其次，从交易成本理论的视角、模块化和价值网络的视角、企业核心能力的视角对企业边界理论演进进行文献梳理。最后，在厘清理论发展脉络、综合理论研究成果的基础上，对整个企业无边界发展的研究进行概括，以此指出当前企业无边界发展理论在研究内容和研究方法上存在的问题，并结合现状，指出本书研究的内容和方向。需要指出的是，基于熊彼特将发展定义为实现新组合，我们将企业无边界发展和无边界化重构作为等同的概念。

一 关于"组织边界"内涵的观点

对企业边界的辨别和理解应当建立在边界定义的准确把握之上。边界一词具有广泛的内涵，不同学者从不同角度对"边界"给出了不同的定义。Scott 认为边界是组织存在的一个必要条件，没有边界，焦点组织和其所处环境之间的差异将消失[1]。可见，事物之间都有一定的界限，表现为边界。边界之内是事物本身，之外则不是该事物。每一个事物都是一个系统或可称为一个组织，它有一定的组织结构和功能。组织本质上是一个与环境相互交换的系统，在这个交换关系中，边界在本质上变为一个对内维持秩序、对外发挥保护作用的设计。Zerubavel 指出要定义某样东西就意味着要在它周围划出一条界线以把它和其他东西区分开来。依据某种属性的差异，边界在限定事物或领域之间的区别的同时，还是这种属性向外部或内部拓展的基点。由此，组织边界描绘了组织与其生存环境之间的活动领域[2]。

然而，系统理论认为，组织边界是开放的，边界是可渗透的，系统的产生、发展、灭亡意味着组织与环境的互动演化关系。赫尼斯认为边界不是简单的约束或者是内部排序的工具，它可以组成授权机构，作为一种手段而存在，这种机构扮演协调与其他机构之间关系的角色。赫尼斯从两个层面对边界进行了阐释，首先，他将边界分为物理边界、社会边界和心理边界。物理边界包含两层含义，一是物质边界，由有形的实体形成；二是组织内部成员之间、内部成员与外部环境之间的资源交换机制，是由规章制度和准则体现的制度边界。物理边界具有重要的象征性作用，但是，它的工具性作用（对资源进行时间上和空间上的限制和保护）使其强调有

---

[1] Scott, W. Richard, *Organizations: Rational, Natural, and Open Systems*. Englewood Cliffs, NJ: Prentice‐Hall, 2003.
[2] 〔英〕尼尔·保尔森、托·赫尼斯编《组织边界管理：多元化观点》，佟博等译，经济管理出版社，2005。

形，所以，容易造成组织僵化，不能突出组织的动态发展。社会边界是描述"相异性"和"同一性"之间的一种界限，它赋予群体内人的行为特征和行为基准，具有高信任度的行为基准可使人们之间的合作不受物理距离的禁锢。心理边界描述意识形态的差异性，通常表现为那些帮助群体交流、做出行为以及加深他们对特定事物的理解的特定术语和符号，它可以起到保护膜的作用，被群体中的人们用来保护自身不受来自他们希望了解的世界的侵害。其次，他认为边界具有限制和授权的双重属性，涉及边界的效率问题。组织过程可以看作是划出边界以进行分工和协调的过程。Lawrence 和 Lorsch 认为协调是由个别差异的部分形成一个整体的过程[1]。但是，如果把边界认为本质上是限制的就会导致不平衡的分析，因为边界在限制一些行为的同时，也使另外一些行为得以产生成为可能。最为重要的是，只有无边界才能为资源的自由流动提供了一个空间，能量在这个空间中得到了释放而不是被边界控制。基于此，保尔森和赫尼斯建立了边界的二维结构，如表 2-1 所示。

表 2-1 边界的结构

	心理边界	社会边界	物理边界
限制	教化，集群思考以及疏远（"不是来自这里的"症状）	遵从行为标准，通过社会互动实施权力	通过隔离监视进行内部控制
授权	理解世界，创新和学习的基础	建立某种身份、所属和人际信任的基础	为学习新知识和技巧提供稳定的环境和资源

资料来源：尼尔·保尔森和托·赫尼斯编《组织边界管理：多元化观点》。

保尔森认为组织中的管理在很大程度上是关于建立、维持和改变团体活动、责任以及资源之间的边界的[2]。把边界描述成类似容器的研究途径在很大程度上是沿袭了关于边界的常识看法，把边界看作是把内外截然分开并且使两者之间没有交互作用的明确界限。然而，组织不是封闭的、自

---

[1] Lawrence, P. R., J. W. Lorsch, "Differentiation and Integration in Complex Organizations," *Administrative Science Quarterly*, 1967, 12 (1): 1-47.
[2] 〔英〕尼尔·保尔森、托·赫尼斯编《组织边界管理：多元化观点》，佟博等译，经济管理出版社，2005。

给自足的实体，而是一个开放系统，它们的边界必须连续不断地被内外要素的输入和输出所打破①。因此，组织边界更像交互地带可渗透的一层膜。系统和环境之间的区分毫无例外的是以内涵构成的边界为媒介的②。

在全球化经济时代，跨国公司具有不明显的变换的边界，跨边界的相互渗透和交互作用成为显著特征。"无边界组织"事实上涉及基于新标准的新边界的形成过程，而不是基于所有边界的消失。用网络或树状的替代性思考方法开拓了人们看待边界的视野，打破那些冻结边界观念的一些假设。现实中，人们虽然很少轻易服从离散的分类，原因在于在相同和不同之间总有一定的垂直缝隙，但是人类行为者始终如一地创造这样一种状态，把世界归类成相似的一方和相区别的一方，然后根据这些归类来做出行为。随着产品内部的联结越来越重要，组织的决策者也越来越热心于通过个人知识产权等方式来保护组织的知识财产③。提及边界，很难不在内部和外部之间加上一道鸿沟，从而将两面隔开，使每一方都是基于现实的、明晰的、自给自足的个体。Law 和 Mol 用永恒的稳定、易变的运动物体以及易变的稳定这三种可能性来解释相同性和不同性交错的复杂关系，因为事物是统一性和差异性、连续性和变化性共存的，永恒的运动物体可以被想象成在空间运动中维持其形状的容器。

在实践活动中，项目组织的临时特征，在分组中表现出多重角色、身份、任务和活动的分化重组和交叉重叠，Cherns 和 Bryant 将这种组织称为"临时多重组织"。项目因为同时处于某一组织边界的内部和外部，使人们重新思考传统边界本质的看法。项目组没有表现出稳定或持久的边界，其交叉重叠的形式具有网络的典型特征。项目活动关联交错，不但计划、设计、执行、授权、采购、合同管理、金融和人力资源管理等各种不同功能关系交错，而且，学科应用上出现难以分割的交错现象，比如电学、电子

---

① Thompson, E. P., *Time, Work - Discipline, and Industrial Capitalism. Past and Present*, 1967.
② Luhmann, N., Social Systems, Translated by Bednarz Jr., J. and Baecker, D., Stanford University Press, Stanford, 1995.
③ David J. Teece, Gary Pisano, Amy Shuen, "Dynamic Capabilities and Strategic Management," *Strategic Management Journal*, 1997, 18 (7).

学、建筑学、力学、软件工程、系统工程、项目管理等，更为模糊的是各种组织和人员的错综复杂关系，对项目边界的划分带来了挑战[①]。

伴随互联网经济的兴起，对于虚拟组织边界的探讨开始活跃，把虚拟性描述为广义范围中无边界的并且是非线性的是普遍的观点。Barnatt认为虚拟组织通常采取机动工作模式，它没有可以识别的物质形态与可以清晰界定的边界，仅仅受到信息技术使用的限制，不受任何规范、程序与设定前关系的限制[②]。Birchall和Laurence认为虚拟组织并没有任何形态，但是，它们却有影响[③]。虚拟性往往与无物质的、无地理的或者结构约束的活动相联系，因此这些活动可以在任何时间、任何地点发生[④]。Greenhill认为虚拟组织是"一种在物质意义上没有边界的组织形态，工作在虚拟空间以一种扁平的状态被执行，实际生活中的远距离与分类部分立即变得很容易接近"。Epstei也指出信息技术打破了人类沟通的时空边界，全球化市场使企业必须跨越自己所处区域和国家边界来建立竞争优势，大规模生产向个性化生产的转变要求"无缝制造系统"超越组织边界。在公共领域，边界日益消失使公民能够更加积极地参与其中。在商业领域，各种经营产品和服务的组织为了能够更好地满足个体客户的需求，都建立了紧密相连的流程。无边界性使运动在虚拟组织中是自由的[⑤]。Ashkenas等人在其《无边界组织》中强调无边界组织并不是完全没有边界，它实际上也有不完全平衡的边界，这些边界是不连续的。传统意义上的各种边界，其潜在目的和无边界组织中的不完全边界相同，都是希望以健康和必要的形式来区分不同的人群、程序以及产品，然而，传统意义上的完全边界具有绝对的含义，被发现缺乏弹性，往往造成组织适应变化的障碍。因

[①] 〔英〕尼尔·保尔森、托·赫尼斯编《组织边界管理：多元化观点》，佟博等译，经济管理出版社，2005。

[②] Barnatt Christopher, *Cyberbusiness. Mindsets for a Weird Age*. New York: John Wiley, 1995.

[③] Birchall, David, Laurence Lyons, *Creating Tomorrow's Organizations*. London: FT/Pitman, 1995.

[④] Lipnack Jessica, Jeffrey Stamps, *Virtual Teams: Reaching Across Space, Time, and Organizations with Technology*. New York: John Wiley, 1997.

[⑤] 〔英〕尼尔·保尔森、托·赫尼斯编《组织边界管理：多元化观点》，佟博等译，经济管理出版社，2005。

此，Ashkenas 等建议用一种有机的、生物化的观点替代掉把边界视为固定屏障，或者是无法弯曲的隔离物的传统边界观点。也就是将边界视为存在于有生命可进化的有机体中的一种可渗透的、有弹性的、可以移动的隔膜。

总之，理论界仍然没有对边界给出一个统一的定义。但从各种关于边界的解释中，可以归纳出，边界是在一系列标准参照系中给出的。边界是相对的，无论物理边界、社会边界，还是心理边界，它们最大的特征就是"区分性"，它们本身只不过是人们为了更为方便地认识自然界和人类社会的一种工具，希望通过它将笼统复杂的大系统分隔成易于分析和处理的原子式单元。然而，这种意识形态上的"概念性的边界"并不会改变事物之间开放性的普遍联系本质，自然界和人类社会作为一个有机体系，它们之间的物质、能量和信息交换是永恒的。因此，人类不能仅仅用边界的"区分性"来看待事物的发展变化，更要用联系的观念来思考开放系统中各事物之间的互动变化规律。

二 企业具有清晰边界的理论思想

企业边界理论是研究"企业本质"问题的，它是企业理论研究的基础。关于"企业是什么"，不同的时代、不同的学者从不同的角度给予了不同的回答，从早期企业理论研究的文献来看，大多数学者将规模作为企业边界的指标，主要研究企业在环境变化过程中的规模变化特征，本书摘录了具有代表性的思想，如表2-2所示。

表2-2 企业有清晰边界的理论思想

理论学派	代表人物	理论要点	简要评述
古典经济学	亚当·斯密（Adam Smith, 1776）	企业是分工的结果，是协调分工的生产性单位。分工提高生产效率，从而促进企业规模拓展，然而，市场规模构成了企业发展的边界	亚当·斯密将企业视为"一种组织分工和协调的生产单位"。没有对企业组织和其他组织进行概念上的区分，并将企业边界视为物理形态上的规模边界

● **无边界化重构** ▶▶▶

续表

理论学派	代表人物	理论要点	简要评述
古典经济学	纳索·威廉·西尼尔（Nassau William Senior, 1836）	农业企业规模扩大有限，而制造业企业具有规模报酬递增的特征，所以，制造业企业规模不断扩大	西尼尔比较了农业企业和工业企业的效率，指出农业规模效率随劳动增加而降低，制造业企业却能随着劳动增加效益也不断地增加
	约翰·斯图亚特·穆勒（John Stuart Mill, 1848）	企业是复杂分工合作的组织。企业活动遵循分工法则和合作法则。企业的生存和发展由效率决定，效率高就会使边界扩张，效率低就会被淘汰，从而边界缩小。效率决定企业规模	穆勒认为复杂合作需要动脑筋专门思考才能实现。实际上这是对管理活动专业化的一种表述。穆勒强调企业发展边界决定于分工效率和企业内部协调分工成本之间的对比
	富兰克·奈特（Frank Hyneman Knight, 1921, 1933, 1967）	企业产生的根本原因在于人们对不确定性和风险的认识不同，从而出现对各种风险责任承担方式的选择，这种选择构成了风险责任的分工。企业本质是企业家通过承担平常人不能接受的风险而获取剩余收入的组织形式	奈特对企业产生的根源进行了深入的考察。他将分工理论从传统意义上的具体分工，发展到抽象意义上的基于风险认识的风险责任分工。用风险和不确定性说明了企业内外分工的不同，进而指出企业本质是企业家指挥经济的职能化
新古典经济学	阿尔弗雷德·马歇尔（Alfred Marshall, 1890）	企业是由土地、劳动、资本和企业家才能组成的追求利润最大化的经济组织。各类企业规模不能无限扩大的原因有三个方面：一是在私人世袭的企业中，继任者不一定具有成功经营其企业所需的高级才能和特殊的意志及气质。二是股份公司制企业的股东缺乏对企业的充分了解。三是股东和管理者之间的各种矛盾冲突阻碍企业规模边界扩张	新古典经济学采用边际分析的方法，用均衡价格理论系统分析了企业资源配置的最优策略和企业发展的均衡收敛边界。虽然新古典经济学将组织作为第四种要素引入企业，但是，该学派没有解释企业为什么存在。杨小凯（2000）评价新古典经济学关于企业的理论实际上是在给定企业存在时关于企业生产决策的理论

续表

理论学派	代表人物	理论要点	简要评述
新制度经济学	罗纳德·哈里·科斯（Ronald H. Coase, 1937, 1960）	在产权明晰的境况下，当交易成本为零时，初始财产权无论如何安排，市场都会达到效率均衡。当交易成本不为零时，合法权利的初始界定会对资源配置效率产生很大影响，企业依靠权威机制进行产权配置正是基于此而出现的。企业是用权威指挥对市场价格机制的替代	科斯对"企业是什么"的深入思考被学术界认为是真正企业理论的开始。此后，对于企业本质是什么出现了从各个视角给出的不同回答。科斯认为如果交易费用为零，企业和市场之间是没有边界的。如果交易费用为正值，那么，企业边界稳定在交易费用和权威指挥的管理费用相等之处
	哈罗德·德姆塞茨（Harold Demsetz, 1964, 1967, 1988）	产权的性质影响企业的出现和企业边界的界定及变化。企业边界决定于交易费用与维权费用之和。德姆塞茨指出产权是可以分解的一种权力束，包括独占权、使用权、收益权、转让权	德姆塞茨认为即使产权清晰，如果维权成本太高，那么，资源所有者也会放弃资源。当资源在市场中的维权费用高于在企业中的维权费用，则有利于企业的出现，反之，则不利于企业的出现
	奥利弗·威廉姆森（Oliver Williamson, 1971）	契约分为永久性契约、一系列短期契约和纵向一体化。企业的契约性质属于纵向一体化，产生的原因在于永久性契约和一系列短期契约存在的不足，并以此解释企业和市场之间的边界	威廉姆森的契约理论发展了科斯（1937）对于长期契约和短期契约的认识，深入分析了各类契约和交易费用之间的关系
	阿门·阿尔钦（Armen Albert Alchian, 1972）	Alchian 和 Demsetz 在合著论文《生产、信息成本和组织》中指出企业是中心签约人、剩余索取权控制者、监督人。企业边界决定于中心签约人获取剩余索取权的收益和监督费用的比较	Alchian 和 Demsetz 将科斯一般性企业发展成多种不同类型的企业。用中心签约人理论解释了企业存在的多种模式。对现代公司制的所有权和经营权分离的矛盾进行了剖析。只是没有深入探讨股份公司所有权形式是否具有效率边界

续表

理论学派	代表人物	理论要点	简要评述
新制度经济学	詹森（Michael C. Jensen，1976）、麦克林（William Meckling，1976）	契约中的代理费用和监督是企业普遍存在的问题。代理成本问题是企业发展问题的核心。剩余索取权的所有人如果能有效降低代理成本，那么企业的规模就会扩大	因为委托人和代理人之间具有利益冲突，从而造成效率损失，两项制衡的结果使得企业边界稳定在特定的规模
	阿门·阿尔钦（Armen Albert Alchian，1978）、法玛（Eugene F. Fama，1980）	阿尔钦从企业内部竞争，法玛从企业外部竞争说明了企业代理成本降低的机制，从而企业管理费用降低，企业规模扩大	阿尔钦指出了企业内部并不完全是以权威指挥机制进行资源配置，竞争机制也是重要的手段
	克莱因、克劳福德和阿尔钦（Klein，Crawford，Alchian，1978）	资产专用性会因为机会主义行为而产生可占用性准租，从而市场交易导致专用性投资不足，企业纵向一体化就不可避免	克莱因、克劳福德和阿尔钦认为企业在市场中是不断修正的，这源于许多契约关系（尤其是长期契约）往往介于市场和企业，企业边界存在动态性
	格罗斯曼、哈特和穆尔（Grossman-Hart-Moor，1990）	企业是由其所拥有的资产（如机器、存货）所组成的。一体化根源于资产当事人各方总是试图在契约中写明有关内容以在他们之间有效地配置剩余控制权，然而当这种行为成本很高时，一体化就是对事前投资扭曲最小化的效率选择结果	GHM认为契约是有成本的，它所规定的权利包括特定权利和剩余权利。企业边界除了决定于剩余控制权获取成本和收益的比较之外，还受专用性资产转移成本大小决定影响。企业事前控制结构安排决定于对事后结果的预期

资料来源：作者整理。

（一）古典经济学和新古典经济学的企业边界思想

从表2-2可以看出，古典经济学的企业理论思想是建立在亚当·斯密的劳动分工理论基础之上的。斯密根据市场需求和供给的平衡法则，解释了市场规模对于分工水平和企业规模边界的决定作用。他认为劳动分工提高了生产效率，扩大了企业规模，从而使企业边界扩张。然而，市场需求规模的边界又会制约企业规模的扩大,当市场需求规模小于企业的供给能力时,企业的边界最大只能达到市场的规模水平,从而企业发展边界趋向收敛[①]。亚当·斯密的这些论述中隐含了一个条件,市场规模是既定的。然而在现实中,市场规模的发展呈现动态变化,随着空间和时间的拓展,它具有显著的发散特征。而且,随着人类生产技术水平的提高,新的市场也会不断涌现。基于斯密的分工理论,西尼尔在《政治经济学大纲》里通过比较农业和制造业的规模报酬,说明了制造业企业规模不断扩大的原因是规模报酬递增[②]。在西尼尔的论述中,没有明确说明企业发展边界是收敛的,还是发散的,但其规模报酬理论暗含着,只要规模报酬为正值,那么企业边界将不断扩大。约翰·穆勒在其著作《政治经济学原理》中指出精细化分工所获得的好处就是能按照能力给工人分类,可以更为经济地配置劳动资源。在市场中,企业发展边界是由效率所决定的,市场是企业边界的标尺,从而肯定亚当·斯密市场规模限制企业边界的观点。奈特关于企业的理论虽然也是基于分工的思想,但他是从全新的视角来进行分析的。他认为不确定性和风险是人们普遍面临的问题,对这一问题认识的不同是企业产生的原因。他指出企业的本质是企业家指导经济的活动,是指挥经济活动职能的专业化。企业家职能化的根源在于,人们面临经济活动的风险时,对于风险的收益和损失的认识是不同的。因为认识不同而产生了风险责任承担的分工,企业家承担风险而获取企业收入的"剩余",是一种不确定的收入,而员工往往属于规避风险型的,通过与企业家签约,用事前就确定的收入换取包含风险的收入,这样,实际上是他们把不确定的风险收入让渡给了企业家。从奈特的观点可以看出,企业边界具有所有权和规模的双重特征。奈特认为股份公司以分割股权的方式分散风险能使企业规模边界扩大,但是这种分散风险的能力有限,从而企业规模始终有一个边界[③]。

[①] 〔英〕亚当·斯密:《国民财富的性质和原因的研究》,郭大力、王亚南译,商务印书馆,1972。
[②] 〔英〕西尼尔:《政治经济学大纲》,蔡受百译,商务印书馆,1977。
[③] 〔美〕弗兰克·H.奈特:《风险、不确定性与利润》,安佳译,商务印书馆,2006。

以马歇尔为代表的新古典经济学继承了亚当·斯密的分工理论。但是，和古典经济学不同的是，新古典经济学派强调企业在市场中的分工，对企业内分工则不予分析，只把企业发展视为由土地、劳动、资本和企业家才能所决定的生产单元。马歇尔认为承担主要风险的股份公司股东因缺乏对公司充分了解，所以，由于股东对管理者的信任问题，企业规模的扩大受到阻碍[①]。新古典经济学派运用严密的数理推理对企业边界的扩张及其稳定性进行说明和解释。他们将企业视为"黑箱"，企业和消费者是市场价格协调的两极，企业根据价格进行生产决策并影响价格。企业中的资本分为可变资本和不变资本，由于可变资本劳动力的边际报酬递减。所以，在价格不变的条件下，企业的生产在产品价格和边际成本相等（P = MC）时，达到利润最大化的边界。因为企业规模报酬递减，利润最大化的企业边界将停止在产品价格、生产产品的长期边际成本和短期边际成本相等之处（P = LMC = SMC）。如果此时企业能够获得超额利润，那么，因为其他企业的进入或规模扩张，从而使市场总产品供给增加。这时，企业的边界将移动到产品价格、长期平均成本、短期平均成本、长期边际成本和短期边际成本的交点之处（P = LAC = SAC = LMC = SMC），并在这点上达到企业边界的稳定。从新古典经济学的企业理论来看，企业发展边界具有稳定的收敛点。

（二）新制度经济学的企业边界思想

新古典经济学的企业边界理论实际上是围绕企业生产性功能进行构建的，将企业其他特性都视为外生，尤其是没有对企业内部管理性问题进行深入的分析。以科斯为代表的新制度经济学派，打开了新古典经济学的企业"黑箱"。他们从交易费用的视角系统地论述了企业的性质、企业发展边界、企业组织及激励等问题。而且，学术界将科斯对于企业性质的研究视为真正企业理论研究的开始。

从表2-2可以看出，新制度学派的企业理论是从回答"企业是什么"

---

① 〔英〕阿尔弗雷德·马歇尔：《经济学原理》，朱志泰、陈良璧译，商务印书馆，2019。

的问题开始的。科斯从交易费用和产权这两个要素出发,认为在产权明确、交易成本为零或趋于零时,财产的初始分配状况不影响其效率配置。在这种状况下,企业和市场之间没有边界,因为企业都不可能诞生。然而,现实中因为交易费用不为零,产权的初始界定会直接影响其配置的效率。正因为交易费用的存在,市场交易的效率大打折扣,而这种现象是市场自身无法克服的缺陷。按照科斯的观点,企业的出现正是交易成本存在的情况下,市场自身缺陷所催生的。企业是对资源配置的另外一种手段,它通过权威控制资源的配置,这种权威控制是对市场在价格引导下资源自发配置过程的一种替代。基于此,科斯认为企业的本质是对市场价格机制的替代,企业的出现是为了节约交易成本。然而,交易成本只是企业出现的原因之一,科斯在其"社会成本问题"一文中谈道,在存在交易成本的条件下,合法权利的初始界定会影响经济制度的运行效率。企业作为资源配置的一种经济组织形式,可以达到市场同样的结果,并且能够节约市场交易成本。在企业内部,生产要素之间的讨价还价被行政指令所替代,从而要素在用途的选择上省去了发生在不同活动之间的不必要的讨价还价上。因此,企业出现的另外一个原因涉及产权界定的效率,企业对于如何使用权利的行政决定在某些情况下比市场平行契约的权利安排更有助于要素的效率配置。企业和市场在这两个因素上的显著差异,构成了它们之间的界限。在企业内部,权威对资源进行配置的前提是产权明确,企业在"内化"市场交易的同时产生了额外管理费用,当管理费用的增加与市场交易费用节约的数量相当时,企业的边界趋于稳定(企业规模不再增长或扩大)。

基于科斯的交易成本理论,德姆塞茨发现在产权明晰的前提下,维权费用的大小也影响资源的配置效率。因此,企业出现的原因除了科斯提出的交易成本之外,还包含产权的维权费用,当产权在市场中的维权费用高于其在企业中的维权费用时,就有利于企业出现。此外,德姆塞茨从资源的独占权和转让权视角对不同企业的产权性质进行剖析,指出相对国有企业和集体企业,私有企业对市场信号最敏感,而且对产权分解导致的交易费用和维权费用的变化也是反应最为敏感的①。

奥利弗·威廉姆森对市场失灵现象进行了考察,从信息不对称的视角,引出关于不完全契约的分析,他指出:不完全契约充满着结果的不确定性和决策的风险,必然会增加交易费用②。而且威廉姆森将契约细分为永久性契约、一系列短期契约和纵向一体化。由于永久性契约不能对可能的意外提供详尽无遗的规定,当事人对于契约模糊之处的各种分歧会造成无休止的争论,甚至最终需要通过诉讼来解决,即使能够将契约的规定做到详尽无遗,其成本也是极其高昂的。市场交易的一系列短期契约因为每一契约都存在签约成本,所以用一个较长期的契约替代若干个短期契约可以节省签订每一个契约的成本③。纵向一体化是指某种产品的生产过程,其中包括许多中间产品的生产过程都由一家企业全部承担。纵向一体化结合行政命令和契约,采用适应性和连续性的决策程序对签约各方利益进行协调,它是介于永久契约和短期契约的中间型契约。此外,经济活动中的外部性问题,即使是产权明晰,计量外部性影响的难度也往往将各个相关利益者陷入无休止的纠纷中,企业纵向一体化将外部性内部化,从而避免了外部性影响的计量问题,以及由此引起的交易费用。既然长短期契约都有问题,并且考虑到外部性等市场失灵现象,纵向一体化可能就成了必要的选择。因此,威廉姆森从不确定性、交易重复的频率和专用性投资三个方面深化了交易费用的认识。

克莱因、克劳福德和阿尔钦等针对信息不对称情况下的机会主义行为,从可占用性专用租金的角度阐述了企业边界问题。他们认为机会主义行为,使具有专用性的资产产生可占用性租金。如果通过市场价格机制引导资源配置,签约双方都想尽可能地占有这部分准租金。这样,市场效率就会受到损失,因为争夺准租金的行为始终是零和博弈,损失的一方投资

---

① Demsetz, Harold, "The Theory of the Firm Revisited," *Journal of Law, Economics, and Organization*, 1988, 4 (1).
② Williamson, O. E., "The Vertical Integration of Production: Market Failure Consideration," *The American Economic Review*, 1971 (5).
③ Ronald H. Coase., "The Nature of the Firm," *Economica*, 1937.

专用资产的积极性遭受到打击，从而退出市场。为了避免专用性租金和可占用准租金产生时所导致的市场交易机会主义行为，实施完备契约或者一体化就是必要的。由于完备契约的实施成本高昂，因此，专用性资产倾向被一体化，这样，企业边界因一体化而扩大，直到科斯管理成本和交易成本相等[①]。

由此可见，古典经济学、新古典经济学将企业视为既定存在的，关于"企业是什么"似乎是约定俗成的。尤其是新古典经济学将企业封装成一个投入产出的"黑箱"，在无形要素外生的条件下，由有形要素内生决定的规模无论从静态还是从动态上都表现出清晰的边界。以科斯为代表的新制度学派正式回答了"企业是什么"的问题，并围绕交易成本，从产权、契约、资产专用性、剩余控制权、代理成本等多个视角探讨了企业在市场中的边界扩张可能性和收敛区间。根据该学派的理论，企业边界表现为一体化的规模和范围，企业和市场两种机制都有成本，企业边界取决于两种成本的比较，当市场交易成本和企业管理成本相等时，企业边界达到均衡稳定。

三 企业边界模糊的理论思想

本书从契约理论、资源理论、核心能力理论和模块化理论四个视角对于企业边界模糊的理论思想进行了文献梳理，表2-3所示的是对代表性学者观点的简要列举，并在后面对这些主要观点进行了详细的评述。

表2-3 企业边界模糊的理论思想

理论学派	代表人物	主要观点	简要评述
契约理论学派	奥利弗·威廉姆森（Oliver·Williamson，1978）	在科斯所指的企业和市场之间还存在中间产品市场。企业边界的含义不只是对市场价格机制的简单替代。交易的不确定程度、交易的频率以及交易对象的专用性程度使不同的契约形式产生不同的效率	威廉姆森借助伊恩·麦克内尔的研究，摒弃了关于契约长期和短期的划分方法，重新将契约分为古典契约、新古典契约和关系性缔约三种形式。在关系性缔约中，一体化和市场交易的特征都存在，因此，市场边界模糊

---

① 盛洪主编《现代制度经济学》，北京大学出版社，2003。

续表

理论学派	代表人物	主要观点	简要评述
契约理论学派	张五常（1983）	企业要清楚确定边界需要三个条件：一是生产者或代理人直接和消费者进行交易；二是企业和要素投入者之间只有工资或租赁契约；三是代理人之间没有契约关系。现实经济活动中的中间商和转包商使这三个条件通常难以同时满足，因此，企业边界的确定也是困难的	张五常从交易效率视角将科斯对企业本质的认识进一步深化了，除了交易费用外，劳动力交易和中间产品交易的效率也影响企业边界。因为从交易合约来看，企业合约和市场合约没有太大区别。但是，从合约效率来看，企业和市场在劳动要素的合约安排上所产生的效率区别最明显。基于效率的企业一体化边界模糊
	周其仁（1996）	企业是以一个市场的企业契约替代了市场价格机制引导下的多个交易契约，它是一个人力资本和非人力资本的合约。不同于物质资本的被动性的特征，人力资本是主动性的资产。关于人力资本的合约具有更不完备的特性。人力资本合约效率和物质资本合约效率具有很大的区别	周其仁的贡献是用人力资本的主动性特征，说明了企业和市场的最大区别在于市场主要进行产品交易，而企业主要是进行劳动要素交易，从而可以看出，周其仁实际上是对张五常关于企业本质认识的进一步深化。周其仁（1996）指出的人力资本主动性特征使其效率发挥的激励机制明显具有市场契约的特征
	郝姆斯特姆、罗伯特（1998）	"代理问题"对企业边界产生重要影响。GHM的所有权和剩余控制权理论不能说明企业活动中的代理商是属于企业内部还是外部	"代理商特征"说明了用一体化控制权来确定企业和市场之间的边界是有问题的，这会忽略企业追求收益的一面，不仅只关注降低成本
	迈克尔·迪屈奇（Michael Dietrich，1994）	以效率为中心的企业常常表现出同时具有科斯意义上的企业和市场半结合的特征，这使得企业的边界难以辨认	迪屈奇基于成本-收益法则比较权威指挥和价格机制的效率，发现半结合可以有效解决单纯的企业和市场机制都存在困境的僵局
	王询（1998）	科斯用权威机制和价格机制的区别所定义的企业和市场实际上是资源配置组织形式的两种极端，实际上，两种机制的中间混合形态是企业普遍特征	王询用网络组织的运行机制说明了在企业中权威机制和价格机制可以进行优势互补，从而实现比单纯的权威机制和单纯的价格机制更优

续表

理论学派	代表人物	主要观点	简要评述
资源理论学派	伊迪丝·彭罗斯（E. T. Penrose, 1959）	单个企业并不失去它们独立的特征，但是关联企业的行政界限正变得越来越模糊，每个企业施加控制的有效程度经常不是很清楚	企业无疑是确切清楚的实体，它不是一个物理上与其他物体相独立的可见的实体，除了有关它做什么和在其内部做了什么之外，很难对其下定义
	伯格·沃纳菲尔特（Birger Wernefelt, 1984）	企业是一个资源集合体，商标、内部的技术知识、高技能的雇员、贸易往来、机器、高效的程序（制度）、资本等都是企业的资源。沃纳菲尔特强调有吸引力的资源和企业中各种资源的兼容性	沃纳菲尔特认为企业拥有或者控制的资源影响着企业的竞争优势和收益水平，企业成长战略的实质就是在现有资源的运用和新资源的培育之间寻求平衡。沃纳菲尔特对企业中有形资源和无形资源进行了区分
	杰伊·巴尼（Jay B. Barney）	公司之间的异质性或差异使得一部分公司保持着竞争优势。公司管理的战略任务就是找出、发展和配置这种与众不同的关键资源，以谋求最大化的经营回报	巴尼将企业资源分为由企业控制并能帮助企业提升效率的物质资本资源、人力资源和组织资源。他强调异质性资源的培育和维持。这种控制不是一体化，没有一体化边界局限
	寇纳（Kathlean R. Conner, 1991）	企业在市场中的竞争是不完全的，是异质性竞争，企业资源非充分流动。强调从异质性资源的高成本复制中获取租金，而不是从垄断和合谋中获得超额利润。强调异质性的联合契约，而不是防范机会主义的契约	寇纳认为企业要达到追求利润最大化的目的，必须做到产品异质性和低成本优势，为此，企业必须依赖特殊的资源。他强调异质性联合，实际为后来的核心能力理论提供了理论借鉴，这种观点也是无边界的网络组织理论的核心
	Joseph T. Mahoney, J. Rajenaran (1992)	企业制定战略的目的是持续性地寻找租金，获得超额利润。企业不是靠获取稀缺资源来获得租金，而是要培育更好利用稀缺资源的能力	Mahoney 和 Rajenaran 强调企业运用资源的能力，隐含着不区分资源的所有权边界。他们指出企业多样化战略应当着重考察多样化发展的限制、动机、方向以及绩效等四个方面

● 无边界化重构

续表

理论学派	代表人物	主要观点	简要评述
核心能力理论	理查德森（G. B. Richardson, 1972）	企业本身是一个由直接竞争对手、有特殊关系的产品和服务的提供者以及消费者组成的网络的一部分，通常因为个人、组织机构、其他企业甚至政府的特殊关系以及为了特定目的而存在	Richardson强调了企业的社会联系特征，它不是市场交易海洋中的某个岛屿。Penrose评价Richardson实际上提出了"我们究竟如何区分处于一端的合作以及处于另一端的市场交易呢？"的很好问题
	迈克尔·波特（Michael E. Porter, 1979）	企业发展的实质是竞争力量的角逐。企业发展战略必须全面思考五种基本力量：潜在进入者威胁、供方议价能力、买方议价能力、替代品经营能力和同业竞争能力	波特企业理论强调企业竞争的能力，以及竞争优势的塑造战略。提出了异质性、差异化竞争战略。基于五力模型考察企业的竞争优势和劣势，然后，构筑竞争优势的战略
	安卓斯（Kennrth R. Andrews, 1980）	企业战略是确定企业发展目标和方向，并制定实施计划的行为。战略制定是企业组织行为，而不是个人行为。战略与企业组织结构、行为及文化密不可分	安卓斯明确给企业战略进行了定义，指出企业边界和企业战略直接相关。单一化经营，还是多样化经营
	普拉哈拉德和哈默尔（C. K. Prahalad, Gary Hamel, 1990）	核心能力是公司的无形资产，它不像有形资产会随着时间流逝而减损，它会随着应用和共享的增多而增强。企业核心能力来自集体学习，核心能力需要培养和维持，因为知识不用就会消亡	普拉哈拉德和哈默尔把企业竞争战略从重组公司、拨乱反正和精简层级，引入识别、培育和利用公司的核心能力的层次上。并构建了从核心能力到核心产品再到最终产品的企业发展战略框架
	理查德·R. 纳尔逊（Richard. R. Nelson, 1991）	企业战略决定企业的大体轮廓，也就是企业的边界。市场环境提供企业成长的界限，这一界限与企业存活能力和增长率有密切关系。企业成长是通过多样性、遗传性和自然选择性三种机制来完成的	纳尔逊强调企业动态能力的演化，认为组织、创新和路径依赖等进化对企业成长的影响至深。强调"惯例"（知识遗传和继承）、"搜寻"（企业适应和惯例变异）和"市场选择"在企业演化过程中的作用

续表

理论学派	代表人物	主要观点	简要评述
核心能力理论	Nicolai J. Foss（1997）	企业能力是专业化资源集聚在一起共同发挥作用的结果。企业发展处于不同阶段所依赖的资源形态也不同	Foss认为企业发展低级阶段主要依赖有形的物质资源，而越到高级阶段越依赖组织、知识等无形资源
	Teece, Pisano, Shuen（1997）	企业能力是动态发展的，为了保证应变能力和持续竞争优势，企业边界是不稳定的。企业为了增强应变能力，规模边界可大可小	他们从企业的组织和管理、企业的资产、路径依赖、组织学习等四个方面建立了企业动态能力的分析框架
	Kathleen M. Eisenhardt, Jeffrey A. Martin（2000）	企业本质上是对资源获取、整合、重构、运用的组织，目的是通过提供适应市场需要的产品和服务来实现利润最大化	Eisenhardt和Martin强调企业对市场变化的适应性，其组织形式必须保持简洁，以增强动态演变的能力
模块化理论	鲍德温和克拉克（C. K. Baldwin, K. B. Clark, 1997, 2000）	模块化是指通过每个可以独立设计的，并且能够发挥整体作用的更小的子系统来构筑复杂的产品或业务过程。模块化能够使企业驾驭日趋复杂的问题	鲍德温和克拉克的模块化思想强调模块之间的协调和整合，强调复杂系统中模块在开放性和适应性方面的灵活反应，由于模块之间自由组合，企业表现出不确定的边界形态
	青木昌彦（2003）	模块是半自律的子系统，通过和其他同样的子系统按照一定的规则相互联系而构成的更加复杂的系统或过程。模块从分解和整合的灵活性中创造价值	青木昌彦基于鲍德温和克拉克模块化理论，进一步指出子系统修复相对大系统更有效率，这样，模块具有更强的环境适应性和灵活性。并构建了模块化组织体系三种基本模式
	李海舰、聂辉华、魏恒（2002，2004，2007）	企业脑体产业分离，通过价值重构融入全球价值分工网络。脑体产业分离后的企业成为模块化组织，这种组织具有企业产权指挥和市场交易契约两方面融合的优势	李海舰、魏恒基于分工理论和模块化理论建立了从SCP到DIM*的新型产业组织分析范式，将单个企业之间的竞争战略发展到了企业族群和企业族群之间的竞争

63

续表

理论学派	代表人物	主要观点	简要评述
模块化理论	罗珉（2006）	企业是置于价值星系下的中间组织，协同价值创造是价值星系的本质特征。组织的知识能力和关系要素（顾客）是企业的两大资源	价值星系资源配置机制是权威控制和市场价格机制的融合，置于其中的企业也是介于科斯意义上市场和企业之间的组织
	巫景飞和芮明杰（2007）	企业从一体化到模块化，从小众市场到大众市场，各种制度安排在企业中都会出现，企业的"市场厚度"逐渐加深	芮明杰基于模块化理论分析了企业间战略互动机制，从微观层次上对产业模块化的动力机制进行了深入的探讨
	郑方（2010）	企业具有实体和虚拟两层边界，虚拟边界包含实体边界，它更能反映企业边界的本质，虚拟边界的模糊性导致企业边界模糊化	郑方认为企业内外部存在的行政关系、产权关系、契约关系和市场关系是相互融合、交织在一起，打破了企业实体边界使虚拟边界融入环境

注：DIM 中的 D 指的是规则设计商（Designer）、系统集成商（Integrator）与模块制造商（Module‐maker），见李海舰、魏恒《新型产业组织分析范式构建研究——从 SCP 到 DIM》，《中国工业经济》2007 年第 7 期。

资料来源：作者整理。

（一）基于契约理论的视角

契约理论主要从产权的契约安排来分析企业的性质，以及企业经营管理制度的结构、行为和行为的结果。在研究契约理论的学者中，对企业和市场之间边界清晰的观点明确提出疑问的主要有张五常、迈克尔·迪屈奇和王询等三位学者。

张五常在《法与经济学杂志》发表的《企业的契约性质》一文中，从对劳动要素的经济活动特征的考察，发现企业和市场之间并不是边界清晰的，存在模糊的中间地带[1]。

---

[1] 盛洪主编《现代制度经济学》，北京大学出版社，2003。

根据科斯、克莱因、阿尔钦、克劳福德等围绕交易费用为核心对企业和市场的论述，可以明确看出，他们将资源的配置方式置于一个非此即彼的二维状态。依靠企业家权威配置资源的边界之外就是市场以价格信号引导资源配置。然而，张五常指出企业并不是用非市场的方式代替市场方式来组织分工，而是用劳动市场代替中间产品市场。他认为企业的契约安排和市场契约安排的最大不同是企业用要素市场（劳务市场）替代了中间产品市场。当劳力交易效率比中间产品交易效率高，中间产品的交易费用高于用来生产此种中间产品的劳力交易费用时，企业会从生产最终产品和中间产品的分工中出现。张五常说：以一种契约形式取代另一种契约形式，和以企业取代产品市场是一回事，一旦契约的替代能确定，企业的规模就能确定。但是，"只有在满足下述条件时才能依据科斯的研究逻辑清楚地确定企业是什么及规模有多大。第一，生产者或者代理人和消费者直接进行交易。第二，代理人或企业家与要素投入者之间只有工资契约或者租赁契约。第三，代理人之间不存在契约关系"[①]。然而，张五常对计件工资契约考察的结果却发现，计件工资契约这种组织生产和交换的经济活动同时具有科斯所指企业契约和市场契约的双重性质。在这种情况下，企业中有市场，市场中有类似企业的权威指挥，二分法难以解释什么是企业，什么是市场。这样，就很难在企业和市场之间划出一条清晰的边界。此外，中间商和转包商也模糊了二者之间的边界。

迈克尔·迪屈奇认为企业经济活动主要由生产和销售活动、内部组织活动、签订和执行合同活动三部分构成。生产和销售活动有别于企业的经济管理活动。从生产到销售过程需要各种要素投入，因此，需要对要素进行组织，这种为促进实现生产到销售目标而进行人力和非人力投入的组织活动是所有企业的特征。然而，用权威指挥和市场交易的区别来定义企业的本质使企业概念模糊。因为，在企业内部，围绕企业生产和销售活动监督和管理并没有完全替代市场机制，市场交易在企业中存在。而且，市场

[①] Steven N. S. Cheung, "The Contractual Nature of the Firm". *The Journal of Law and Economics*, 1983.

交易也存在更大范围意义上的监督和管理，并不完全是自由的交易。为此，迪屈奇将企业描述为如图 2-3 所示的构造，他将交易成本定义为调查和信息成本、谈判和决策成本、制定和实施政策的成本。他认为通过对劳动投入采用不完全的合同和管理指示而对非人力的投入或产出采用在统一的所有权以内的内部化办法，实现签订和执行合同活动的成本节约，并假定交易成本发生在短期和长期两种时间阶段内。根据假设，可以确定任何一项签订和执行合同活动的管理投入与形成的合同产出在单位时间内的短期相互关系。更大的管理投入将产生更详尽的责任的具体规定及执行细则和更有利的价格（更高的产出价格或更低的投入价格）。

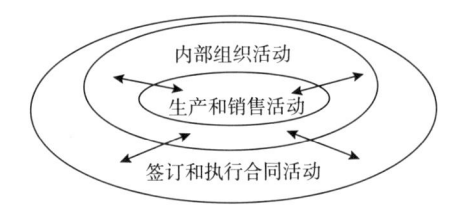

图 2-3 企业的模型

资料来源：迈克尔·迪屈奇著《交易成本经济学：关于公司新的经济意义》，王铁生译，经济科学出版社，1999。

重要的是企业利润来源并不只是交易成本节约的结果，还有除了成本节约以外的因素，主要是技能的独特性和垄断优势，迪屈奇将其称为效益因素。从而资源配置形态由四个变量决定，市场组织的成本 C_m，企业组织的成本 C_f，市场组织的效益 B_m，企业组织的效益 B_f，这样，企业和市场之间就存在半结合形式，如图 2-4 所示。

从图 2-4 可以看出，当 B_m 位于 B_f 上方时，由和交易成本无关的因素所导致，从而以市场为基础的管理相对来说更为有利可图。例如，制定市场交易规则对市场活动的规范和约束。当 $C_f > B_f$ 时，企业内部组织资源配置无效率，这可能是因为需要高度专业化技术进行生产投入。要是从外部购进投入，这样会出现市场交易效益增加，从而 $B_m > B_f$，但是，因为 $C_m > C_f$，可能信息不对称或者交易数量较小，因而，市场组织资源的配置无效。但是，在图 2-4 中的阴影部分，企业资源借助市场为基础的管理，从而，以半结合的形式实现效率。而且，贸易伙伴之间的信任关系随长期

第二章 相关背景分析

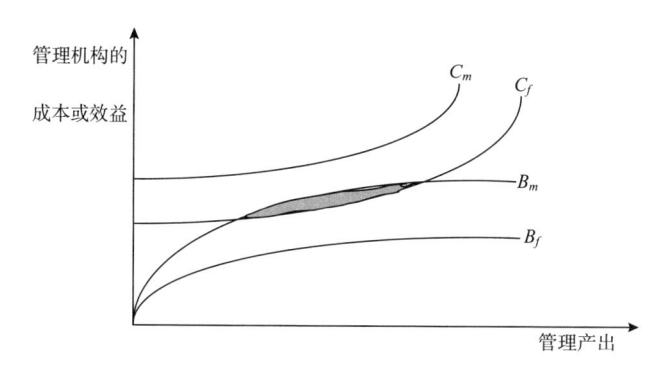

图 2-4 企业和市场之间的半结合形式

资料来源：〔美〕迈克尔·迪屈奇著《交易成本经济学：关于公司新的经济意义》，王铁生译，经济科学出版社，1999，第 64 页。

交易而增强，也就是半结合发生，会使 C_m 向 C_f 移动。从而，企业和市场中间有效率的经济组织形态就会存在。

由此可见，迪屈奇认为企业边界由企业和市场的管理效益与管理成本对比来确定，当交易成本大于管理成本、交易效益大于管理效益时，半结合的现象就会发生。在处于同一条价值链的上下游企业之间，其交易具有双重属性。从整个价值链条来看，上下游企业的交易具有典型的内部控制特征。但是，由于价值链各个环节的企业又是相对独立的法人实体，之间的交易又属于外部合作关系。因此，它们之间的交易具有典型的"看得见的手"和"看不见的手"共同在发挥作用，这是一种新型交易关系。由此可见，企业与市场之间的相互融合和渗透使得它们之间的边界变得日益模糊，也使企业间形成了复杂多变的结构形态和运行机制。如长期合作伙伴、特许经销、战略联盟、虚拟网络组织等，这些组织都具有典型的半结合特征。

王询指出将资源配置形式置于企业和市场的"两分法"过于绝对化。实际上，在企业与市场之间，还存在广阔的中间地带[①]。企业和市场实质上都是一系列契约。虽然，很多学者都致力于区分企业契约和市场契约的不同，但仍然不能给企业和市场之间划出明确的界限。解释企业为什么出

---

① 王询：《文化传统与经济组织》，东北财经大学出版社，1999。

现在市场内部是探寻企业性质的重要意图，但是，这不能否认在企业内部也可能存在市场。由此，在经济实践中，企业经营者与企业所用资源的所有者之间的关系通常具有指挥和交易的混合特征就不足为奇了。王询将经济体系各构成单元之间的关系视为地位平等的行动者之间的关系，他们在进行交易的过程中，相互之间的独立程度决定交易关系是市场交易还是属于组织内部交易。正如布劳所说："相互之间有组织的团体式交易可能成为联合他们的社会纽带，就如人和人相互之间进行社会交换倾向于产生整合性的纽带一样。"如果交易双方是完全独立的，则是市场交易。如果两者之间没有任何独立性，则是企业内部关系。但在现实中，完全独立和完全不独立只是两种极端，它们之间存在广阔的中间地带。处于中间地带的行动者之间的经济关系是企业内部交易和市场交易的混合形式。在考察企业实际发展趋势时，"一体化"和"多元化"是企业发展同时存在的两种趋势。契约发展趋势已经开始向有利于小规模企业的方向转化了，这一转变减弱了一体化的趋势。虽然，小艾尔弗雷德·D.钱德勒的《看得见的手》一书中描述了自20世纪初开始企业兼并趋势明显[1]。但是，互联网经济发展却使企业规模有缩小的趋势，这种变化趋势并不意味着未来市场上只是充满完全相互独立的小企业，相反，单个企业将普遍以"网络组织"的形式而存在。这种网络组织介于企业和市场之间，这种组织既可以实现规模经济，同时又具有灵活性。它既不是完全的市场交易，也非完全由权威指挥替代市场的企业，而是一种非正式的关系。比市场节约成本，比科层节约管理费用，既优于纯粹的科层，也优于纯粹的市场。

（二）基于资源理论的视角

从表2-3可以看出，资源理论学派将企业视为资源的集合，企业的资源包括有形资源和无形资源。获取、培育和维持异质性资源是企业成长的重要战略。

伊迪丝·彭罗斯认为内在因素决定企业成长，企业是在特定管理框架

---

[1] Chandler A. D., *Scale and Scope*, Cambirdge, MA: Harvard University Press, 1990.

之内的一组资源的组合，企业成长是企业有效协调其资源和管理职能的结果。彭罗斯认为企业成长并非市场均衡力量所决定，而是自身独特力量所推动，这种力量来源于自己拥有的生产资源所产生的服务或生产能力[①]。每个企业都有各种各样的资源，资源不可分割性和不平衡性，以及行为人的有限理性导致企业总存在未被利用的资源。重新搭配各种资源，就会衍生出新的资源需求，如此循环企业资产规模就会扩大，人力资本规模也会扩大，企业总规模也会扩大。但是，她批评单纯"规模经济论"的观点。她指出从物理形态上看，企业无疑是确切清楚的实体，但它不是一个独立的可见的实体，除了有关它做什么和在其内部做了什么之外很难对其下定义。企业成长不仅必须考虑其自身行为变化导致的后果，还必须考虑其超出企业控制的外部环境变化对企业的影响。环境不是一种固定不变的外在的东西，其本身可以被企业用来为其目的服务。伯格·沃纳菲尔特认为企业是商标、内部的技术知识、高技能的雇员、贸易往来、机器、高效的程序（制度）、资本等有形资源和无形资源的集合体。沃纳菲尔特指出要考虑资源的相互兼容性，强调通过独特资源建立竞争优势。沃纳菲尔特从资源优势在市场中存在的时间长短来论述企业边界的稳定性，他认为，企业越是具有难以模仿的资源优势，其边界就越稳定，反之，边界是不确定的。

巴尼认为企业资源可分为物质资源、人力资源和组织资源。他强调资源对于企业战略设计和实施的影响力量[②]。巴尼认为在特定时间区间里，资源是非充分流动性的，市场是不完全竞争性的。企业具有异质性资源就具备了市场竞争的先行优势。但是资源的非充分流动，并不意味着资源不流动。竞争对手的模仿，会使资源同质化，先行优势逐渐失去。但他认为人力资本和组织资本等无形资源的模仿难度相对要高，这是塑造企业持续竞争力的关键。寇纳认为新古典的企业理论是建立在严格假设的

[①] 〔英〕伊迪丝·彭罗斯：《企业成长理论》，赵晓译，上海三联书店、上海人民出版社，2007。

[②] Jay B. Barney, *The Managing of Organizations: Strategy, Structure, and Behavior*, with Ricky Griffin. Boston: Houghton – Mifflin, 1992.

基础之上的，将企业内部管理都抽象掉了，把企业仅仅视为主要由劳动和资本决定的市场价格体系下的微小生产单元，根据边际分析得出企业边界决定于市场价格，忽视了技术进步会使企业成本降低的一面[①]。贝恩等SCP产业组织理论强调价格垄断获取超额租金，而寇纳强调企业通过构建异质性竞争力获取租金，他借助演化经济理论发展了熊彼特创造性破坏的思想。和制度经济学强调的信息不对称条件下，企业针对专用性资产如何进行更有效避免机会主义行为不同的是，寇纳强调如何打造异质性资源，进行特殊资源的投入和联合。总之，寇纳认为企业是通过获取、培育和维持异质性资源来获取竞争力的组织。企业要达到追求利润最大化的目的，必须做到产品异质性和低成本优势，为此，企业必须依赖特殊的资源。他强调异质性联合，实际上为后来的核心能力理论提供了理论借鉴，这种观点也是网络组织理论的核心。

资源学派和契约学派最大的不同是，契约学派强调围绕资源的产权制度安排及效率，而资源学派强调资源本身在企业发展中的功能，从资源的异质性出发，着重研究企业如何获取、培育及运用异质性资源的能力。两个学派不是针锋相对的，而是从不同视角完善了对企业的认识。资源学派强调无形资源的作用，他们不以所有权为标准看待企业对资源的使用权，而以价值创造为标准强调企业对资源使用的能力，也就隐含着企业只要具备能力，处于企业内外的资源都可以被纳入发展战略，从而模糊了企业边界的概念。

（三）基于核心能力理论的视角

传统的企业边界理论讨论的焦点主要集中在企业的规模边界上，可能主要因为工业化时代，有形的物质资源是决定企业能力的主要因素。但是信息化时代，无形资源和有形资源都是企业的重要构成要素，而且常常是无形资源占据核心地位，而此时，用规模来衡量企业的边界已经显得不合理，企业的能力成为衡量企业边界的重要标准。

[①] Conner, K. R. A, "Historical Comparison of Resource – Based Theory and Five schools of Thought within Industrial Organization Economics: Do We Have a New Theory of the Firm?" *Journal of Management*, 1991.

理查德森在其《产业组织》一文中从资源的视角论述了企业成长的能力，从而开启了企业能力理论研究的先河。理查德森专注企业之间的合作关系，他认为企业间合作的基础是企业的能力。企业的能力是组织（结构）、知识、经营管理和技能各种因素共同作用的结果。以各种标准划分的企业能力具有相似性和互补性，企业合作来源于企业能力的互补性。企业不是孤立的，它是市场网络中的一个节点。企业间合作可以使各自能够专心发展专业化、致力于创新和提高效率。通过生产和营销进行协作，通常并不一定需要长期合约才能保证双方协调成本较低。

普拉哈拉德和哈默尔对企业能力理论进行了发展，提出了核心能力理论。他们从竞争优势的角度对企业能力的发展进行了考察，竞争促进专业化，专业化竞争导致核心能力的出现，企业通过核心能力来塑造核心产品。他们还指出核心能力主要是指企业中进行集体学习的能力，尤其是将复杂的生产过程和多种多样生产技能整合在一起的能力。识别企业核心能力需要三项测试：首先，核心能力进入多个市场的潜能；其次，核心能力对客户感知最终产品的价值具有多大的贡献；最后，核心能力能被竞争对手模仿的程度。塑造核心能力是企业发展战略的目标，核心产品是一种或多种核心能力的物质体现，最终产品是核心产品的价值体现。普拉哈拉德和哈默尔认为，企业有目的地建立核心能力，以此来整合外部资源，从而会使企业边界扩大。企业一旦获得了核心能力，就会利用核心能力来生产核心产品，并通过核心产品来整合更多的资源，生产更多的最终产品，从而使企业边界进一步扩大。普拉哈拉德和哈默尔提出了企业控制边界的概念，在企业生产经营过程中，有些功能单元从所有权性质上讲，不属于该企业，但是它却被该企业所使用，其行为受该企业控制。从而，在该企业的物理边界保持不变、成本没有增加的条件下，因为控制能力的增强，企业价值创造能力增强，从而企业能力边界实现了拓展[①]。

理查德·R.纳尔逊认为企业"核心能力"的塑造和组织结构有着密

[①] Prahalad, C. K, Hamel, G., "The Core Competence of the Corporation," *Harvard Business Review*, 1990, May – June.

切的联系,并从演化的视角提出了动态核心能力的观点。企业动态核心能力是企业战略、企业结构和企业核心能力动态演化的结果。战略和企业结构必须协调和统一。战略制定后企业的结构要按照战略来组织。但是,如果战略发生变化,毁掉旧的结构容易,而建立一个新的结构并运作是一项艰巨的任务[1]。温特和纳尔逊认为企业的发展一旦形成了资源优势,就会在组织的内部形成一定的惯例。当这种惯例随着市场变化很难变化时,以前的资源会变成企业发展和创新的阻力。企业的战略和结构对企业的作用要比特殊技术深远得多,尤其是对企业核心能力的培育,小艾尔弗雷德·D. 钱德勒也指出企业的结构引导企业的技术、管理和核心能力的演进,因为特殊技术更容易理解和模仿,而战略和结构相对具有持久的异质性。Dorothy Leonard – Barton 把企业的核心能力定义为区别和提供竞争优势的一套知识系统。它由企业雇员所拥有的知识和技能、包含雇员的知识和技能的技术系统、控制和创造知识的管理系统、知识及知识创造和控制系统所代表的价值和行为规范[2]等四个方面构成。核心能力的四个方面反映了企业的行为和信念,这种行为和信念的集聚得益于企业早期的成功。企业的技术和技能植根于企业早期的产品中,它们的发展需要很长时间才能发挥作用。组织系统建立也需要逐步发展才能有效。企业的价值具有企业历史的印记,尤其是早期创建者和领导人。企业核心能力的优势之一就是企业的遗产,这是其他企业所不能模仿的。但是,当企业以前的历史和知识对新产品开发不利时,企业的核心能力会成为新产品的阻力,并且很难在短期内改变,从而导致核心能力悖论。

Foss 根据 Hogarth 等所描述的"进入行业的权利、将资源转化为产品、构建企业产品的异质性、对企业产品异质性进行更新换代"等企业内部活动的四个阶段,进一步分析指出许多企业可能仅仅在阶段二处徘徊。四个阶段依赖的资源不同,将资源转化为产品依赖实物资源,打造产品异质性

---

[1] Richard R. Nelson, "Why Do Firms Differ, and How Does It Matter?" *Strategic Management Journal*, 1991, p. 12.

[2] Dorothy Leonard – Barton, "Core Capabilites and Core Rigidities: a Paradox in Managing New Product Development," *Strategic Mangement Journal*, 1992.

和对异质性进行更新和发展所依赖的是组织资源，组织资源往往是无形的，因此是稀缺的、有价值的和难以模仿的。Foss认为基于实物资源的企业理论缺乏对企业动态能力的分析。因此要将研究从第三阶段推到第四阶段[①]。

Teece等从企业的组织和管理、企业的资产、路径依赖和组织的学习以及应变能力四个方面建立了企业动态能力的分析框架。其中，他们重点分析了企业边界不稳定性的时候，如何发展企业的应变能力和保持长期竞争优势的能力，也就是短期策略和长期策略结合的选择。并进一步提出企业要同时重视组织过程和资产地位从而将企业从第三阶段推到第四阶段，关键是利用路径依赖的优势，打破路径依赖的劣势[②]。Eisenhardt，Martin认为企业的生产就是使用特定资源的过程[③]。此过程主要是获得资源、整合资源、重构资源和运用资源，目的是生产适应市场需求的产品或者创造一个新市场。动态能力就是指随着市场需求的出现、变化、分裂和演进以至于消失，企业通过资源的布局而形成的组织和战略的惯例行为。战略决策是企业动态能力的内容之一。动态能力还包括对企业内外资源的重构，这种重构具有路径依赖的特点。在适度变化的市场下，企业内部结构不会发生太大的变化。企业的惯例行为决定了企业的演进过程。企业边界不会发生很大的变化。但是，在快速的市场变化下，企业的组织结构和知识特点必须随着市场的变化而进行适应性改变。由此，企业组织结构不能太复杂，其界面规则应该简单，以便于新知识的吸收和创造。简洁、灵活的组织形式一旦形成，企业的组织结构适应不断变化市场的能力就增强了，虽然，企业有形边界会因此而缩小，但是，其能力会逐步增强。

（四）基于模块化理论的视角

企业核心能力的动态演化，改变了企业组织结构形式和行为方式。模

[①] Nicolai J. Foss., The Resource – Based Perspective: An Assessment and Diagnosis of Problem, Working Paper, 1997.

[②] Teece D., Pisano G., Shuen A., "Dynamic Capabilities and Strategic Management," *Strategic Management Journal*, 1997.

[③] Kathleen M. Elsenhardt, Jeffrey A. Martin., "Dynamic Capabilities: What are They?" *Strategic Management Journal*, 2000.

块化生产就是集中体现，它将传统意义上的企业分化成多个模块，形成模块化联盟，每一个模块都是一个半结构化的功能单元。克拉克[1]等认为，如果企业在生产经营过程中，价值创造过程的各个功能单元的联系不是很紧密，并且市场波动频繁，那么，在行业发展很成熟的阶段，企业倾向于从一体化过渡到模块化。鲍德温和克拉克考察了基于现代化信息技术的生产方式，详细介绍了模块化的发展和演变。模块化具有特殊的设计结构，由三个核心构成要素。第一个是设计规则。因为模块需要协同作业，规则是协作联盟中所有模块必须共同遵守的。第二个是隐形模块，虽然它依赖于设计规则，但具体操作可以独立进行。相邻模块间依靠关键的接口进行联结，各自内部运行如同古典经济学的企业"黑箱"。第三个是系统集成与检测模块。它是用来解决多个隐形模块之间出现的矛盾和冲突，因为，当多个隐形模块组成系统后，每个模块因为是半独立的，在集体行动时可能存在行动摩擦。模块化结构不是一成不变的，随着环境和需求的变化，模块化的结构是可以调整的。鲍德温和克拉克提出了模块化操作符的概念，在复杂的适应性系统中，操作符所起的作用就是通过明确的途径将现存的结构改变成新结构。模块化操作符包括六项功能：一是将设计分割成模块，二是用一种模块化设计代替另一种设计，三是扩展，四是从系统中排除某个模块，五是归纳并创建某个模块，六是将一个模块移植到其他系统中等。但是模块化是需要成本的，这种成本包括设计规则和规则推广的成本、模块化组合与分解的成本、生产中的代理和交易成本等[2]。青木昌彦[3]认为模块化有金字塔型分割模式，信息同化型练习模式和信息异化型、进化型联系模式等三种基本形式。金字塔型分割模块化的明显标志是设计规则不变，各个模块必须在此设计规则下进行生产。因此企业可以专注主模块，将不重要模块外包，从而企业物理边界变小。信息同化型联系是设

---

[1] Collins C. J., Clark K. D., Strategic Human Resource Practice, Top Management Team Social Network, and Firm Performance: the Role of Human Resource Practices in Creative Organizational Competitive Advantage, *The Academy of Management Journal*, 2003, (46).

[2] Baldwin C. Y., K. B. Clark, *Design Rules: The Power of Modularity*, Cambridge, MA, MIT Press, 2000.

[3] 〔日〕青木昌彦：《比较制度分析》，周黎安译，上海远东出版社，2001。

计规则可以发生细微的改变,企业可以拥有主模块,或者模块从市场购买,因此企业边界变小了。信息异化型模块在市场上不止一种设计规则,因此选择最优路径成为各个模块的首要任务。这样企业的规模越大,知识的积累和组织结构越复杂,企业适应环境变化的能力越小,因此企业的形式必须简洁。

国内学者的研究更多聚焦在模块化分工和企业网络的构建。李海舰、聂辉华认为全球化的市场经济使分工发生了巨大的变化。[①] 跨国公司在参与全球化分工的过程中,不仅要考虑产业和产业之间分工的结构和运行机制,更要考虑企业和企业之间,以及企业内部分工的结构和协调机制。此外,全球化时代的企业运营,对投资、研发、生产、销售、服务等活动的资源投入和配置,不再局限于以地区和国家为单位进行考虑,而是基于全球范围。因此,原来存在于国家或地区中的不同产业间的分工模式,逐渐被不同企业之间,以及企业内的分工模式所替代。由于企业间分工着重考察产品生产各个环节在各种不同企业之间的分布,或者是在同一个企业内部门所分属不同区域之间的分布。在总收益给定的情况下,只有尽可能地降低交易费用才能保证企业获取竞争优势。这就需要企业必须以最低成本从不同地区和国家获取所有的要素,并且在所有的差异市场上使产品的营销和服务实现尽可能地本土化。在全球市场上进行资源配置,企业的生产经营过程至少在两个方面发生了根本性的变化。第一,企业必须基于全球分工体系来审视自身的专业优势,也就是在战略性投资上选择从价值链的哪个环节入手融入全球化的分工体系。第二,企业作为全球分工体系的专业化单元,也需要思考自身内部分工在全球的布局,最重要的就是"脑体分离"。从价值链上看,一个企业的价值创造过程可以分为研发、制造、营销、营运四个价值创造环节。其中,每一个环节都可以构成一个产业,从其特征来看,研发、营销和营运等产业可称作"脑袋产业",制造产业可称作"躯体产业"。现在企业"脑体产业分离"是企业内分工的突出表

---

① 李海舰、聂辉华:《全球化时代的企业运营——从脑体合一走向脑体分离》,《中国工业经济》2002 年第 12 期。

现。通过这种分工模式,传统意义上的企业就成了网络型的组织。王伟认为企业网络构建的两个假设条件是:①基于现代科技发展带来的市场交易成本的不断下降,使得企业能够比以往更容易地将相对独立的单元分解出来,是基于交易成本理论的考量;②外部经济环境的变化,使得企业能够在更大范围内将各种各样的企业基因进行重组,形成企业网络,是以跨越企业边界的方式对企业资源理论进行了扩展[1]。罗珉、杜华勇强调企业不仅仅是在价值链上增加价值,更要重新发明价值。企业战略分析的重心并不只是界定在某个特定的产业或者企业,而是必须聚焦于创造价值的系统本身,提出了价值星系的概念。基于体系的优势是价值星系中最核心的优势。罗珉认为企业内部市场的变革趋势表现在五个方面。第一,内部市场外部化趋势。第二,内部市场交易主体的角色发生变化。第三,突出以核心竞争力来重构内部市场,形成模块化经营。第四,以突出企业内部地区性组织的相对比较优势来重构内部市场[2]。第五,跨企业流程重组模糊了企业内部市场的边界,推动跨企业内部市场的出现。余东华、芮明杰[3]在价值链思想的基础上,通过价值模块化将传统的集合型价值链经过解构、整合和重建形成具有差异化竞争优势的模块化价值链,通过不同企业的价值模块和模块化价值链共同构建起企业价值网络。李海舰、魏恒通过引入"产品价值网络"的概念,运用价值模块工具,构建了一个兼有多个价值网络、多个市场、多个产业的 DIM 解释框架,将单维的 SCP 范式发展到了多维的 DIM 范式。[4]

四 企业无边界发展的理论思想

企业无边界发展是基于当前全球化市场经济、网络经济和知识经济所提出的一种企业开放式发展战略。目前,国内外关于这方面的理论研究还比较少,本书沿着无边界思想的提出和发展对既有文献进行综述。

---

[1] 王伟:《基于企业基因重组理论的价值网络构建研究》,《中国工业经济》2005 年第 2 期。
[2] 罗珉、杜华勇:《平台领导的实质选择权》,《中国工业经济》2018 年第 2 期。
[3] 余东华、芮明杰:《模块化、企业价值网络与企业边界变动》,《中国工业经济》2005 年第 10 期。
[4] 李海舰、魏恒:《新型产业组织分析范式构建研究——从 SCP 到 DIM》,《中国工业经济》2007 年第 7 期。

无边界组织是通用电气首席执行官杰克·韦尔奇提出来的一种管理思想。他预想中的无边界组织是将企业中官僚气息全部消除，让职员专注于更好的方法、更好的思想，从而达到组织内部、人们之间及全球任何地方的企业共同分享最好的思想与实践。实践上，韦尔奇聘请迪夫·乌里奇（Dave Ulrich）牵头组建由学术人士和顾问组成的团队，来帮助通用电气实现"无边界化"经营和管理。后来，这个团队的成员，罗恩·阿什克纳斯（Ron Ashkenas）、迪夫·乌里奇（Dave Ulrich）、托德·吉克（Todd Jick）、史蒂夫·克尔（Steve Kerr）等撰写了《无边界组织》一书，从而对无边界组织的理论思想进行了系统的阐述。

阿什克纳斯等实际上是从生物学角度对无边界组织进行了界定，认为组织的边界实际上是可穿透的"隔膜"，由其支撑的组织实际是无边界组织，是有生命的连续统一体，而不是固定不变的状态。无边界是组织健康运行的客观必备条件，是为了让信息、资源、创意和活力自由地在隔膜内外穿梭，从而使整体组织有效运转。基于此，他们从企业内部垂直边界、水平边界、企业和外部之间的边界以及地理边界造成的企业发展障碍出发，详细论述了企业突破这四重边界实现无边界发展战略的理论机制。他们指出每一家公司都需要改造四种类型的边界。第一，通过等级层次、头衔、身份和地位把组织成员分隔开来的垂直边界（组织的层级）。第二，通过职能、业务单元、生产群体或部门把组织成员分隔开来的水平边界（内部壁垒）。第三，把企业同自己的供应商、客户、社区以及其他的外部支持者分隔开来的外部边界（外部壁垒）。第四，具有其他三类边界的特点，但却可以跨越时空、跨越不同的文化而存在的地理边界（文化壁垒）[1]。这些边界，每一种都需要有适当的渗透性和灵活性——以便创意、信息和资源能够自由地流上流下、流出流进、穿越组织。领导者能够利用很多杠杆来促进无边界企业的形成，其中最强有力的是信息、权力、能力和报酬。领导者本身也需要从命令和控制转向那些更加依赖于创造共同思

---

[1] 〔美〕罗恩·阿什克纳斯、迪夫·乌里奇、托德·吉克、史蒂夫·克尔等：《无边界组织》，姜文波译，机械工业出版社，2005年。

维模式、创造拓展目标和同事的新方法；他们需要从知道正确的答案转向提出正确的问题；但同时，还需要始终注重结果、针对责任保持清晰的认识、做出艰难的决定。他们指出，传统上，企业将规模、角色的清晰性、专业化、控制作为成功的关键因素。而现代企业成功的关键是速度、灵活性、整合、创新，并以这四个新的成功决定因素作为构建无边界组织的指标评价标准。

李海舰和聂辉华基于企业与市场各自比较优势的基础上，提出了企业与市场相互融合的观点，"企业中有市场，市场中有企业，企业和市场都是一种以模块化运作为基础的网络"。[1] 在构建企业网络的过程中，企业要实现四种关系的合理配置，即行政关系、契约关系、产权关系和市场关系。企业的竞争力来自价值网络体系，价值网络体系是核心能力的最高形态和集大成。这些研究超越价值链的思想，将企业核心能力理论与系统理论进行了融合。此外，企业资源不但包括有形资源，还包括无形资源，而企业的能力边界是由有形资源和无形资源共同决定的。因为无形资源可以被无限次重复使用，且可以在不同企业间共享，因此，企业可以在整个市场范围内以市场契约的方式对无形资源的使用权进行动态地配置，从而消除企业一体化的所有权边界造成的资源能力难以充分发挥的困境。因此，在企业网络中，企业关注的目标不仅包括企业的内部经济，更重要的还包括企业的外部经济。他们指出，经济发展进入全球化时代，企业主要从外部获取竞争力，对于无边界发展的企业来讲，其边界不再是指物质形态的规模边界，而是指价值创造的能力。企业边界取决于价值创造能力的大小，在价值网络中，取决于核心能力。因为，在全球分工体系中，企业要想成为无边界发展的企业，需要将自身打造成具有核心能力的价值模块，通过将价值模块融入价值网络，并在全球价值网络中延伸。他们指出"基于现实的变化，企业是没有边界的，企业边界可趋于无穷，企业进入无边界的时代"。无边界企业有着各种各样的具体形式，但是无论哪种具体形

---

[1] 李海舰、聂辉华：《论企业与市场的相互融合》，《中国工业经济》2004 年第 8 期。

式，它都是基于核心能力来运作的，而价值网络是核心能力的集大成①。徐宏玲指出通过模块化构建的企业网络最终使得斯密定理和与其对立的科斯定理观点融合在一起，表现为专业化趋势和一体化趋势的并存，而非相互替代。②分工和整合总是相伴而生的，市场和企业都是可以进行灵活运用的资源配置方式，根据环境的不同、企业能力的不同而加以灵活运用，而不再用非此即彼的替代观点研究问题，即"看得见的手"和"看不见的手"在企业网络中实现了真正的"握手"，从而使企业能力无限提升。

第三节 国内外研究评述

一 研究进展

对企业边界理论研究的文献梳理，实际上也是对整个企业理论体系发展脉络的梳理。因为企业边界理论是基于企业本质特征的，它是将企业作为一个"类"从社会体系中凸显，并以此来定义企业在社会体系中的存在空间、发展变化范围。古典经济学和新古典经济学没有专门对此问题进行回答，将企业视为简单的生产单位，持这种概念完全抹杀了企业内部的特质，不能解释经济活动中不同企业的差异性，更不能科学地解释企业动态发展变化特征。自科斯开始，企业理论开始意识到正确回答"企业是什么"对于企业理论体系研究的重要性。从而不同学派的学者从不同视角给予了各种不同的回答。科斯等将企业视为市场价格机制的替代，资源学派将企业视为资源的集合，契约理论将企业视为围绕"中心签约人"的一个契约体系，企业能力理论将企业视为能力体。

随着互联网经济在全球化市场上纵深发展，许多学者发现过去各个学派的企业边界理论已经难以有效解释现代企业的新特征，比如在研究背景

---

① 陈小勇:《产业集群的虚拟转型》，《中国工业经济》2017年第12期。
② 徐宏玲:《模块化组织价值创新：原理、机制及理论挑战》，《中国工业经济》2006年第3期。

分析中所指出的现代企业无边界化发展特征，以及固有的边界体系给其发展带来的困境。尤其是网络企业，它在规模、组织形式、运行机制、活动范围和活动方式等各个方面都发生了巨大的变化。这种企业颠覆了规模等于能力、实力等于能力的传统观点，也颠覆了企业不等于市场、客户不等于员工、竞争对手不等于合作伙伴等诸多传统边界性的思维认识习惯。打破这些思维传统的是一批企业经营的实践者，他们不仅颠覆了传统的边界思维，更重要的是，他们开拓了获得无限价值创造能力的新的经营思路和实践路径，从而也引起学术界的广泛关注和深入研究，克里斯·安德森在其《长尾理论》一书中集中考察了互联网时代消费者的个性化需求特征，网络跨时空特征信息沟通和处理的低成本使得个性化需求得以满足变为现实。随着市场范围的扩大，需求和销量不高的产品所占据的共同市场份额，可以和主流产品的市场份额相比，甚至更大，企业在互联网市场空间中出现企业价值创造的"长尾效应"。杰夫·豪提出了"众包"这种新型商业模式，他基于唐·泰普斯科特与安东尼·D. 威廉姆斯在《维基经济学》中所提出的开放、平等、共享、全球运作的新商业法则——利用互联网的大规模协作来改变现代社会的生产组织方式。将传统上企业依靠自己内部员工或通过外包进行的工作，众包给互联网中没有界限的社会群体去做，这种商业模式颠覆了员工和老板、顾客和企业的身份边界，更为重要的是它促进了企业能力的无限提升。

阿什克纳斯等的无边界组织理论很好地概括了21世纪企业发展的新特征。这种理论打破了传统企业理论有边界的企业发展战略思维，将企业置于一个开放的体系中来思考其价值实现的客观规律。此后，对无边界组织的研究日渐丰富，李海舰和聂辉华等提出了企业"脑体分离"，企业与市场融合，将企业发展成网络，实现企业能力无边界发展，从而将企业边界理论引向一个广阔的发展空间。目前，基于模块化、核心能力、价值网络、虚拟组织、虚拟空间等各个视角的研究文献不断增多。从而有关企业边界理论的研究具有多种方法和多种视角并存的特点，不同的方法和不同的视角相互补充、互相促进，为全面、客观、深入一地认识企业和企业发展变化提供了丰富的理论基础。

二 存在的不足

实践是推动企业理论不断向前发展的根本动力。随着企业实践新情况的不断出现，原有的理论或多或少都会表现出对新情况解释的乏力。21世纪的互联网经济，颠覆了电气化时代工业经济发展的模式，这主要表现在信息资源成为信息化时代的核心生产资料，企业生存环境不但从有边界的区域延伸到全球范围，更为重要的是它从实体空间走进了虚拟空间。面对这些企业实践的新情况，基于有形资源的企业理论无法解释无形资源在企业发展过程中的内生性作用，强调规模和实力的企业理论不能解释"小核心大外围的"网络企业所表现出的小"规模"大"网络"、弱"实体"强"势力"的特征。

无边界组织理论虽然看到了在一个开放的环境中边界体系给企业发展所带来的各种困境，并针对如何打破这些边界困境进行了理论阐释。然而，正如前面归纳的那样，每一位学者的研究都集中于无边界发展的某一个视角，这样，就会导致一类视角解决了某一类问题的同时，可能又复杂化了另一类问题。从而用这种理论指导企业无边界发展的实践，难免会顾此失彼。从既有的文献来看，到目前为止，关于"企业是什么"仍然沿用科斯的定义。然而，科斯对于企业的定义不能解释企业中有市场的现象。造成这种状态的根本原因在于，企业本质上是一个复杂的系统，其本质蕴含着多层次的特征，而且各种层次相互有机联系。所以，要回答企业的本质问题，需要一整套的系统理论，要全面反映企业本质、动态变化和发展就需要更复杂和完善的系统理论。虽然，基于特定视角的研究，深化了某一类问题的认识，但是，要使企业无边界发展理论能够科学地指导实践，系统性的理论研究是前提基础。目前的企业无边界发展还缺乏这样一个研究框架，更缺乏完备的理论体系。此外，随着实践的发展，企业内在的本质也是在不断地发展。企业无边界发展理论是针对信息化社会的企业新特征的，由于信息化社会本身正处于初级发展阶段，对它的认识也还不成熟。要科学地认识企业和信息化社会的互动关系，对信息化社会的深入认识也是必备的基础条件。

第四节 本章小结

本章基于互联网经济下企业发展的新特征和边界体系给其发展带来的困境，对相关研究文献进行了回顾和评述，以此来全面把握理论研究在此方面取得的进展及存在的不足。

全球化市场一方面给企业带来了广阔的市场空间，另一方面也给企业带来了全球化的竞争压力，瞬息万变的外部环境、无形资源主导、客户需求个性化等也给它带来了巨大的挑战。为了适应和迎接这些挑战，并在全球化市场中赢得竞争力，现代企业表现出动态性、开放性的无边界化发展趋势。由于主观和客观的因素，企业与市场之间、企业与企业之间、企业与其他非企业组织之间、企业与客户之间、企业内部上下级之间、部门之间及员工之间还存在多种边界，这些边界体系往往给企业能力的提升造成了障碍。根据熊彼特对于发展的定义——企业发展表现为实现新组合，新组合本质上就是对要素和力量的重构，可见，企业实现重构与企业发展是等同的概念。企业重构过程的实践就表现为不断地对原有各种要素和力量的边界进行突破，从而将其价值创造能力进行持续提升。

通过归纳比较各种关于边界的概念，发现学术界并没有给予其一个统一的定义。但是，大家普遍认可边界是相对的，具有认知上的概念特征，人们希望用它将各种事物"区分"开来。由于事物之间是普遍联系的，从而事物之间不存在能将两个事物完全区分开来的边界。在组织动态演进过程中，组织和体系之间的边界是模糊的、相对的。人们所定义的各种事物要获得发展，这些事物相互之间必须要进行物质、能量和信息的充分交换，否则，这些事物将永远保持静止，这违背事物是运动的本质属性。因此，任何事物，包括企业也是一样，其边界通常是人们所赋予的、用以与其他事物相区分的一种手段，企业本质是开放的、无边界的。企业的发展必然呈现持续地进行无边界化重构。

从既有的企业研究文献可以发现，认为企业存在清晰边界的理论，其核心思想可以归纳如下。第一，古典经济学用规模来衡量企业发展边界。该学派将企业视为市场经济活动的行为主体，认为它是劳动分工的结果，其规模随分工的发展而不断扩大，但是其发展规模受市场边界的约束，当市场狭小时，其规模边界是清晰的。第二，新古典经济学继承了古典经济学关于企业的理论思想，并在此基础上将企业抽象为简单的投入产出单元，投入要素主要包括土地、劳动、资本等。该学派指出了企业家精神和组织对企业的作用，但是，他们将这些要素视为外生变量。根据边际理论，土地、劳动、资本的边际效率递减，从而用严密的数学逻辑推导出企业发展具有稳定的边界。第三，制度经济学派从交易费用的视角，重新审视了企业产生的根源和企业的性质。但是，该学派同样用规模来衡量企业发展边界，通过对企业组织的管理成本和市场交易成本的边际比较分析，得出企业具有稳定的边界。然而，该学派和新古典经济学派所不同的是，他们认为企业和市场之间是替代关系。

代理商、网络企业使传统企业和市场之间存在清晰边界的理论思想受到了广泛的质疑，一些学者从不同视角分析得出企业边界是模糊的，其核心思想主要包括如下几点。第一，如果单纯以权威机制和价格引导的自由交易机制两种资源配置方式来划分企业和市场之间的边界。那么，就会难以区分资源配置中同时存在权威和市场两种方式融合的组织边界，比如，在互联网经济活动中，企业中有市场是普遍的特征，因此，它们的边界是模糊的。第二，如果同时从成本和收益两个视角来进行分析，企业和市场各自都有一个成本和收益的计算结果。在经济活动中，通过比较成本和收益，有些资源的配置单纯在企业或市场中进行都呈现非效率，但是，将企业的行政机制和市场机制相结合来对各种资源进行配置却是有效率的。迈克尔·迪屈奇将此称为半结合，他认为企业组织大多数都是半结合形态，没有清晰的边界。第三，企业和市场在分工发达的市场经济中是两种极端，大多数企业都处于中间状态，网络型企业就是集中的体现。

虚拟运作使企业突破有形的规模特征，变成没有确定形状和边界的能力体。从既有文献可以看出，企业通过无边界化重构战略进行发展的实践

● **无边界化重构** ▶▶▶

走在了理论的前面,杰克·韦尔奇的企业无边界化重构发展战略改革创造了非凡的 GE[①]。从理论研究来看,企业无边界发展研究具有以下几个突出的特征。第一,将无形资源内生化,强调它在企业发展中的战略作用。第二,用模块化和价值网络来构建企业无边界发展的战略框架。第三,用能力来测度企业边界,而不是传统的实体规模。

---

① 后文在概念上将"企业无边界化重构发展"与"企业无边界发展"等同。

第三章 企业组织无边界化重构战略的理论分析框架

第一节 概念系统

概念是构建理论框架的基本单元，杨小凯指出，在经济理论构建过程中，组织概念的方式有时比概念的形成更重要，在比较古典经济学与新古典经济学、凯恩斯主义经济学、马克思主义经济学等理论分析框架的基础之上，他进一步指出新古典经济学是第一个将经济学组织成四层次概念层系的理论分析框架。① 虽然对于新古典概念层系的每一层次都有许多批评，但对这个层系本身却几乎从未提出过认真的挑战。

新古典经济学概念层系的底层涉及对技术、偏好、禀赋初始分布、博弈规则以及有关制度安排的定义。第二层涉及个人决策问题，新古典经济学将底层定义的环境映射到个人行为的需求和供给函数上。第三层涉及个人行为交互作用的结果。第四层是顶层，涉及价值判断的福利分析。杨小凯对新古典经济学的四层次概念体系进行了修正，从而构建了新兴古典微观经济学的分析框架。在概念层系的第一层中，对于人们决策前的经济环境，他强调人获得知识的能力。这种能力部分由经济组织内生地决定，部分由单个人可利用的固定的时间量外生地决定。并且他将个人设定为唯一具有独立思考的行为人，作为消费者，人是具有多样化消费偏好的行为个体；而作为生产者，人的行为结果可以用显示专业化报酬递增的生产函数

---

① 〔澳〕杨小凯、张永生：《新兴古典经济学和超边际分析》，中国人民大学出版社，2000。

系统表示，人受自身特定的时间禀赋的约束。不同于德布鲁框架中以受价行为为基础规则，他强调议价权力存在的可能性，但不认为存在有效的垄断，因此不采用纯消费者与企业两分；关于交易成本，他强调内生交易费用和外生交易费用。涉及个人决策问题的概念层系第二层，他强调约束条件下的最优决策不仅决定"反映资源配置方式的相对价格函数"，而且决定个人参与分工的方式及个人所具有的专业化水平，还决定个人消费和生产的最终产品数目、投入生产要素涉及的范围以及组织交易的模式。在涉及概念层系第三层个人决策互动结果的均衡问题中，他引入角点均衡的概念，克服了新古典经济学完全均衡不包含角点均衡的缺陷，由此一来，以角点解的组合为基础的完全均衡有无限种可能，每一个角点均衡都等价于一个新古典的完全均衡。对于概念层系顶层所涉及的个人行为间互动结果的福利效果，他不仅用帕累托最优来度量资源配置的效率，还用它来度量经济组织和体制的效率。

概念层系可以有效地将复杂的经济体系有条理地勾勒出来，从而更助于我们厘清经济体系运行的逻辑。当然，经济体系的复杂性决定了我们不可能一次性就能建立一个一劳永逸的分析框架，对包罗万象的经济活动只用一个框架去解释。理论分析框架必须要在一般性和局部性之间进行平衡，比如，一般均衡分析因有极其严谨的要求，从而使其往往难以达到研究预期；反而局部均衡分析往往是务实的选择。这种客观情况也决定了理论研究框架必然是多种多样的，各种框架必须要在实际运用和比较中进行修正和完善。

基于新古典经济学和新兴古典经济学概念层系，本书将有限理性引入概念层系的第一层；将企业家精神引入第二层；将市场过程作为角点均衡求解的基本场景引入第三层；第四层直接采用新兴古典经济学的定义，不仅用帕累托最优来度量资源配置的效率，还用它来度量经济组织和体制的效率。

第二节　基本假设及研究主体说明

一　基本假设说明

人既是经济活动的主体，也是经济活动的目的。同样，人既是经济学分析的起点，也是终点。因此，如何来定义人？成为经济学理论研究首先需要做的事情。鉴于理论界对于"人"的定义并没有获得统一。所以，每一项经济研究的开始，都不得不就"如何来对人进行定义"做出明确的说明。理性人是新古典经济学理论的核心，也是目前很多学派采用的关于人的基本假设。Joan Robinson[1]关于经济学中一系列假设所提出的两个问题："它们易于处理吗？它们与现实世界相吻合吗？"，不管通常情况下假设在"可处理性"和"现实性"两者之间如何相矛盾，科斯在对企业进行定义的时候，指出假设是可以实现"可处理性"和"现实性"相统一的。那么，关于"人"的假设对于后续相关问题的研究是否能够实现"可处理性"和"现实性"相统一？尝试朝这个方向进行努力的价值是显而易见的。

古典经济学将人定义为理性人，这个理性人包含了很多严格的限定，包括完美知识、从事经济活动的个人都是利己的。这种严格限定既保证行为人最大化策略选择可以获得精确的计算，而且，使得理论逻辑保持前后完美。从而，新古典理性人假设在保证"可处理性"上展现了充分的效率。然而，在"现实性"方面，理性人假设受到的质疑或否定是不能忽视的，尤其是来自奥地利学派的有力挑战，门格尔（Menger）、米塞斯（Mises）、哈耶克（Hayek）、柯兹纳（Kirzner）等强调个人拥有知识量和社会知识量之间的差异，指出社会知识虽分布于个人，但相比社会知识量，个人拥有的知识并不完美，也就是个人行为决策并没有以完美信息作为支撑。这是对新古典经济学理性人最优决策最有力的挑战，如果个人对于决策及本身的许多元素都不了解，怎么知道自己选择的策略是最优的？现实中，许多个人决策导致悲惨结局，难道是理性人本意要达到的结果？奥地利学派同样证明，即使个人可以掌握完全信息，个人计算能力也是有限的。因此，米塞斯指出，"人类行为是有目的的行为"，就是"用一个更令人满意的事态来替代一个不大满意的事态"。[2] 最优决策约束于"信息不完

---

[1] Joan Robinson, *Economics is a Serious Subject*. Cambridge, English: W. Heffer&Sons, 1932.
[2] Mises, L. von, *Human Action, a Treatise on Economics* (3rd edn), Chicago, IL: Henry Regnery, 1966.

全"和"个人计算能力有限",而只能是一种理想。可见,新古典经济学理性人假设和"现实性"的距离是很遥远的。

虽然,新古典经济学关于理性人假设可以保证理论逻辑的严密性,但如果仅仅为了保持理论的完美而以脱离"现实"为代价,这个代价付出得不值得。借鉴前人的研究成果,本书采用赫伯特·西蒙①有限理性的概念,将人定义为意欲理性的行为人。这种意欲理性的行为人,行为目的是期望获得自身价值诉求最大化的实现,但是其约束条件是信息不完全和自身信息处理能力有限。本书以有限理性作为对人的假设,从而使其靠近现实的人,并增强理论的解释力。

二 研究主体说明

(一) 关于企业

对于"企业是什么"的问题属于企业理论研究必须首先回答的问题,是企业理论研究的起点。通过第二章的文献回顾,可以看出,理论界对于这个问题仍然没有一致的答案。实际上,从不同视角来研究企业问题的学者,在展开他们的研究之前,都需要在"企业是什么"的问题上进行一个明确的回答和说明。然而,企业是一个复杂的系统,很难做到用一个点或者几个点就将其本质客观地进行概括。从工厂手工作坊到现代化的公司治

---

① 早在1997年,赫伯特·西蒙就在《管理行为》一书中指出,社会科学在对待"理性"的问题上深受严重的"精神分裂症"之苦。一个极端是,经济学家不合理地赋予经济人无所不知的理性。经济人拥有完整、一致的偏好体系,让他始终可以在各种备选方案之中进行选择;他始终十分清楚到底有哪些备选方案;为了确定最优备选方案,他可以进行无限复杂的运算;概率计算对他来说既不恐怖也不神秘。在过去的几代里,这个理论已经向竞争性对策(博弈论)以及不确定性条件下的决策(例如理性预期)等领域拓展,目前已经达到托马斯式的精巧状态。它具有巨大的智力和美学魅力,但是与现实中人的真实或可能行为之间几乎没有多大关系。另一个极端是,社会心理学试图将所有认知活动归因于情感的趋势。这种趋势多半可以追溯到弗洛伊德的理论。因此,我们发现,穷人家的孩子眼里看到的硬币比富人家的孩子看到的大;某个社会团体迫于压力,可能会说服大家相信自己看到了根本不存在的东西;群体解决问题的过程包括集聚压力和释放压力等。继弗洛伊德之后的几代行为科学家一直忙着证明,人们几乎不象自以为的那样理智。也许下一代又必须证明,他们比我们目前描述的状态理智得多,但是理性程度没有经济学家宣称得那么夸大。

理型股份公司，这种专业以营利为核心目标的生产经营组织，其生产经营的内容、组织形态、运营机制及规模大小都在持续发生变化。当外部环境的变化加剧，企业所表现出的各种特征也随之加快发生变化。企业理论研究者试图从不同的视角去抓住这些变化背后不变的东西，或者具有变动规律的东西。因此，很多理论研究都将企业作为一个约定俗成的概念，忽视了对其内在本质进行系统性分析。以马歇尔为代表的新古典经济学就将企业视为提供产品和服务的"黑箱"，新古典经济学实质上是将企业视为市场分工体系中的一个与其他行为主体无差异的分工单元，其分析视角聚焦于企业的生产性功能，考察其配置物质资源的技术效率和经济效率，以及企业规模的运动变化特征[①]。新古典经济学在企业理论研究上的这一缺陷，引起了科斯的注意，他深刻认识到探究企业内部本质的重要意义，科斯从"交易成本"的视角，不仅对"企业为什么会出现"进行了系统解释，而且回答了"企业是什么的问题"，将企业定义为"用行政指挥机制替代市场价格自由竞争机制"的一种组织资源配置的组织。张五常指出，企业并不是用非市场方式代替市场方式来组织分工，而是用劳动力市场代替中间产品市场[②]。

虽然，各个经济学派的企业理论研究从不同视角给出"企业是什么"不同的定义。但总的来看，关于人的假设，仍然是各个学派分析框架的核心。无论将人假定为"理性人"还是"有限理性人"，都认同人是基于"利润＝收益－成本"的计算原则来进行行为决策的。实际上，这个计算法则充分表达了人的行为具有从行为中获取最大化价值的期望。这一计算

[①] 新古典经济学从企业生产的产品和服务出发，从两个方面研究企业的市场行为。一方面，企业为了生产产品和服务所需的投入成本；另一方面，企业从销售产品和服务能获得多大的成本补偿和利润剩余。新古典企业理论围绕"利润＝收益－成本"这个计算法则，从整体上探讨如何降低成本和扩大收益，从而实现利润最大化。它没有深入企业内部，尤其是企业内部与管理成本紧密联系的企业治理机制。以科斯为代表的制度经济学深入企业内部，深入探讨了企业内部治理成本和市场交易成本的区别。从"交易成本"的视角将企业重新解释为是以权威机制替代市场价格机制的资源配置组织，市场和企业都是进行资源配置的场所。从而，企业的核心功能是进行资源配置。

[②] Cheung, S., "The Contractual Nature of the Firm," *The Journal of Law & Economics*, 1983 (26), pp. 1~21.

● 无边界化重构 ▶▶▶

法则的客观性表现在，人需要通过行为来获取回报，而同时，人付诸任何行为都需要支付成本。企业和个人的不同之处在于，企业是由多个个体构成的集体性组织，不同个体加入企业组织的目的具有差异性，但这种差异并不影响企业组织作为一个整体也按照"利润＝收益－成本"的计算法则来行为。这是因为，虽然企业集体行为和个人单独行为具很大的差异。但是，集体行为结果仍然根源于个人，而且和个人紧密相关。这就要求，要回答"企业是什么"，还是得回到对人的科学认识、对人的行为的科学认识、对人与人之间相互关系的科学认识上。在此需要特别强调的是，人的行为是有目的的，而企业作为一个组织，它存在的目的只不过是个人目的的延伸。因此，奥尔森认为企业作为组织，其本身没有目的，因为组织本身不可能思考，能思考的只有个人。① 在市场经济中，企业家的目的对于企业产生重要意义，从另一个视角再次证明科斯对于交易成本重要性的认识是深刻的，他认为市场上交易成本的存在是企业能够存在的根本原因。从交易成本的视角来看企业，来看企业家，自然就容易清楚地看到企业家作为自然人，其行为遵从收益与成本的比较原则。企业和市场在组织分工的过程中，最重要的区别是"企业家是企业组织体系的中心计划人"，而"市场在组织分工的过程中没有一个统一的中心计划人"。在市场上，个体对市场信息并不完全掌握，尤其是一个行为主体很难掌握另外一个行为主体的相关信息，更不用说是完全信息了。这使得不同人之间进行交易面临成本约束，而且同样的交易不同的人具有不同的成本曲线，因此，这就给企业家通过企业这种组织方式来进行经济活动提供了动力。

市场和企业作为组织分工的两种方式，各自在节约交易成本的功能上既竞争也互补。在一个分工经济体系中，专业化分工将经济体系化整为零，而专业化协作则刚好相反，它通过特定的方式将相对独立的专业个体重新整合成一个体系。因此，分工经济是一个不断发生分化和重构的经济

---

① 〔美〕曼瑟尔·奥尔森：《集体行动的逻辑》，陈郁等译，上海三联书店、上海人民出版社，1995。

体系。在分工经济体系中，这种专业化协作主要依靠两种方式进行，一种是靠市场价格机制来进行协作；另一种是靠权威控制来进行协调。然而，不管这种协作形式如何，这些分工和协作的动机源泉仍植根于人本身的动机。因为人的动机本身具有复杂性，新古典经济学关于理性人自利性的描述虽不能说其不客观，但至少没有概括人的动机的全部。西蒙（Herbert Alexander Simo）指出，理性就是根据评价行为结果的某些价值系统来选择偏好的行动方案。他从人类认知的视角说明了有限认知能力对人类发挥理性的限制。[1]

因此，本书对企业的相关主题做以下几点重申和基本说明。

第一，只有个体具有目标，由个体构成的企业组织本身没有目标，我们经常所讨论的企业目标实际上是企业中相关行为人目标的延伸，在这些行为人的目标中，居于核心的是企业家的目标。

企业作为一个组织，是由众多具有认知能力的个人组成的。本质上，只有个人才能够思考，才有行动的目标。在企业经济活动的实践中，企业中不同的人必然有不同行动目标选择，但好像也存在统一的目标选择。而这种统一的目标选择分为自发形成的和被动赋予两种：对于前者来讲，为什么能够自发形成集体共同的目标？如果深入考察行为人的目标就会发现，每一个行为人的目标本身具有多元化，并且行为人的单个决策经常包含实现多个目的的意图。这说明每一个人行动目标具有多元含义，既可能同时包括长期目的和短期目的，又可能同时包括物质利益诉求和精神利益诉求。虽然个体目的具有复杂性和多元性，但是，比较不同的个体，也不难发现交集的存在。这些交集的存在构成了企业中存在自发性统一目标的基础。

在企业中更常见的是个体间具有不一致的行动目标。当个体行动目标不一致时，这些个体为什么能够聚在一个企业？企业是如何保证不同的个体能够实现行动达到集体一致？怎样才能保证集体实现更有效率的一致行

---

[1] Simon, Herbert A., *Administrative Behavior: a Study of Decision - Making Processes in Administrative Organizations* (4th ed.). New York: Free Press, 1997.

动？这此问题构成了企业管理理论研究的核心。在这些问题中，目标各异的个体为什么能够聚在同一个企业？回答这个问题，全面认识企业家精神和企业家才能是关键。从交易成本的视角来看，市场中不同个体面对同样交易的认知能力不同，因此，每个人面临的成本和收益的结构和大小都有差异。这些差异是客观的，关键是这些客观的差异本身不会导致企业的出现，只有这些客观的差异被企业家捕捉到，企业家为了利用这些差异来实现自身的目的，从而采取企业组织的形态来抓住这些差异提供的机会。因此，企业组织本身对企业家来讲是手段，是工具目的，不是结果目的，是企业家为了实现自身某种目标而构建的。

由于企业中行为人不止企业家一种，但是从企业制度安排和其他人行为状态来看，企业家赋予企业组织的目标居于核心地位，其他人的行动必须首先保证朝着这一目标前进，至于企业中不同的个人为什么愿意服从于企业家赋予的统一的行动目标？这是因为，对于企业中个体来讲，他们恰好发现可以将企业家所赋予的统一行动目标作为手段来实现自己某种目标，或者期望将其作为手段来实现自己某种目标。从这个意义上讲，企业成为企业中所有参与人为了达到自身某种目标的一种手段。一旦将企业视为工具，我们就可以发现企业可以用来实现不同人不同的目的，如企业家通过企业来获得利润，职员利用企业来进行风险规避。当然企业中的人为了获取企业的功能，每一个人必须让渡一些东西（付出成本）。对于企业家来讲，付出的是承担风险，对于其他的职员来讲，付出的是剩余索取权和剩余控制权的让渡。

第二，企业不是绝对独立、封闭的经济组织，而是与社会体系具有密切关联的开放性经济组织，企业功能的发挥需要多维度的价值关联，而且其行动的直接目标通常是满足直接利益相关者的价值诉求，并以满足利益相关者的价值诉求为手段来实现企业家的最终目标。

在分工经济下，人类通过合作的方式来实现个人需要的满足。这种合作最底层的是自由、自愿、互利。合作是自愿的，互利要求行为在通过他人满足自身某种需要的同时，要以能满足他人某种需求为基础。在市场经济下，为了自我需要满足，首先需要考虑他人的价值诉求，这正是亚当·

斯密强调"看不见的手"的力量的意义所在。在分工经济条件下，每个人自己的产出并不直接用于自己的消费，而是用自己的产出，来交换自己想要消费的别人的产出。如何才能交换到别人的产出？这需要自己的产出必须是别人需要的东西。在分工经济下，交换的需要使得个体价值诉求与他人的价值诉求密切相关。这种相关性决定了社会体系中每一个行为主体都需要充分思考他人的需求，只有很好地满足他人的需求，才能有效地满足自身的需求。

企业作为由不同独立行为个体构成的组织形式，并不像市场中每个个体分散化决策，独立行为，企业中的成员具有显著集体行为特征。根据上面的分析，企业作为手段，它可以被企业中不同个体当作工具来实现自身的价值诉求，企业作为"工具性"的价值是将各成员能够以企业组织的契约方式聚在一起的根本原因。理论上讲，每个人要想利用企业来充分实现自身的价值诉求，需优先考虑企业的价值诉求，并将其作为个体行为的目标，这不仅不违背个人行为选择的理性，反而是个人理性的体现。因为，将看问题的时间维度拉长，企业和个人的价值诉求是捆绑在一起的，具有"共赢"的本质特征。奥尔森指出大多数关于组织的文章都暗含了组织的存在是为了增进集团成员的共同利益这一假设，组织的实质之一就是它提供了不可分的、普遍的利益[1]。如果一个企业的职员在企业中不能实现自身的价值诉求，他（她）会选择离开这个企业组织，如果无法离开，他（她）也不会积极努力工作。奥尔森进一步引述莱昂·费斯廷格教授的话："集团成员身份的吸引力并不仅仅在于一种归属感，而在于能够通过这一成员身份获得些什么。"正如麦基弗所述："人们有共同利益，并把此视为他们的事业，这一事业不可分割地包含他们每一个人。"

企业的利益关联并不仅仅局限于其内部成员之间，企业是嵌入社会体系的经济组织，它是动态发展变化的，这种动态发展变化表现为企业和社会之间价值互动。互联网使市场直接从区域化形态走进了全球化形态。在全球化市场，企业参与的是全球化的分工体系，全球化分工体系促进了价

---

[1] 〔美〕曼瑟尔·奥尔森：《集体行动的逻辑》，陈郁等译，上海人民出版社，1995。

值链型分工向价值网络型分工升级。不同于价值链型分工，价值网络型分工包含更多、更复杂的相关利益关联。因为在价值网络型分工体系中，每一个价值节点和其他价值节点的关联关系不再只是线性相关，其相关关系突破线下拓扑形态，具有典型的立体化、多维关联特征。因此，置身全球价值网络体系的企业，它本身就是一个价值节点，它的功能实现需要在多个维度保持开放性，而不是在价值链型分工体系中，只强调上下游产业的线性关联。

从个体和社会体系的动态性来看，个体间物质、能量和信息的交换是永恒的，价值的实现持续存在于这个过程中。任何个体，如果违背价值体系的运动法则，就难以顺利实现自身的价值诉求。因为，任何孤立的个体，都难以从体系获得物质、能量和信息。例如：损害客户利益的企业终究将会被其客户离弃，没有客户企业不可能持续经营下去。因此，在分工经济条件下，合作是每个人实现自身价值诉求的必然战略选择。企业作为由个体构成的集体组织，企业家的价值诉求必须考虑企业内外各个相关利益者的价值诉求。正是基于此，本书将企业发展战略的出发点，从单纯追求自身价值诉求扩展到追求体系价值诉求。因此，开放性是保证企业兼顾自身价值诉求和体系价值诉求最符合客观实际和最务实的战略选择，这种选择要求企业必须突破传统意义上的各种边界，突破仅在边界内进行价值创造的模式。

第三，企业产生于主客观条件的统一，交易成本是企业产生的客观条件，企业的产生还需要企业家精神这个主观条件。企业家精神的价值不仅在于能够更好地迎合市场需求，更具意义的是它能发现市场需求和创造市场需求。

在分工经济中，"交易"是从事专业化经济活动的人们为了满足各自多元化需求的必然选择。交易是有成本的，交易成本的大小直接决定交易是否能够实现，而且交易成本从根本上决定分工能否取得深化发展。由于信息的不完全，类似的交易在不同场景、不同人之间进行的成本具有差异。科斯正是基于这种成本差异说明了企业为什么存在？在科斯的论述中，整个论述都是围绕市场中存在"交易成本"这一客观现实所展开的。

第三章　企业组织无边界化重构战略的理论分析框架

基于这一现实，科斯实际上强调了是企业家主观价值诉求驱动着企业家通过企业组织的方式来降低市场交易成本。对于科斯在企业理论方面的贡献，我们一般强调的是关于科斯对于交易成本的分析。实际上，科斯在论述企业为什么产生的时候，都是以企业家为主体来展开的，着重强调企业家如何以不同于市场的机制来组织资源，并节约市场交易成本。他说："……而在另外一种情况下又是企业家的工作是极为重要的……另一个假设是资源的配置依赖于作为协调者的企业家……市场的运行是有成本的，通过形成一个组织，并允许某个权威'企业家'来支配资源，就能节约某些市场运行成本。"[①] 可见，"企业家"和"交易成本"构成了科斯关于"企业为什么产生"的主观和客观条件。

科斯关于企业家在资源配置当中重要性的洞见主要体现在，他指出企业家用权威指挥机制来进行资源配置，而市场是用价格自由竞争机制对资源进行配置。企业家指挥机制的契约安排，目的在于限定企业家指挥权发挥的空间（实际上指的是剩余索取权）。科斯侧重利用交易成本和企业的管理成本来对比分析企业和市场两种机制的效率竞争，实际上对企业和市场之间互补性一面没有去深入分析。实际上，从分工的视角来看，企业和市场都是组织分工的手段。市场以直接定价机制来组织分工，而企业实际采用的是间接定价的方式来组织分工。有些分工在市场条件下是难以产生的，因为直接定价成本太高，但是，通过间接定价的方式可以有效解决这个困境，比如企业家这类职业，如果依靠直接定价，在市场中就难以存在。因此，企业组织分工方式促进了分工的深化发展。根据亚当·斯密的论述，分工是提高劳动生产率的源泉，因为分工可以促进专业领域知识累计和知识创新，有利于发明创造。

从企业与社会体系的关系来看，提供满足客户需要的产品或服务是企业家得以实现自身最终价值诉求的必要手段。传统企业在经营的思维上就将企业与其客户分置于一条清晰的边界两边。现代企业的实践表明，客户对于企业发展的作用，远远超出传统理论所认为的供给与需求的关系。在

[①] Ronald. H. Coase, "The Nature of the Firm," *Economica*, 1937 (4), pp. 386–405.

● 无边界化重构 ▶▶▶

互联网经济下，客户参与企业生产经营过程的案例俯首皆是。即使从供给和需求的视角来看待客户和企业之间的关系，客户需求也是企业发展所需要思考的战略核心。彼得·德鲁克指出"企业是什么"，对于这个问题的回答是由顾客决定的。企业作为企业家实现自身价值诉求的工具，其所提供的产品和服务的直接目的是用来满足客户需求的，最终目的是通过以满足客户需求的方式，来与客户交换企业家所需要的东西。因此，顾客是企业存在和发展的基础，也是其存在和发展的原动力，创造顾客是企业的宗旨[1]。每个人都是企业的潜在客户，人本身的需求不仅是多元化的，而且是动态变化的。现实中，人类很多需求属于沉睡状态，在一定条件下才能被唤醒。在没有被唤醒之前，自身可能对这种需求是没有认知的，需要以用户教育的方式来增加客户的这种认知。因此，企业满足客户需求分三个层次，其一，迎合需求，企业家对客户已显示出的需求给予满足；其二，发现需求，企业家主动去发现那些客户自己已经具备认知却没有公开显示出的需求，并给予满足；其三，创造需求，将客户自身没有意识的需求唤醒，然后满足。

第四，企业开展经营活动投入的要素包括无形要素和有形要素，知识经济时代，无形要素更具核心战略地位，在互联网构筑的虚拟空间，无形要素在企业发展过程中的内生性更能得到有力证明。

企业进行资源配置具有集中决策的特征，这种集中决策是以企业家决策为核心的。以企业家为核心的生产函数中，投入的要素既包括实物形态的土地、厂房、设备等资本和货币资本，也包括人力资本、社区、网络、声誉、知识、社会资本等，前者属于有形要素，而后者属于无形要素。无形要素和有形要素都是现代企业开展生产经营活动必不可少的投入要素。随着互联网经济的蓬勃发展，企业理论研究发现，人力资本、社区、网络、声誉、知识、社会资本等无形资源已经成为企业发展重要的内生变量，不是传统理论所认为的只是外生变量。尤其是知识，它是决定人类经济实现可持续增长的核心要素。而知识只有内化到劳动者个体变成人力资

---

[1] 〔美〕彼得·德鲁克：《德鲁克管理思想精要》，李维安等译，机械工业出版社，2009。

本，知识对经济发展的内生性作用才能显现出来。这从企业的函数就可以推之，物质资本和劳动力资本是企业生产函数非常重要的两种投入要素。假定物质资本和其他条件都不发生变化，企业产出将主要决定于人力资本的投入。传统边际分析理论将企业投入的劳动力视为同质化的，因此，在其他条件不变时，劳动力的边际产出是递减的。这忽视了劳动力所包含的人力资本，人力资本内化于劳动力的各种知识，这些知识在生产中发挥的效用与物质资本具有非常大的差异，物质资本具有显著的边际贡献效率递减的特征，但是人力资本在生产中的使用不会使其损耗，不会出现边际贡献率递减。相反，人力资本的累积规律决定了它在使用中反而会越来越多，随着人力资本使用经验的增加，人力资本价值创造能力就会增强。因此，人力资本本身具有规模报酬递增的特征。除了人力资本以外，知识、社区、网络、声誉、社会资本等无形资源都具有与人力资本相同的属性。由此，将无形要素作为内生变量，纳入企业发展的理论分析框架，是对企业客观实际的科学反映。

结合上述对于企业的几点说明，可以将"企业是什么"用一个逻辑框架图来表示，如图 3-1 所示。根据图 3-1，企业形成的直接动机来源于企业家的价值诉求。因此，企业是企业家实现自身价值诉求的手段，具有工具性。当然，企业只是企业家最终实现自身价值诉求的必要条件，而不是充分条件，企业家最终价值诉求的实现还需要"客户"这个充分条件。企业满足客户需求有三种方式，迎合需求、发现需求和创造需求。具有持续竞争优势的企业总是主动面对客户，而不是被动地迎合顾客需求。

客户需求的满足，建立在企业所提供的产品或服务的质量上。如果企业提供的产品或服务不能有效满足客户的需求，企业也不可能在市场上存续下去。因此，生产满足顾客需要的产品，或提供客户满意的服务，是企业生产经营活动的首要宗旨。因此，对于企业家来讲，企业组织和客户对于他实现自己经济行为目标是缺一不可的。充分和必要条件决定了企业家将企业组织本身和客户纳入一个思考框架，要做到内外统一。因为，企业内外本质上都是一个密切关联的价值网络体系。企业内外联系的桥梁是

● 无边界化重构

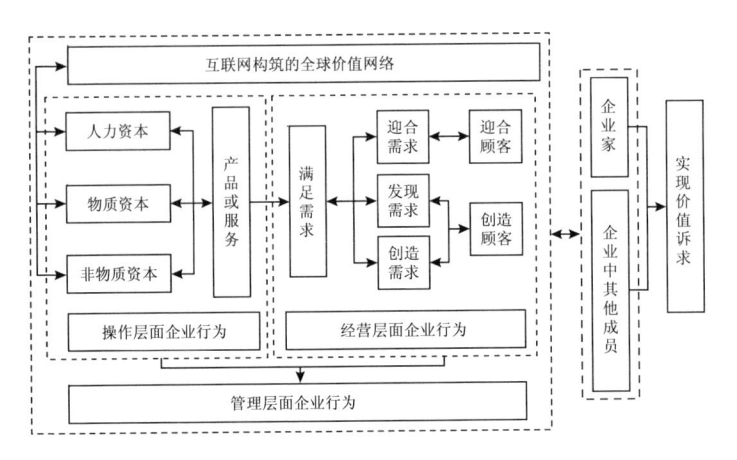

图 3-1 企业行为的逻辑框架

"产品或服务",企业家从市场捕获客户需求信息,并以企业组织的方式来生产满足这种需求的产品或服务。从捕获需求到组织生产,企业家需要投入要素和力量,这些要素和力量可以分为有形要素和无形要素。有形要素主要包括厂房、机械设备、原材料、资金,无形要素主要包括知识、网络、社区、声誉、制度、文化、社会资本等。在这些要素中,人力资本是一类特殊的投入要素。人力资本要素不同于企业投入的其他要素,这类要素具有主动性,不像其他要素是被动的。这类主动要素进入企业生产经营活动常常带有自身独特的价值诉求,他(她)这种独特的价值诉求未必能够和企业家建立企业的初衷一致。因此,为了化解企业中不同行为人之间行为目标的冲突,保证自身价值诉求能够顺利实现,企业家从企业的操作层面、经营层面、管理层面进行一系列的制度安排,通过这些制度安排来力求既能保证实现企业家创立企业的经营目的,也可以照顾到企业中其他成员加入企业的目的,又能兼顾除此之外其他的和企业具有利益关联的相关行为主体的价值诉求。

综上所述,企业的生产经营战略主要围绕如何利用有形要素和无形要素来生产出产品和服务,并围绕客户去迎合需求、发现需求、创造需求,并通过其生产的产品或服务去满足需求。而对整个生产和经营过程总的安排就构成了企业的管理战略。本书的研究正是从企业活动的三大领域——经营层面、管理层面、操作层面铺开的。

（二）企业发展边界

科斯采用新古典经济学的边际分析方法，指出企业的发展边界收敛于它在其内部额外组织一笔交易的成本与市场来组织该笔交易的成本相等之处。在不同时间、不同情境下，同样一笔交易在企业和市场中进行的成本差异也会不断发生变化。因此，科斯意义上的企业发展边界只是一种收敛的趋势，但永远不会静止，这如同奥地利学派所论述的市场均衡只是一种期望，市场永远向均衡趋近，而且总是在均衡快被接近的时候又被打破，从而形成新的均衡期望。所以，市场永远在向一个个均衡运动，但是不会静止在某一个均衡上。实际上，非均衡是市场的常态。企业的发展边界就如同市场均衡，永远不会静止或收敛于某一具体的状态，它只会不断地趋向一个状态接着又趋向另外一个状态，就这样不断变化下去。因此，企业的发展本质是没有稳定边界的。此外，企业作为企业家用来实现自己价值诉求的工具，其规模、组织形态、制度、经营的业务范围等都必然随着企业家价值诉求的变动而不断发生变化，企业的这些状态不可能保持确定的边界状态。鉴于企业发展边界表现出的这种特征，本书用企业无边界发展的概念来描述企业发展边界的特征。这种无边界发展具有两层含义：一是指企业生存于开放的体系环境中，其动态发展变化过程中，体现为不断突破传统意义上的企业发展边界体系；二是指企业能力的无边界化增长趋势，主要表现在企业的价值创造能力没有收敛边界。因此，要客观地揭示企业无边界化发展的本质含义，需要对企业在这两个方面所表现的特征进行进一步的深入分析。

首先，由有形要素决定的企业发展能力是边界收敛的，而有形要素和无形要素共同决定的企业发展能力是没有收敛边界的。根据前文的分析，传统企业理论研究，主要聚焦于有形要素，侧重企业发展的规模和效率。根据有形要素边际生产率递减规律，自然就会推导出企业的发展将收敛于一个确切的边界。这种企业理论一般讲无形要素对企业的作用外生化，或者直接忽略无形要素对企业发展的作用，这显然不符合企业发展的实际。随着分工的深化发展，无形要素对于企业发展的作用越来越居于核心地位，相比之下有形要素在企业中的核心战略地位呈现逐渐弱化的趋势。与有形要素相比，无形要素有着许多截然不同的特点[①]。这表现在，投入企业生产经营过程的无形要素，其数量不会因使用而减少，一次投入可以反复使用，最特殊的是其数量会在使用中内生增加。例如，互联网经济下的数字产品，很容易通过复制而被无限次开发和使用，其本身并不会因为哪次使用而发生任何耗损。再比如知识，它是人对于自然界和人类社会的认识，人们通过实践获取知识，并利用所获取的知识指导实践，随着实践经验的积累，知识在数量和质量方面又会获得内生增加。因此，用于企业生产经营过程的知识，即使在使用中不追加投资，也会使其内生出更多的新知识。由此可见，无形要素具有边界收益递增和边际成本递减的属性。这和有形要素边际生产率递减形成了显著区别，它们在企业生产经营过程中表现出，用一次少一次，具有边际收益递减和边际成本递增规律。由此推知，由有形要素所决定的企业发展规模，只能展现企业动态演进过程的一个方面的特征。要全面反映企业动态演进的特征，还需要将无形要素纳入企业分析框架中。从互联网经济发展的实践来看，知识、网络、社区、声誉、制度、文化、社会资本等无形要素，对企业的发展表现出越来越明显的核心作用。由于有形要素容易量化，其贡献通常显示出明显而清晰的"量"的边界。然而，无形要素本身常常具有难以量化的特点。因此，由有形要素和无形要素共同构成的企业并不存在确定的边界。企业通常所显示的边界只反映了有形要素的一面，而不能反映企业无形要素的大小和贡献。因此，基于有形要素所表现的企业发展的收敛边界，并不具有稳定性、规律性或持续性的特征，它也不能反映企业发展能力的客观实际。如果综合考虑企业投入要素的属性，很容易得知企业的发展具有动态性、无边界性的特征，是通过无边界化重构来实现的。

其次，企业无边界发展表现为基于既有边界所进行的无边界化重构。边界本质上属于人们为了方便自己对世界的认识而创立的概念性工具，这种概念作为一种工具，主要用来区分两种不同的事物。因此，边界的特点

[①] 李海舰、冯丽：《企业价值来源及其理论研究》，《中国工业经济》2004年第3期。

在于突出事物的不同。然而，事物本质上是一般性和特殊性相统一的。阿什克纳斯指出组织的特殊性表明它是有边界的，这一点未来也不会改变。边界让相异的事物保持和谐有序，没有边界，想象不出世界有多单调和乏味，如果不同的事物之间没有边界，组织可能也会陷入混乱。因此，边界的核心作用就在于，它通过抓住事物间的不同，把组织内人员、流程、各种事物以健康而且有必要的方式区分开来。当然，这并不意味着这种边界是绝对的，因为事物间有边界，那么它们之间就不会有物质、能量和信息相互流动的通道。因此，静态看待边界的隔离性，将不能客观反映事物的发展所具有的动态性、演化性，尤其是不能反映事物是超越边界进行动态演化的。正是事物的动态演进具有超越边界重构的特征，使得一个时点上处于边界内外的事物，在下一个时点发生了相互融合和渗透，从而使既有的边界模糊或者不再存在。因此，边界也许只能在相对的时间维度中，具体地讲就是在某一个具体时间点上，能够将不同的事物区分开来。如图3-2所展示的企业在动态演进过程中的边界存在状态，在A、B、C、D四个具体的时间点，很容易识别出企业存在的物质边界。但是，在任意两个时间点之间，例如图中的A←→B、B←→C、C←→D、A←→D、B←→D、A←→C等，用虚线串联在一起的时间段，或者其他任何有两个时间点连成的时间区间，企业并不显示出有规律的边界形态，即使单纯从有形的物质要素的视角来看，企业也不存在稳定的边界。这主要是因为企业外界的物质、能量和信息交换活动是时时刻刻都在不停发生的。任意两个时点的静态边界都存在差异。因此，在既定的时点上，可以具体用边界来反映企业的存在状态，但是很难在一段时间用边界来客观反映企业的存在状态。现实中企业总是动态的。因此，在连续的时间序列上，企业并没有表现出连续的边界形态。尤其是以联盟形态进行价值创造的组织形态，联盟形成的时候，整个价值创造体系显示出较大的规模边界，但是，当联盟解散时，驱动联盟形成的企业突然就会呈现很小的边界形态。这种企业表现出来的实体边界形态并不与其价值创造能力相对等。当企业完成了联盟价值创造的功能之后，再次回归到较小的实体形态，并不代表企业的核心能力因此也变小，反而因为通过前面的经验积累，而使自己的价值创造能力

● 无边界化重构

增强，并获取更大的无形资本。由此说明，企业的实体边界形态在时间序列中的分布不具有稳定性，在一个时点上的边界形态，到下一个时点可能发生了很大的变化。因此，边界展现的是事物的静态特征，从动态的视角来看，企业表现出显著的无边界特征。

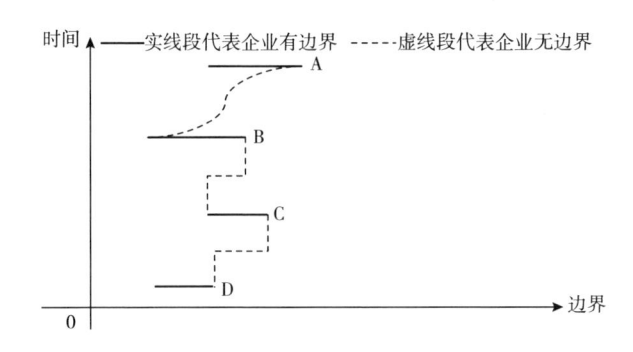

图 3-2 企业动态发展过程中的边界状态

再次，企业发展的目的就是实现能力的可持续增长，这需要企业不断超越原有边界进行重构。重构本质上就是打破既有边界的障碍，破除既有边界给各种要素和力量在企业内外流动的约束和限制，从而保持企业的开放性，这种开放性表现为企业与外部体系之间存在畅通的通道，这种通道可供物质、能量和信息实现自由流通。企业以这种方式来实现发展，充分体现体系的无边界特征。在生物界也是一样，生物体是复杂的组织，但是组成这个复杂组织的基本单位是细胞，每一个细胞都具有隔膜，这种隔膜本身具有非常复杂的隔膜与强度。这种隔膜保持不同隔膜的相异性，但是这些隔膜并不妨碍各种能量和物质在进出隔膜，食物、血液及其化学物质和能量可以畅通无阻地通过隔膜进出生物体。现实中的企业和这种生物体一样，它们之间虽然表现出一定的边界形态，但是这种边界只是形式上的，本质上它可以和有机体一样，让物质、能量和信息可以充分在企业和企业所生存的环境体系之间自由流动。只有外部的物质、能量和信息可以无障碍地持续流入企业，企业的发展才能获得源源不断的要素和力量的支撑，否则企业的发展就不可能实现。

最后，具有可持续发展能力的企业通常能够通过无边界化重构、基于企业的"实力"为企业塑造强大的"势力"。实力侧重强调企业以所有权形态来展现其对资源的控制能力。在这种经营思维的指导下,企业经营战略强调对资源的占有。在互联网经济下,基于所有权的企业发展战略,严重制约了企业可用资源的范围及数量。如何才能让企业在所有权之外,能够获取更多的资源来为自己的经营目标服务,这需要企业能够充分培养和使用无形资源来培育"势力"。例如,基于互联网进行虚拟化运作的平台型企业,它主要运用网络、社区、声誉等无形资源使其控制了在数量和规模上都难以计算的资源,这充分展现了无形资源对于塑造企业"势力"的作用,同时也展现了"势力"对于企业突破所有权边界,将外部无限的资源纳入企业自身发展过程的重要作用。

第三节 企业发展的模型设定及解析

一 企业发展的模型设定

根据前面的分析,企业是企业家实现自身价值诉求的一种手段,以这种手段带来的货币收入作为衡量企业家价值诉求的替代变量。为此,可以用 f 来表示企业的功能和存在的目的。f 的大小决定于投入各种要素的结构、比例和大小。要素总体上可以分为有形要素(用 f_1 表示)和无形要素(用 f_2 表示)。由此,理论上可以用三种函数形式:$f=f(f_1, 0)$,$f=f(0, f_2)$ 和 $f=f(f_1, f_2)$ 来刻画企业的投出产出关系。其中,$f=f(f_1, 0)$ 表示企业只通过投入有形要素来实现其经营目标;$f=f(0, f_2)$ 表示企业功能和目标的实现只依赖无形要素的投入;$f=f(f_1, f_2)$ 表示企业最终目标的实现,不仅取决于有形要素的投入,还取决于无形要素的投入。根据前面的论述,完全只有有形要素投入,或者只有无形要素投入的企业是不存在的。因此,$f=f(f_1, 0)$ 和 $f=f(0, f_2)$ 两种极端的函数形式显然不符合企业实际。只有同时包含无形要素和有形要素的企业函数形式,才能代表现实中的企业。因此,现实中的企业函数形式应当是 $f=f(f_1, f_2)$。

关于企业函数的具体形式，这里用 Y 来表示。一般来讲，理论界通常用 $Y=f(K, L)$，或者 $Y=f(K, AL)$ 来表示企业的投入产出的函数关系。在函数 $Y=f(K, L)$ 中，Y 用来表示企业行为的结果，是因变量，而 K 代表资本，L 代表劳动。在这个函数表达式中，资本和劳动都是无差异的，因此，它们遵从边际贡献率递减法则，在这个模型中，决定 Y 的变量都属于有形要素，没有反映无形要素对企业发展贡献的变量。而在函数 $Y=f(K, AL)$ 中，就克服了函数 $Y=f(K, L)$ 存在的缺陷，它在无差异的 L 上附着了 A 这个变量。这个变量被美国经济学家索洛用来反映劳动的有效性。虽然，索洛模型建立的初衷是用来研究宏观经济增长。实际上，宏观经济和企业的微观经济在发展过程中所依赖的投入要素具有统一性。将索洛模型用来研究企业发展，可以将传统的企业函数 $Y=f(K, L)$ 升级为 $Y=f(K, AL)$，后者可将无形要素有效纳入企业分析的框架。因此，本书对企业模式的设定，主要基于 $Y=f(K, AL)$ 的函数形式，这个模型客观地反映了企业利用有形要素和无形要素来进行生产经营的现实，而且以 AL 来定义劳动，既能反映无差异的一般劳动，还能区分无差异的劳动可以内生为有差异的劳动，所以，这个模型更能客观地拟合现实中的企业。

结合前文的分析，本书将索洛模型设定为企业函数的基本形式，并在函数中引入时间因素，引入时间因素后，模型中每一个变量都是时间 t 的函数。引入时间因素后，模型就成为能够反映企业动态发展变化的动态函数形式：

$$Y(t) = F[K(t), A(t)L(t)] \tag{1}$$

在模型（1）中，Y、K、A、L 都是 t 的函数。以下将基于此模型，展开分析企业各种要素的动态变化路径，以及 $Y(t)$ 的敛散性。

二　企业发展的敛散性分析

企业组织的资源包括有形要素和无形要素，从两类要素在企业中的作用形式来看，有形要素对企业发展的贡献具有直接性，而无形要素通常需要以有形要素为载体来释放其能量,因此,其作用的发挥具有间接性。在 $Y(t)=F[K(t),A(t)L(t)]$ 表述的企业投入产出模型中,无形要素 A 通过 L 才能发挥其价值,因此 A 是附着于 L 的,当 A 与 L 附着在一起,无差异的劳动 L 就会出现效率差异。无差异的劳动与不同的无形要素相融合,将产生不同的劳动效率。从企业发展实践来看,网络、声誉、社区、社会资本等与 L 相结合都会使无差异的劳动显示出差异性的效率,从这些要素发生作用的形式来看,它们都是通过影响劳动者的认知来实现其潜在能力的,而认知属于知识的范畴。因此,本书在进行模型的推导分析过程中,将网络、声誉、社区、社会资本等各种无形资源都简化为知识,做这种简化的依据在于,首先,知识的形态和这些无形要素的形态一致;其次,这些无形要素通过影响人的认知、转换为人的认知来发挥其价值。

为了突出无形要素的贡献,假设模型的规模报酬不变,这意味着给资本和有效劳动都乘以一个非负常数 c,使得产量 $Y(t)$ 也以同样的速率 c 进行变化,即

$$cY(t)=F[cK(t),cA(t)L(t)]=cF[K(t),A(t)L(t)] \quad c \geqslant 0 \quad (2)$$

在实践中,扩大企业规模所带来的专业分工的报酬,常常被增加的分工协作成本所抵消,这构成了规模报酬不变假设的现实基础。戴维·罗默指出,在索洛的经济增长模型中,规模报酬不变常常隐含着经济规模已经达到足够大,以至于专业化所能够产生的报酬已经穷尽[①]。

在规模报酬不变的情况下,可以令 $c=1/AL$,由此式(2)可变换为:

$$Y(t)/A(t)L(t)=F[K(t)/A(t)L(t),1]$$
$$=[Y(t)/A(t)L(t)] \times F[K(t),A(t)L(t)]$$

即

$$Y(t)/A(t)L(t)=F[K(t)/A(t)L(t),1] \qquad (3)$$

其中,$K(t)/A(t)L(t)$ 表示企业所投入的每一单位有效劳动可

---

① 〔美〕戴维·罗默:《高级宏观经济学》,王根蓓译,上海财经大学出版社,2003。

以获得的资本支持量，$Y(t)/A(t)L(t)$ 表示每一单位有效劳动对企业的贡献。通过代数变换，用 y 替代 $Y(t)/A(t)L(t)$，用 k 替代 $K(t)/A(t)L(t)$，用 $f(k)$ 替代 $F(k,1)$。则可以将（3）式简化表述为 $y=f(k)$。$y=f(k)$ 更能清楚表达，单位有效劳动的产出与单位有效率劳动所拥有的资本量之间的函数关系。

$$y = f(k) \tag{4}$$

因为，当 $k=0$ 时，$y=f(k)$ 满足 $f(0)=0$，$f'(k)>0$，$f''(k)<0$。因为，资本的边际产品为 $\partial F/\partial K$，$F[K(t),A(t)L(t)]$ 与 $A(t)L(t)f[K(t)/A(t)L(t)]$ 相等，所以，$\partial F/\partial K=ALf'(k)\cdot(1/AL)$，可以简写为 $\partial F/\partial K=f'(k)$。$f'(k)>0$ 表示资本的边际产品大于零，$f''(k)<0$ 表明资本的边际产品是随着 k 的不断增加而不断下降的。由此可得，$f(k)$ 满足 $\lim_{k\to 0}f(k)=\infty$，$\lim_{k\to\infty}f(k)=0$。这表明，当 AL 的量固定的条件下，而 k 值充分小的时候，资本的边际产品就很大，反之，当 k 非常大时，资本的边际产品就会很小。

给定企业的初始水平，假定企业对 K（资本）、L（劳动）、A（知识）的投资在时间上是连续的。并假定 L 与 A 保持不变的增长率增长：

$$\dot{L}(t) = nL(t) \tag{5}$$

$$\dot{A}(t) = gA(t) \tag{6}$$

在（5）式和（6）式中，n 和 g 是外生变量，$\dot{L}(t)$ 和 $\dot{A}(t)$ 是 L 和 A 各自对于时间 t 的导数。$\dot{A}(t)/A(t)$ 表示知识的增加速率，$\dot{L}(t)/L(t)$ 表示劳动增加的速率。A 和 L 的变化速率可以用自然对数表示，将 $\dot{A}(t)/A(t)$ 用自然对数形式 $d\ln A(t)/dt$ 替代，将 $\dot{L}(t)/L(t)$ 用自然对数 $d\ln L(t)/dt$ 替代，由于劳动 L 和知识 A 的增长率是常数，因此，它们关于时间的函数可以表示如下：

$$\ln A(t) = \ln A(0) + gt$$

$$\ln L(t) = \ln L(0) + nt$$

以 $A(0)$ 和 $L(0)$ 分别代表在零时刻 A、L 的取值，对两边取对数，则有：

$$A(t) = A(0) e^{gt} \quad (7)$$

$$L(t) = L(0) e^{nt} \quad (8)$$

从（7）式和（8）式可以看出，A 和 L 都以指数方式增长。如果企业将收益的一定份额进行再投资，且为总产出的 s 倍，其中 s 为外生变量，是常变量，假定原有资本的折旧速率是 δ，则：

$$\overset{\circ}{K}(t) = sY(t) - \delta K(t) \quad (s、k \text{为非负参数}) \quad (9)$$

因为，K/AL 用 k 表示，所以，单位有效劳动所拥有的资本量 k 的动态变化趋势 $\overset{\circ}{k}(t)$ 可描述如下：

$$\overset{\circ}{k}(t) = sf(k) - (n+g+\delta)k① \quad (10)$$

从（10）式可以看出，k 的变动量决定于两部分，一是 $sf(k)$，企业实际投资于单位有效劳动的总量；二是 $(n+g+\delta)k$，企业为了维持单位有效劳动所拥有资本的原有水平而进行的投资，索洛称其为持平投资，这部分投资具体用于追加在企业新员工的投资上，既有资本折旧，以及其他方面诸如对职员能力提升及激励方面追加的投资。这两部分之间的差额就属于 AL 的变动额。

从式（10）可知，每一单位有效劳动拥有的资本量存在三种状态：① 当 $sf(k) > (n+g+\delta)k$ 时，每一单位有效劳动所拥有的资本量是增加的；② 当 $sf(k) < (n+g+\delta)k$ 时，每一单位有效劳动所拥有的资本量是减少的；③ 当 $sf(k) = (n+g+\delta)k$ 时，每一单位有效劳动所拥有的资本量相等。按照资本边际贡献率递减的法则，当储蓄率 s、劳动自然增长率 n、知识增长率 g 和折旧率 δ 都保持不变时，$sf(k)$ 和 $(n+g+\delta)k$ 的运动曲线就会在二维坐标中相交于 k^*，如图 3-3 所示。

---

① $\overset{\circ}{k}(t) = \dfrac{\overset{\circ}{K}(t)}{A(t)L(t)} - \dfrac{K(t)}{[A(t)L(t)+L(t)A(t)]} = \dfrac{\overset{\circ}{K}(t)}{A(t)L(t)} - \dfrac{K(t)}{A(t)L(t)}\dfrac{\overset{\circ}{L}(t)}{L(t)} - \dfrac{K(t)}{A(t)L(t)}\dfrac{\overset{\circ}{A}(t)}{A(t)} = \dfrac{sY(t)-\delta K(t)}{A(t)L(t)} - nk(t) - gk(t)$

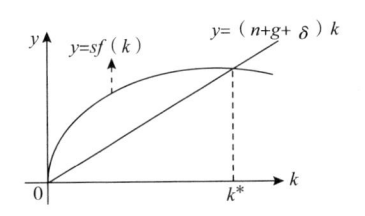

图 3-3 实际投资和持平投资①

在 k^* 的左边, 因为 k 小于 k^*, 单位有效劳动拥有的资本低于原有的均衡水平, 资本边际报酬仍然为正, 扩大资本投入可以增加企业收益。在 k^* 的右边, 因为 k 大于 k^*, 单位有效劳动拥有的资本已经超过原有的均衡水平, 这时候资本边际报酬仍然为负, 扩大资本投入不仅不会增加企业收益反而会使企业收益减少。因此, 当储蓄率 s、劳动自然增长率 n、知识增长率 g 和折旧率 δ 都保持不变时, 企业在 k^* 处实现资本投入最优化。由此, k 收敛于 k^* 处。

当 k 收敛于稳定点 k^*, 劳动自然增长率 n 和知识增长率 g 的增长速率不变。因为, 在 k^* 均衡点, 企业的总量资本等于 ALk^*, 这时候企业的资本存量实际增速为 $(n+g)$。根据前面的规模报酬不变的假设, 企业产出 Y 也会同样以 $(n+g)$ 的速率增长。因为在均衡点, k 稳定在 k^*, 这时候企业产出只取决于 g, 而 g 反映的是 A 的增速, 由此可见, 企业产出长期决定于知识的增长率。

如果以 TFP（全要素生产率）的形式来表示企业产出的增长率, 则企业函数可以表示成：

$$G_Y = G_A + aG_L + \beta G_K$$

其中：G_Y——经济增长率

G_A——全要素生产率（TFP）

G_L——劳动增长率

G_K——资本增长率

---

① 〔美〕戴维·罗默：《高级宏观经济学》, 王根蓓译, 上海财经大学出版社, 2003。

a——劳动份额

β——资本份额

依据前面的分析，当劳动以 n、知识以 g 的速率增长，k 将收敛于 k^*。而此时，企业产出 Y 将以 $(n+g)$ 的速率增长，这表明，$\lim_{t \to \infty} Y(t) = +\infty$。由此可见，企业发展是不收敛的，其增长率如（11）式所示。

$$\dot{Y}(t) = n + ag + \beta(n+g) = (1+\beta)n + (a+\beta)g \tag{11}$$

因为 n 和 g 都属于常值变量，且都非负，所以企业发展表现为正的增长率。随着时间的动态推进，$Y(t)$ 呈现显著的发散趋势，即 $\lim_{t \to \infty} Y(t) = +\infty$。

因为规模报酬不变，因此，$F(cK, cAL) = cF(K, AL)$。将模型动态化以后，可以将企业函数在时间上的动态变化模型变为：$F[cK(t), cA(t)L(t)] = cF[K(t), A(t)L(t)]$。

假如，企业是规模报酬递增的，那么

$$F[cK(t), cA(t)L(t)] > cF[K(t), A(t)L(t)]$$

A 和 L 各自仍然以 n 和 g 的速率增长，K 的增长速率还是会收敛于 $(n+g)$。随着时间的推移，当 t 趋于 ∞，$F[K(t), A(t)L(t)]$ 就会趋于 $+\infty$。因为，企业的生产规模是报酬递增的，即 $F[cK(t), cA(t)L(t)] > cF[K(t), A(t)L(t)]$。因此，当 $F[K(t), A(t)L(t)]$ 趋于 $+\infty$ 时，对于任意大于 1 的 c，$cF[K(t), A(t)L(t)]$ 也趋于 $+\infty$。由此可见，$F[cK(t), cA(t)L(t)]$ 是趋于 $+\infty$ 的。这说明，规模报酬递增的企业，其发展没有收敛边界。

综上，无形要素 A 的增长率即使保持不变，包含无形要素投入的企业的发展都呈现没有收敛边界，表现出显著的无边界化增长趋势，无论企业是规模报酬递增还是规模报酬不变。

三 模型中 A 的内生化和企业无边界发展

前面分析中假设 A 是以不变增长率进入模型的，这实际上将 A 进行了半外生化。下面就将 A 作为完全的内生变量在模型中进行分析。根据函数

$Y(t) = F[K(t), A(t)L(t)]$，企业发展由资本、劳动和影响劳动有效性的要素所决定。资本是企业投入的土地、原材料、厂房、设备等物质要素的集合。劳动力是自然人的劳动投入，具有时间上的数量特征，隐含着单位劳动要素质量无差异的假定[①]。实践中，劳动效率的差异是影响劳动有效性因素的结果。影响劳动有效性的因素包括知识、网络、声誉、制度、文化、社会资本等非物质要素的集合，它们具有典型的无形特征。将 $Y = F[K, AL]$ 两边同时除以 $A(t)L(t)$，可将其变成 $Y(t)/A(t)L(t) = F[K(t)/A(t)L(t), 1]$ 的形式。

企业经济活动包括生产、经营和管理。从物质形态上看，整个过程体现为物质资本向产品和服务的转化，劳动处于转化过程的核心，如图3-4所示。

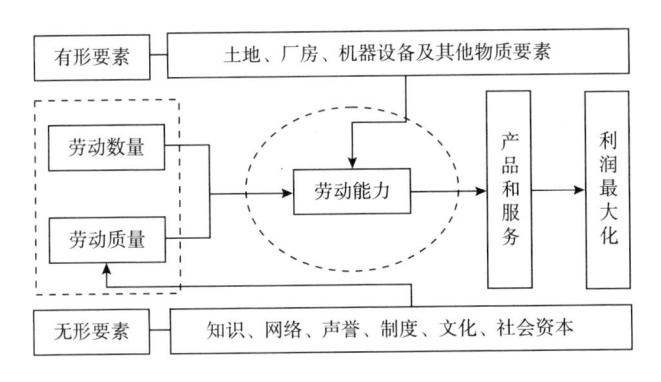

图3-4 物质资本向产品和服务转化的过程

物质资本属于被动性资本，只有在劳动这个主动性资本的作用下，才能最终被转化为产品或服务。一般来讲，企业生产经营目标的实现决定于两方面的条件：物质资本和劳动资本（人力资本）。劳动资本是无差异劳动数量和有差异劳动质量的统一。无差异的劳动数量容易通过投入时间和投入人头数量进行量化，而劳动质量内化了知识及其他无形要素，其构成

---

① 单位劳动要素质量无差异在这里是指每一单位时间里不同自然人投入的劳动不具有效率差异性。这主要是将 L 和 A 区分开来，L 是纯粹的不附加任何影响劳动有效性因素的劳动数量。根据边际理论，L 对 Y 的贡献 $\frac{\partial Y}{\partial L}$ 也满足边际效率递减，即 $\frac{\partial^2 Y}{\partial L^2} < 0$。

比较复杂，因此量化的难度大。它决定劳动的效率，根据前面的分析，劳动质量主要由知识、网络、社区、声誉、社会资本等难以量化的无形要素决定。

假设物质资本（K）无限充裕（在互联网经济下，通过虚拟运作，企业可以利用的潜在物质资本是无限的），那么，如何将物质资源转化成产品或服务，就唯一决定于企业所投入的劳动能力。理论上讲，在物质资源无限充裕的前提下，只要企业投入的劳动能力能够无限增长，那么，企业创造产品或提供服务的能力也必然无限增长。但是，如果依据传统企业理论，将 A 外生化，企业发展对劳动的投入主要取决于 L 的数量，而对于一个企业，或者一个国家，或者全世界来讲，人口数量是有极限的，也就是 L 的数量有极限。所以，有限的劳动能力必然决定有限的企业发展边界。可见，在 A 为常数的条件下，有形要素边际报酬递减，在其他条件保持不变的情形下，有形要素决定的最优企业发展必然有一个稳定的收敛边界[①]。

从历史的视角来看，纯自然性物质条件具有显著的稳定性。但是，人类对于自然界的改造在近 2000 年发生了巨大的变化，尤其是近 200 年来，人类基于自然界的物质条件创造出了丰富的产品和服务。这显著证明了，在产品和服务的生产经营过程中，起决定性作用的是人类创造性的劳动，也就是包含无形要素 A 的劳动。在亚当·斯密的经典著作《国富论》中，他所举的制针案例——相同数量的劳动人口、相同技术和有形资本投入、相同的生产时间周期，唯一改变的就是，人们劳动的方式，从而使人均产出（Y/AL）在两种生产方式中呈现巨大的差异。这个案例充分说明，决定产出的核心要素应当为物质资本和劳动数量。亚当·斯密敏锐地发现，生

[①] 根据边际理论，物质要素的边际产出值 $\frac{\partial Y}{\partial K}$ 有大于零（ >0 ）、等于零（ $=0$ ）和小于零（ <0 ）三种情况。当 $\frac{\partial Y}{\partial K}>0$ 时，继续追加投资 K 可使企业总收益增加；反之，当 $\frac{\partial Y}{\partial K}<0$ 时，扩大 K 的投入，将使企业总收入减少；当 $\frac{\partial Y}{\partial K}=0$ 时，作为追求利润最大化的企业不会再继续追加 K 的投资。因此，按照边际规律，当 $\frac{\partial Y}{\partial K}=0$，企业达到规模边界。

产过程是复杂的系统性过程，分工可以节约劳动者在系统中运动的时间，能够促进熟能生巧，促进机器发明。杨小凯[①]对亚当·斯密所论述的分工优势进行了进一步研究，指出分工最核心的作用在于能够促进知识可持续增长。制针的例子表面上充分证明了分工对于时间的节约，但是，其同样显示出分工对于知识增加所创造的充分条件。从知识对于生产经营的贡献属性来看，它是内化于劳动者的一种要素，表现为丰富了劳动者的认知，这种认知的力量通过劳动者的劳动实践展现出来。随着自给自足的经济向分工经济深入发展，人类围绕产品生产和服务提供，对自然界和人类社会的认知不断深入，这使得人们能够基于自然所赋予的古老资源而不断做出各种各样新的东西。对于单个劳动者来讲，其无差异的劳动供给量边界是显著的，但是其认知的增加，也就是其能够拥有的知识量是没有边界约束的。当人的认识不断深入和拓展，人将不断增加的认知投入企业生产经营过程，即使在物质资本投入不变的情况下，企业产出也会出现持续增长。可见，劳动要素具有将知识进行无限内化的属性，而经济的发展主要取决于知识，所以，将包含知识在内的无形要素引入企业发展理论分析，自然可以得出企业的发展能力无边界。

无形要素（A）的边际效率显著不同于有形要素的边际效率。无形要素与有形要素的区别主要表现在如下方面。① 无形要素一旦形成，可以重复多次使用，而且再次使用的边际投入为零，也就是其边际使用成本为零。② 无形要素具有不可分割性，它在发挥作用的过程中，表现为整体参与，不像有形要素，可以在数量上按单位投入。有形要素可以用量来计量其边际特征，而无形要素只能以使用次数来计量其边际特征。③ 无形资源在使用过程中会内生增加。对于无形要素来讲，在使用的过程中不仅不会消耗掉，变得越来越少，而且，它本身还能在使用的过程中产生新的无形资源，从而具有内生增加的属性。例如知识，人的认知属性决定了人运用知识的过程也是加深对知识理解的过程，随着对知识的理解不断深化，新

---

① 〔澳〕杨小凯：《经济学：新兴古典与新古典框架》，张定胜、张永生、李利明等译，社会科学文献出版社，2003。

的知识就会自然产生，从而人的知识就内生增加了。相比较于有形要素，知识具有显著的边际收益递增和边际成本递减的属性。

如果以利润的形式来表述企业函数，可将该函数表述如（12）式所示。

$$Y(M, A) = Y[R(M, A), C(M, A)] = R(M, A) - C(M, A) \quad (12)$$

其中，M 表述有形要素；A 表示无形要素；利润函数由收益函数和成本函数共同构成。收益函数 R 代表企业的总收益，而成本函数 C 代表企业生产经营活动的总成本。利润、收益、成本都是 M 和 A 的函数。对（12）式进行微分，可得：

$$dY = dR - dC \quad (13)$$

因为

$$dY = \frac{\partial Y}{\partial M}dM + \frac{\partial Y}{\partial A}dA \quad (14)$$

$$dR = \frac{\partial R}{\partial M}dM + \frac{\partial R}{\partial A}dA \quad (15)$$

$$dC = \frac{\partial C}{\partial M}dM + \frac{\partial C}{\partial A}dA \quad (16)$$

所以

$$dY = \left(\frac{\partial R}{\partial M}dM + \frac{\partial R}{\partial A}dA\right) - \left(\frac{\partial C}{\partial M}dM + \frac{\partial C}{\partial A}dA\right) \quad (17)$$

整理后得：

$$dY = \left(\frac{\partial R}{\partial M} - \frac{\partial C}{\partial M}\right)dM + \left(\frac{\partial R}{\partial A} - \frac{\partial C}{\partial A}\right)dA \quad (18)$$

由此（13）、（14）、（15）、（16）、（17）、（18）式可得：

$$\frac{\partial Y}{\partial M} = \frac{\partial R}{\partial M} - \frac{\partial C}{\partial M}, \quad \frac{\partial Y}{\partial A} = \frac{\partial R}{\partial A} - \frac{\partial C}{\partial A} \quad (19)$$

由（18）式可知，dY 的值由 $\frac{\partial R}{\partial M}$，$\frac{\partial C}{\partial M}$，$\frac{\partial R}{\partial A}$，$\frac{\partial C}{\partial A}$ 等四个变量决定。依据前面的分析，有形要素遵从边际收益递减、边际成本递增的规律；而无形

要素遵从边际收益递增、边际成本递减的规律。因此，有 $\frac{\partial R}{\partial M}<0$，$\frac{\partial C}{\partial M}>0$，$\frac{\partial R}{\partial A}>0$，$\frac{\partial C}{\partial A}<0$。这就容易从（18）式计算出 $\frac{\partial R}{\partial M}-\frac{\partial C}{\partial M}<0$，从而进一步证明有形要素 M 的边际贡献递减；从 $\frac{\partial R}{\partial A}-\frac{\partial C}{\partial A}>0$ 可进一步证明无形要素 A 的边际贡献递增。由此，对于 dY 值的大小，既可以用有形要素 M 和无形要素 A 各自所做的净贡献来表示，也可以用 dR 和 dC 来表示。

在互联网经济下，有形要素渐渐成为企业发展所需的核心资源。从当前具有强大竞争力的平台企业来看，其投入的要素和力量呈现有形要素在总投入中的占比逐渐缩小的趋势。假设，一个企业的无形要素的投入比例逐渐超过有形要素，那么，该企业的 dR 和 dC 的变化特征也将随之改变。依据前面的分析，$\frac{\partial R}{\partial M}<0$，$\frac{\partial R}{\partial A}>0$，当 M 逐渐缩小、A 逐渐增大，$\frac{\partial R}{\partial M}$ 的绝对值随着缩小，因为 $\frac{\partial R}{\partial A}$ 大于 0，所以，它会随之增大。因此，dR 就会变得越来越大。与此同时，因为有形要素的边际成本是不断递增的，而无形要素的边际成本呈现递减趋势，所以，随着 M 逐渐减少、A 逐渐增加，$\frac{\partial C}{\partial M}$ 会变得更小，$\frac{\partial C}{\partial A}$ 的绝对值会更大，相应的 dC 的值会逐渐缩小。由此可得出，$\mathrm{d}^2 Y>0$，$\lim_{A\to\infty}\mathrm{d}Y=+\infty$。这种事实必然使理性的企业经营者具有动力去扩大无形要素，持续将 dY 维持在大于 0 的水平。

表 3-1　dY 取值分布

	d$C>0$		d$C<0$		d$C=0$	
d$R>0$	(d$R>0$, d$C>0$)	(d$R>$dC, d$Y>0$) ①	(d$R>0$, d$C<0$)	(d$R>$dC, d$Y>0$) ②	(d$R>0$, d$C=0$)	(d$R>$dC, d$Y>0$) ③
		(d$R<$dC, d$Y<0$)				
		(d$R=$dC, d$Y=0$)				

续表

	dC > 0		dC < 0		dC = 0	
dR < 0	(dR < 0, dC > 0)	(dR < dC, dY < 0)	(dR < 0, dC < 0)	(dR = dC, dY = 0)	(dR < 0, dC = 0)	(dR < dC, dY < 0)
				(dR > dC, dY > 0) ④		
				(dR < dC, dY < 0)		
dR = 0	(dR = 0, dC > 0)	(dR < dC, dY < 0)	(dR = 0, dC < 0)	(dR > dC, dY > 0) ⑤	(dR = 0, dC = 0)	(dR = dC, dY = 0)

注：①②③④⑤为灰色阴影区。
资料来源：作者整理。

依据 $\frac{\partial R}{\partial M} < 0$，$\frac{\partial C}{\partial M} > 0$，$\frac{\partial R}{\partial A} > 0$，$\frac{\partial C}{\partial A} < 0$，从（17）式可知，dR、dC 各自的取值有三种可能，即大于零、等于零和小于零。这使得 dR、dC 的取值具有 9 种可能的分布，如此一来，dY 的取值就有 13 种可能，如表 3-1 所示，表中用阴影标识的都是 dY 取正值情况下 dR 和 dC 取值的所有可能。这些取值可以用成本和收益变化轨迹的二维平面图 3-5、图 3-6 来表示。

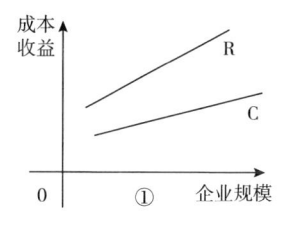

图 3-5　当 dR>0，dC>0 时成本和收益曲线轨迹

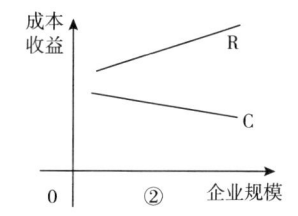

图 3-6　当 dR>0，dC<0 时成本和收益曲线轨迹

当 dR 和 dC 都大于零时，如图 3-5 所示，R 曲线位于 C 曲线之上，且 R 的斜率比 C 的斜率大，从而它们向右运动不会产生交点。因此，依据边际理论，这样发展的企业没有发展约束。这主要源于企业生产经营活动中存在边际报酬递增，多种情况会促使边际规模报酬递增，专业化和数字化就是两种重要的因素。导致边际总成本递增同样也有多种原因，尤其是稀缺资源，在总供给量相对稳定的情况下，随着需求量逐渐增加，其价格

115

也会随之增加。这使得依赖这种投入进行生产经营的企业必须在边际上花费更高的成本。但是,只要企业的边际总收益的增速快于边际总成本的增速,R曲线总会位于C曲线之上,且R的斜率比C的斜率大。

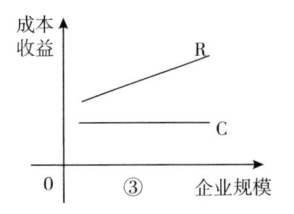

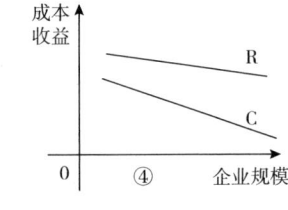

图3-7 当dR>0,dC=0时成本和收益曲线轨迹

图3-8 当dR<0,dC<0时成本和收益曲线轨迹

当dR大于零而dC小于零时,如图3-6所示,R和C的运动一个向上倾斜,一个向下倾斜,在右方,R曲线和C曲线同样不可能有交点。存在这种发展情况的企业同样不可能有发展边界的约束。R曲线所呈现的边际递增,其可能的原因和图3-5里的R一致。关于为什么C曲线呈现边际递减的现象。这可以以企业维护客户关系的实践为例来进行说明。保持沟通和交流是维护客户关系的核心,在信息不发达的时代,传统企业为了维护客户关系,通常以上门拜访、赠送小礼品、广告等方式来实现目的。随着现代化的信息技术被广泛应用到企业生产经营活动中,企业维持客户关系的沟通交流通过互联网可以时时进行,不仅效率高,而且将沟通交流的成本降至为零。

当dR大于零而dC等于零时,如图3-7所示,R曲线和C曲线同样在右边不可能产生交点,从而,具有这种收益和成本属性的企业,其发展也不会存在边界约束。关于R曲线的形态和属性都与图3-5和图3-6中的R曲线相同。什么情况能使企业的成本曲线C呈现出水平状况?一般来讲,成本投入属于一次性的企业往往就具备这种属性。以电信企业为例,这种企业一旦投资建成,除非技术升级改造,在运营的过程中,在其能够容纳的用户容量内,额外增加一个新用户需要增加的边际成本近乎为零。航空客运、铁路客运、汽车客运都具有这种特征,当这些交通运用工具的投资一旦产生,在其运输能力空间不饱和之前,其额外增加一个乘客的边际成本为零。

当 dR 和 dC 都小于零时，如图 3-8 所示，R 曲线和 C 曲线都向下倾斜，并且 C 曲线的斜率大于 R 曲线的斜率，R 曲线和 C 曲线在二维坐标图的第一象限向右同样不会相交。这说明这种企业的边际收益是递减的，而且其边际成本也是递减的。由于，这种企业边际收益虽然递减，但是边际成本递减的速度比边际收益递减得快，从而，理论上具有这种情形的企业仍然能够获得正的边际利润。但是，由于边际收益递减，这种企业的边际收益总会降为零，当到达零时，无论成本处于什么状态，企业总收益不会再增加。因此，在这种 dY 大于零，而 dR 和 dC 都小于零时的情况下，企业发展的边界是收敛的。

当 dR 等于零，dC 小于零时，如图 3-9 所示，这时候企业的收益曲线 R 呈现水平形态，而成本曲线 C 呈现向下倾斜形态。因此，在二维坐标图中，R 曲线和 C 曲线在第一象限向右的方向上不会产生交点。R 曲线斜率为零，说明企业的收益固定，边际收益为零，属于典型的总收益不变型企业。但是，因为成本曲线 C 的斜率小于零，向下倾斜，所以，它的边际成本是递减的，所以，这种企业总能获得正的利润。虽然，这种企业总能获得正的利润，但是这种企业发展存在显著收敛边界。

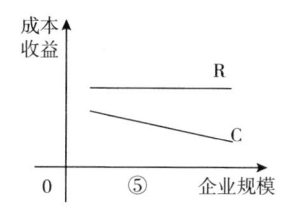

图 3-9 当 dR=0，dC<0 时成本和收益曲线轨迹

一般来讲，企业只会选择在 dY 大于零的情况下进行经营，不可能选择在 dY 小于零的情况下经营，因为在 dY 小于零的情况下经营不符合人理性的假设，即使是有限理性的假设。根据以上对于 dY 大于零的 5 种情况的分析，除了图 3-8 和图 3-9 之外，其他 3 种情况都可以是企业的发展不具有边界收敛的特征，也就是能使企业实现无边界发展。比较这 5 种不同的情况，边际收益为正只是企业实现无边界发展所需要的必要条件，从

（15）式可知，边际总收益 dR 的值是取决于 $\frac{\partial R}{\partial M}$ 和 $\frac{\partial R}{\partial A}$ 两者之和，$\frac{\partial R}{\partial M} < 0$ 说明了有形要素受边际收益递减规律的约束，因此，如果企业仅仅依靠有形要素来发展，企业的总边际收益不可能大于零。但是，因为 $\frac{\partial R}{\partial A}$ 大于 0，所以，$\frac{\partial R}{\partial M}$ 和 $\frac{\partial R}{\partial A}$ 两者之和是有可能 dY 大于零的，也就是只有将无形要素作为内生变量纳入企业发展模型，才能使得（15）式中的 dY 大于零成为可能。可见，无形要素是企业突破发展边界约束的关键。因此，企业要实现无边界发展就要注重无形要素的投资。

第四节　企业无边界化重构的作用

一　企业无边界化重构是创新的具体表现

创新过程就是重构的过程。约瑟夫·熊彼特[①]将发展定义为实现新组合，只有具备这种新组合的属性，才能被称为发展，这种新组合就是创新。熊彼特关于发展的定义不仅深刻揭示了创新对于经济发展的意义，同时也阐明了创新的表现形式，即创新表现为经济行为主体用新的组合方式代替旧的组合方式来实现经济活动的目的。从资源配置的角度来看，这种新组合实质上就是资源的重构，表现为不同属性资源的重构，表现为不同产权属性的重构。无论什么类型的重构，都展现出对资源原有流动边界的一种打破，理论上，这种约束资源自由流动的边界越少，资源重构效率提升的概率越大。因此，无边界就成为资源重构获得理想效率所需的最优状态。

企业作为现代经济活动的核心主体，按照熊彼特对于发展的定义，企业的发展也必然需要实现新组合，需要重构。创新对于企业的发展同样意义重大，企业的创新能力不仅直接决定其在市场经济中的竞争能力，而且

[①] 〔美〕约瑟夫·熊彼特：《经济发展理论》，何畏、易家祥等译，商务印书馆，1990。

还决定其所在经济体的可持续发展能力。从企业家创立企业的过程来看，创立企业本身就是典型的创新实践。熊彼特在其《经济发展理论》一书中就系统论述了企业家对于经济发展的意义在于，他总是用新传统去替代旧传统，也就是用新的生产组合代替旧的生产组合。

熊彼特讲的新组合对旧组合的替代，实质上就是指企业打破旧有边界体系的重构行为。企业的持续发展，就表现为不断重复这样的行为，因此，熊彼特将其称为创造性破坏。企业的持续创新行为本质也就是持续进行创造性破坏，表现为持续打破企业旧有的组合形态，也就是旧有的组织边界、经营边界、所有权边界等各种边界体系。动态地看，这实质上就是要求企业能够保持开放式发展。因为，只有保持开放，企业在重构过程中，也就是用新的组合代替旧的组合的过程中，可以有效节约边界障碍所造成的成本支出。

二 无边界化重构的目的是使企业获得有效发展

经济学用经济效率和技术效率来评价经济发展水平。技术效率侧重反映劳动生产率，以实物形态衡量的投入产出比；经济效率侧重反映以货币衡量的投入产出比。人类经济的长远发展主要取决于劳动生产率，但货币经济时代，经济效率往往对短期经济发展水平产生重要影响。无论采用技术效率还是采用经济效率，都是用投入产出比这个指标来衡量经济发展状况。根据熊彼特对于发展的定义，新组合比旧组合有竞争力，一定表现为新组合的投入产出比要高于旧组合的投入产出比。

如果用 G 代表新组合投入产出（$I.O_1$）与旧组合（$I.O_0$）之比，那么，只要发展就可以用 G 大于 1 来表示，即 $G = \dfrac{I.O_1}{I.O_0} > 1$，其中，$I.O_1 = \dfrac{output_0 + \Delta output}{input_0 + \Delta input}$，$I.O_0 = \dfrac{output_0}{input_0}$。

要保证 $G > 1$，有四种可选方案：

方案一，$\triangle output = 0$，$-input_0 < \triangle input < 0$；

方案二，$\triangle output > 0$，$\triangle input = 0$；

方案三，$\triangle output > 0$，$\triangle input > 0$，且 $\triangle output > \triangle input$；

方案四，$\triangle output < 0$，$\triangle input < 0$，且 $input \times \triangle output < output \times \triangle input$。

由代表发展的四种可选择方案就可以看出，$G > 1$ 这种结果都是重构的结果。四种方案体现的是四种不同重构的思维模式和重构策略。无论选择哪种方案，$G > 1$ 都给他们提供了选择的方向，这是人本身属性所决定的。根据本章开头的阐述，人的行为都有目标，这个目标可以具体描述为：一个人对当前状态所赋予的价值低于他给予其设定的目标状态所赋予的价值。人有目的的行为过程表现为将期望的目标变为现实的过程。人对于期望目标的状态所赋予的较高价值评价，是驱动他打破旧组合建立新组合的动力源泉。企业作为企业家实现其目的的手段，因为，企业家目的在不同时间和不同境况下是动态变化的，所以，作为实现目的的手段本身，企业必然需要随企业家目的的变化而做出相应的调整，重构展现的是对这种调整的概念性表达。

在 $G > 1$ 的情况下，用 $G_{i+1} > G_i$ （$i = 1, 2, \cdots, n$）代表发展状态的进步，那么，企业重构就是将 G_i 向 G_{i+1} 推进。在这个过程中，旧组合如果树立了各种坚固的边界，那么，被边界保护的各种资源就难以进入新组合，就不能获取新组织所具有的生产力。尤其是当新组合展现出强大的竞争力，旧组合要获得持续的生存空间，唯一的选择就是要从自身内部主动去破除原有的边界约束，进行自我由内向外的重构。否则，竞争法则也必然会由外向内打破旧组合的边界。因此，单单从发展的角度来看，社会和企业要获得有效发展，保持开放、以无边界化的形态随时迎接重构，才是实现有效发展的理性选择。

综上，企业无边界发展是企业回归本质的自然选择，也是遵从事物在互相关联中运动发展的规律。企业的发展过程就是创新过程，而创新过程是重构过程，是打破旧组合边界体系、建立新组合的过程。由于边界体系的存在会增加企业创新的成本，所以，企业保持开放，以一种无边界的形态存在，就可以大幅度降低企业进行持续创新的成本。因此，无边界发展是企业实现持续创新的效率选择。

第五节　企业无边界化重构战略的三个视角

一　基于组织的视角

企业的组织形态表现为一定的人、资金、财物相互之间的关联关系和存在状态。现代企业理论将企业组织形式描述为一种特殊的契约结构安排。在企业中，企业家在所有契约关系中处于核心地位。因此，很多文献将企业家称为中心签约人。不同的契约结构安排，会使企业生产经营活动所需要的要素进入和退出企业产生的难易程度不一样。要素进入和退出企业的难易程度直接决定企业重构的难易程度。实际上，不同的契约结构安排不仅会使要素进出企业的难易程度不一样，同样也会影响企业内部要素结构重构的难易程度。那么，什么样的契约结构安排最有利于企业实现无边界化重构？这首先需要对企业契约结构的属性进行科学的认识。

企业既是组织分工的一种手段，也是企业家用来实现自身价值诉求的一种工具。企业家是通过剩余索取权和剩余控制权来展现作为中心签约人的地位。在企业的生产经营实践中，关于剩余索取权和剩余控制权的安排是复杂多变的。例如，企业家通常并不完全独享剩余索取权，同样他也不完全独揽剩余控制权；虽然企业家可以独自拥有剩余索取权和剩余控制权，但是这样做对于其目标的实现并不一定是优选方案。在企业生产经营所涉及的要素中，有两类要素，劳动力要素和非劳动力要素。关于非劳动力要素的契约安排体现的是所有权安排，对于劳动力要素的契约安排涉及收益分配和控制权安排。

非劳动力要素属于被动性要素，关于这类要素的激励安排从本质上讲，根植于产权，对这类资源的使用效率取决于产权的属性。劳动力要素属于主动性要素，其供给的数量和质量取决于劳动者本身，而且供给数量和质量相对非劳动力要素来讲，他人很难给予客观的度量，这类要素契约安排直接决定企业整体的活力和创新力。对于非劳动力要素来讲，什么样的契约结构更有利于资源在企业内外无边界化流动？从产权的视角来看，企业家可以以所有权的方式将生产经营所需的非劳动力要素组合到企业中，他也可以以使用权的方式来组织该要素。如果以所有权的方式来组织非劳动力要素，企业家能够组织的资源必然存在边界极限。因为，企业家个人能力有限，对于非劳动力要素的所有权不可能是无限的。这充分说明，基于所有权来组织非劳动力要素，对于企业家来说必然存在边界约束。

基于使用权来组织非劳动力要素可以有效化解所有权带来的边界约束。企业家基于使用权来组织非劳动力要素，可以有效避免企业家自身所有权的边界约束，使其可支配的非劳动力要素的范围获得无限的空间。当然，基于使用权来组织非劳动力要素会面临其他特有的问题，但至少这种方式可以保证企业组织能够保持充分的开放性，使企业家能力发挥范围具有充分的弹性。

对于劳动力要素来讲，其供给数量和质量在不同契约结构下的差异，主要源于这类要素是主动性资产。周其仁强调，对于劳动力要素这种主动性资产，促进其供给数量和质量提升的有效策略是激励[①]。什么样的契约结构安排有助于这类要素既能够顺畅地进入和退出企业，又能激励他们最大化供给该种要素的数量和质量？理论上，这取决于剩余控制权和剩余索取权的契约结构安排。从剩余控制权的角度来讲，剩余控制权是企业家和职员之间不对等的契约安排，企业对此安排的效率还受其所生存社会法律和道德习俗的影响。因此，关于这方面效率分析是比较复杂的，对于每一种类型的契约结构，需要结合特殊制度背景给予具体分析。一般来讲，剩余控制权的契约安排订立和执行所依赖的基础越公平，那么，越有利于这些要素在企业内外的流动。反过来，要素在企业内外流动得越充分，越有利于激励职员主动增加这类要素数量和质量的供给。

综上，从组织层面来看，关于要素的契约结构安排不仅决定要素进入和退出企业的难易程度，而且还决定劳动力要素供给的数量和质量。根据各类要素的属性，对于非劳动力要素，企业家可以通过使用权契约安排有效拓展

---

① 周其仁：《市场里的企业：一个人力资本与非人力资本的特别合约》，《经济研究》1996年第6期。

其可支配要素的范围，这可以解决所有权安排模式的边界约束问题，从而可保证企业在发展过程中保持充分的开放。对于劳动力要素，因劳动力本身属性的复杂性，企业关于劳动力要素的契约安排更为复杂，大量的文献研究证明，以激励为原则来设计企业的契约结构是促进企业开放式发展的重要保障，而且也是促进职员主动增加劳动力要素数量和质量供给的效率选择。

二 基于制度的视角

很多关于企业的理论研究将行政指挥机制作为企业的重要特征，以此来和市场自由价格竞争机制相区分。这种区分似乎认为行政指挥机制和市场自由价格竞争机制互不相容，两者之间有一道不可逾越的界限。如果从企业和市场存在的功能来看，两者都是组织分工的组织形式，目的都是促进不同要素之间进行"合作"。从这个意义上讲，是否存在行政指挥机制和市场自由价格竞争机制相融合的机制，且这种融合机制在发挥组织要素之间的合作效率上要更优于两种机制各自的效率？如果存在，那么，这两种机制是通过什么方式实现融合的？企业模块化运作的实践，证明了企业行政指挥机制与市场自由价格竞争机制是可以相融合的，模块化重构就是实现这种融合的有效途径。

在信息不完全和不对称的条件下，信息传递机制决定行为人行为信息获取成本的大小。因为在人与人的合作中，每个人并不拥有合作所需的全部知识，真实的情况是，人们相互合作所需的全部知识分散于不同个体。每个个体能否采取最优行为决策，取决于各自能否从他人处获取自己行为决策所需的信息。在个人行为决策的选择过程中，决策并不需要完全的信息，常常只需要关键性信息。在一个交易中（一个博弈中），博弈规则最核心的功能就是传递参与人所需的关键性信息。青木昌彦指出个体参与人不仅受制度的约束，而且也能从制度中获取信息，在一个信息不完全和不对称的世界里，一种制度也可以促使有限理性的参与人在做决策时节约信息[1]。

---

[1] 〔美〕科斯、诺思、威廉姆森等著、〔法〕克劳德.梅娜尔编《制度、契约与组织》，刘刚等译，经济科学出版社，2003。

企业的行政指挥机制本身也是企业各参与人的博弈规则，只不过这种博弈规则给予各参与人传递的是关于约束的信息，相对而言处于公司层级越低的人员，获取这种约束的信息会越多，因此，职员行为的自主空间随职级变化而变化。在市场中，价格自由竞争机制也是一套博弈规则，价格本身承载着传递关键性信息的职能。相比于企业，市场参与者不仅具有充分的自主选择空间，而且对于市场约束的接受也具有充分的自主选择空间。当然，这两种机制在促进专业化合作的过程中，各有优劣。正是它们各自存在的优劣，使得它们之间具备了相融合的可能性。市场直接定价来促进合作，具有交易成本；企业依靠间接定价来促进合作，能够节约直接定价的一些成本，但是产生了委托代理问题，从而有管理成本。

模块化机制克服了企业和市场在组织分工、进行协作时所面临的这些困境。模块化是人为将企业或专业化单位设计成由公共信息（接口规则，由系统定义）和私人信息（参与人自主定义）所组成的半自主的结构形态。模块化是一种契约安排的方式，它本身既可以是构成更大系统或模块的微观单元，又可以细分为更小的微观单元。因此，模块化本身就是一个系统。模块化对于公共信息和私人信息的结构安排，使其具备天然的开放性特征。如果一个企业以模块化形态进行运作，接口规则向参与人或潜在参与人提供了关键信息，这些信息属于公共信息。接口规则的实质是对于具体需求的定义，任何可以满足需求的参与人都可以加入这个系统。正是这个属性保证了企业能够实现充分的开放，并且在这个开放的系统中实现无边界化重构。

三　基于技术的视角

技术的发展往往能够突破企业原有运行过程中的坚固边界。互联网、大数据、人工智能这些技术的蓬勃发展，突破了企业原有运行的很多边界，尤其是企业存在的市场空间。根据前面的分析，现代化的信息技术将现实世界在互联网空间进行了逻辑再现，使现实世界和互联网构建的虚拟世界相映相随，变成一个统一体。这种改变为企业的发展开辟了广阔的市场空间，而且在这个空间没有地理空间的边界障碍。互联网技术对于企业开放式发展的促进作用，充分说明了技术在实现企业无边界化重构过程中的意义。

技术发展是解决稀缺性的重要途径。新古典经济学将经济学视为研究稀缺性资源配置的一门学科。这种观点具有突出的静态性特征。因为，稀缺性是会随着人类技术进步而发生改变的。从某种程度上讲，企业就是不断改变稀缺性的主要践行者。稀缺性本质上是相对人的欲求来讲的，在某一时点上，人们可用来满足某种欲求的物品的供给总量小于需求总量，那么这种物品就被视为稀缺的资源。当然，这里区不区分有效需求和欲求，都不影响稀缺所代表的这种含义。

因为稀缺，这种物品在市场交换中就会被赋予较高的价值评价，通常表现为价格上涨。这种较高的价格是驱动企业家来降低稀缺性的动力源泉，因为高价格代表需求者在交换中付出的代价高，只要企业家能够寻找到一种方式，可以以低于交易价格的成本来供给这种稀缺物品，那么企业家就可以将剩余索取权变现。一个企业家的成功，必然会引发更多企业家加入这个行列，最终将稀缺变成不稀缺。从福利的角度来看，这有利于人类福利水平的提高。当稀缺变得不稀缺，人们购买这种产品的价格就会下降，在收入水平不变的情况下，人们就会有更多的剩余去满足更多的其他方面的需求。

一种物品从稀缺变为不稀缺，本身就是对原有稀缺状态的边界突破。在人类发展的历史上，从食物、衣服、住所到出行，对于这些物品稀缺性边界状态的每一次打破，都是技术进步或技术创新的结果。技术进步和技术创新从根本上来源于人类对于所生存世界的认识的拓展。正是这种认识的深化和拓展，才使人们能够找到更有效的方法来解决现有的稀缺性问题，使得人类不断地打破一个个稀缺性边界障碍。

因此，从技术层面来讲，要实现企业无边界化重构就需要建立学习型组织。企业作为经济活动的核心行为主体，实践性是其第一属性。学习和探索作为一种特殊的实践，它是保证企业以最科学的方式进行实践的有效保障。这根源于人的认知直接决定人的行为选择和行为方式。虽然事物运行的规律具有稳定性，但是规律发生的条件总是不断变化的，规律发挥作用的结果也会因条件的变化而不断变化。因此，我们不仅需要认识事物运动的规律，还要不断深化对事物运行规律发生条件的认识，更要深化对在不同条件下规律发生作用的结果的认识。建立学习型组织就是打破企业生产经营实践和学习实践的边界，使企业真正实现理念与行动达到科学统一。

第六节　互联网经济与企业无边界化重构

企业作为嵌入社会体系的构成单元，开放性是社会体系发展对其最本质的要求。企业发展的过程是实现新组合，是创新，是重构。重构是企业突破原有边界，涉及新旧要素重新组合的过程。如果原有企业组织边界林立，并且边界坚固，那么，它在重构的过程中首先就需要花费额外的成本来克服边界造成的重构障碍。互联网经济时代最显著的特征，一是信息技术的突飞猛进发展；二是信息技术获得了普遍应用。信息技术带来的变化被称为第三次工业革命，下面就从信息技术、价值网络、虚拟空间、虚拟运作、核心能力等五个方面来具体探讨互联网经济给企业无边界化重构带来的机遇。

一　信息技术与企业无边界化重构

人类对世界的认知主要以信息的方式进行存储和传播。因此，信息对于知识的发展具有载体性作用。前文的理论分析已经说明，知识是决定经济可持续发展的核心要素。企业作为经济活动核心行为主体，在互联网经济时代，其活动的内容大部分是围绕知识的生产而展开的。这包括对知识的生产、应用、储存和传承。利用信息这个载体来承载知识，并通过信息技术在信息的获取、储存、加工、传输、应用及反馈等方面的效率提升，企业有效地提升了人类在知识的生产、应用、储存和传承方面的效率。尤其是基于现代化互联网通信技术所构筑的虚拟世界，无限拓展了企业生产经营的活动空间，并且也打破了企业传统生产经营所面临的各种边界障碍，使企业以低成本、无时间和空间边界障碍的方式来开展生产经营活动成为可能。

第一，信息技术是降低企业运营成本的有效手段。成本和收益的大小直接决定企业盈利状况，也决定企业可持续发展能力。现代化的信息技术可从四方面有效降低企业的经营成本。一是降低企业获取生产经营所需信息的成本。应用互联网通信技术进行沟通交流，直接超越了传统条件下人与人之间进行交流所面临的时间和空间距离的边界障碍。比如，在电子通信，如电报和电话出现以前，人与人之间的信息交流主要以面对面、书信等方式进行，这需要花费昂贵的交通成本和时间成本。互联网将这种成本降至近乎为零。二是降低信息传输的成本。在传统条件下，传播信息的载体包括烽火狼烟、信使、邮件、报纸及图书、期刊等各种承载信息的介质，不仅这些介质本身需要花费较高的成本，而且，将这些承载信息的介质从信息发出者送达信息接收者，也需要花费高昂的成本。互联网通信主要采用数字化的通信方式，将海量信息以数字的方式进行存储，借助互联网，使这种信息储存的成本大幅降低了。三是降低企业的信息处理成本。在传统条件下，企业依靠手工的方式进行信息分类、计算、整理，这种方式耗时费力，成本高昂。现代化信息技术通过数字化编程的方式，尤其是人工智能技术、大数据技术等，使得现代信息技术呈现高度的自动化、智能化，这大大降低了企业进行信息处理的成本，提升了信息处理的效率。四是降低信息的存储成本。依靠纸为介质进行文件存储，是传统企业信息的主要存储方式。这种信息存储方式，不仅需要大量的文件柜，而且需要占用大量的房屋空间。此外，对于防火、防水的要求非常高，因此，其信息管理成本也高。随着企业逐步进行数字化转型，以数字化的方式将企业各种文件存储在芯片、光盘，尤其是采用现在的云储存模式，不仅节省了文件的存储成本，而且直接消除了数据损毁的安全隐患，这有效节约了企业信息存储的成本。

随着企业利用信息技术的效率越来越高，企业不仅大幅度降低了信息使用成本，而且使企业的库存实现零成本成为可能。在专业化分工高度发达的市场经济中，任何专业化经营的企业都需要通过协作来实现自己的经营目标。在信息技术比较落后的时代，专业化经营企业之间的协作因为沟

● 无边界化重构 ▶▶▶

通效率低下，所以每一个专业化单元都需要对许多可能发生的突发事件进行提前准备，库存就是应对突发性供给和需求变动的一种手段。例如：企业在生产经营过程中，一方面需要采购原材料，另一方面需要将所生产的产品销售出去。理论上，企业在生产过程中需要原材料的时候直接让供货商送来，并且按照订单来进行生产，这样就可以有效降低库存。受物流和企业与供应商和客户之间沟通交流效率的影响，这种过程总要花费时间，而这个时间可能就使企业错过最佳生产机会，或者失去客户。因此，企业为了避免失去生产的有利时机，抓住能够抓住的客户，保持充足的库存是必要的。但库存的成本也随之增加了。现在，利用互联网可以为经济体系建立一个信息平台，参与经济活动体系的各个专业化行为主体，时时将自身的供给和需求信息在信息平台上共享。加上现代化、先进、高效的物流体系，在每一个价值创造过程中，每个价值单元都具备了按需生产的条件，生产出来的产品直接送达客户。这样一环套一环，从消费者往前推，一直到初级原材料供应商，都有可能实现无库存经营，从而实现库存成本有效降低，甚至降低至零库存。

第二，信息技术消除了时间间隔对企业经营造成的障碍。对于快速变化的市场环境，企业只有及时准确地将这种变化捕获，才有可能做到有效应对。在复杂的市场分工体系中，供应商、竞争对手、替代品竞争者、客户以及融资环境等各种与企业生产经营关系密切的经济行为主体，它们的任何变化都会给企业带来或大或小的影响。当信息技术比较落后时，企业为了保持能够及时、充分掌握那些和它具有密切关联关系的经济行为主体的信息，它会将生产经营活动所涉及的范围保持在较小的边界内。这给企业的发展带来了巨大的制约。即使在狭小的边界内，在传统上依靠信件、面对面拜访等方式来进行信息沟通的成本依然很高，而且沟通的效率不高，使企业参与分工协作的范围进一步被限制在较小的边界内。要进行国际化经营，企业为了克服信息问题，花费的成本高昂到只有非常少的企业可以负担得起。但是，互联网通信技术的广泛应用，有效解除了企业参与分工协作范围的限制，使现代企业参与分工的广度和深度获得了大幅度的拓展。现在，通过电话、互联网，人们不仅可以开电话会议，还能开视频会议，通过计算机远程控制来实现业务操作，这些改变不仅将各个专业化分工单元相互间信息沟通的成本大幅度降低，而且使它们参与分工的范围不再局限于狭小的边界内。现在，任何一家企业借助互联网，它可以低成本地参与全球化的市场分工与协作。

第三，信息技术消除了空间距离给企业经营带来的障碍。空间距离给专业化单元之间的协作带来了信息沟通和交通运输双重困境，在信息技术和交通运输不发达的时代，经济发展通过城市化、产业集群来化解空间距离所带来的这种困境。在互联网出现以前，企业主要在实体空间中活动。在自然世界所赋予的实体空间中，企业无法避免实体空间距离给分工与协作所带来的困境。但是，互联网构筑的虚拟空间突破实体空间给人类进行分工协作带来的空间障碍。一方面，企业活动的空间不再只局限于自然界的实体空间；另一方面，企业在虚拟空间开展分工协作活动可以有效克服实体空间所具有的距离障碍。这主要源于互联网构筑的虚拟空间是由信息所打造的一个人造的世界，它是对人类所生存的世界通过信息化策略在互联网上所进行的逻辑映射。因此，这个虚拟空间并不是完全孤立的，相反，这个空间如同现实世界的一面镜子。借助它，人们可以方便地观察现实世界的全貌，让人们进行行为决策时具有更充分的信息。因为，这个虚拟空间没有时空边界，因此，这里可以容纳无限的信息。分布于全球各地的各种事物的信息都可以通过互联网在这个空间聚集，进入这个空间的任何行为主体都可以依据自己的需求来选择行为决策，尤其是选择进行协作的对象。对于在虚拟空间开展生产经营活动的企业来讲，它不仅可以在全球范围内选择供应商，而且其拥有的潜在客户也遍布全球。可见，信息技术有效消除了空间距离给企业经营带来的边界障碍。

二　价值网络与企业无边界化重构

价值网络或者价值链体现的是分工之间相互协作关系的总体形态。价值网络展现的分工协作关系具有多维立体拓扑形态，它超越了价值链型分工协作关系的一维线性特征。价值链型分工协作体系主要表现的是产品内分工协作关系，作为价值链条上的每一个价值单元，其功能的塑造及发挥都以该条价值链的需求为核心，价值创造能力经常不能超越这条价值链的边界。价值网络克服了价值链型分工协作关系的一维线性局限，它是各种类型的分工相互关联所形成的具有生态化演进特征的生态价值创造体系，它将社会分工、产业分工、产品分工、产品内分工、流程分工、区段分工等各种分工交织融合。价值网络型分工使参与分工的价值创造单元，也就是经济行为主体，在构建及发挥自身价值创造能力的时候，思考参与分工的战略视角不再只局限于单一价值链条所反映的价值创造过程，而是可以将视角引向由无数价值链条所交叉融合的分工体系，基于更为广阔的价值创造空间来构建及发挥自身价值创造的能力。

企业是价值网络型分工体系中的价值节点，也属于价值网络体系中的亚体系。因为价值网络体系是一个开放的价值创造体系，所以，置身这个体系中的企业，作为一个亚体系，它也是开放的。这种开放性使企业一方面能够对于发展所需的要素和力量进行无边界化重构；另一方面可以使企业价值创造能力的发挥空间没有边界制约。这从企业在价值网络体系中的存在形态就能很容看出来，企业作为一个具有独特价值创造能力的组织，它在价值网络体系中是以价值节点的形态存在的。作为节点，企业能够同时参与多个价值创造过程，不再局限于只能在一个价值链条上发挥自己的价值创造能力。更重要的是，在价值网络中，作为价值网络节点的企业，它在不同的价值创造活动中所占据的位置和所发挥的功能具有显著的多样性。这源于，以价值网络型模式进行分工与协作的经济组织，使企业形态、产业组织形态和经济体系总体组织形态实现统一。传统企业经营的是产品，现在，企业既经营产品，也经营产业，更经营社会，由此一来，企业组织形态、产业组织形态与社会形态实现高度融合，企业组织形态也可以被称为产业组织形态[①]。

以价值网络型分工与协作为主要运行机制的经济体系，其组织形态最重要的特征在于它由三类核心经济行为主体构成：规则设计商、系统集成商和模块制造商。其中，规则设计商是整个价值创造活动体系的总战略规

---

① 李海舰：《现代经济十大最新走向》，《科技创新与生产力》2010年第4期。

划师，为价值创造活动搭建了基础平台；系统集成商的作用在于组织要素和力量基于规则设计商所搭建的平台来实施价值创造活动；模块制造商就是最基础的价值功能实现单元。对于企业来讲，它同时可以参与多线程的价值创造活动，在不同价值创造过程中，同一个企业可能在一个价值创造过程中属于规则设计商，在另一个价值创造过程中属于系统集成商，在其他价值创造过程中又发挥模块制造商的功能。因此，在以价值网络型分工与协作机制为核心的经济体系中，其开放性使置身其中的企业对它发展所需的要素和力量进行无边界化重构。

三 虚拟空间与企业无边界化重构

互联网构筑的虚拟空间，本质上是用现代化的信息技术将现实世界在互联网上所进行的逻辑再现。这个虚拟空间以数字信息的方式存在，而且，在虚拟空间，所有的活动也是基于信息来展开的。信息本身在互联网上的传输效率极高，互联网传送一条信息从地球一端到另一端，需要花费的时间不超过一秒，它是以接近光速的速度来进行传播的。在人们的经济活动中，尤其是在现代化的分工经济条件下，人们为促进合作所做的工作主要是围绕信息展开的，诸如对合作对象的搜寻、对合作条件的谈判等。在信息不发达的时代，受地理空间边界的阻隔，人们为了获取合作所需的信息，都需要花费高昂的成本。此外，在信息技术不发达的时代，信息沟通不畅，人和人之间信息不对称的程度更高，这引致人们之间的合作产生内生性成本，如道德危机和逆向选择等机会主义行为所引致的成本。虚拟空间将人们传统上信息沟通方式需要花费的成本降至零，从而使人们之间的合作范围直接拓展至全世界。

对于企业来讲，虚拟空间不仅为企业价值创造能力的提升提供了一个广阔的外部资源支撑，而且也为企业价值的实现提供了来自全球范围的客户基础。企业要实现持续性发展，就需要对其内外的要素和力量进行重构。在信息技术比较落后的时代，很多要素和力量虽然都属于企业发展所需的重要资源，但是因为企业无从获取关于这些要素的信息，从而一方面不能让这些要素获得充分利用；另一方面也约束了企业可以重构的资源范围。虚拟空间打破这种约束，因为它借助信息化技术，可将位于世界上任何地方的资源都映射到虚拟空间。上借助现代化的多媒体技术和大数据技术，企业通过接入互联网就可以以非常低的成本，甚至是零成本获取其需要重构的资源的信息。由此可见，虚拟空间在使企业可以重构的资源没有边界约束。虚拟空间在使企业克服了资源重构的边界约束的同时，也为企业发展范围经济营造了有利的条件。人的需求是多元化的，而且是多变的，因此，满足人的需求就需要多样化的产品和服务。理论上讲，企业提供的产品及服务能否顺利销售出去，直接取决于市场有无购买力的需求，因此，需求规模也决定了企业价值实现能力的边界。

在互联网经济出现之前，企业只能在实体空间进行经营。实体空间的距离所引发的信息交流障碍，使得企业只能活跃于一定的区域边界内。在这种区域内，因为人口数量有限，市场规模有限。在有限的市场规模约束下，企业从技术效率上来看，实行范围经济的效率高（也就是充分利用限制生产能力进行多元化生产），但从经济效率上看，实行范围经济战略的效率低下，甚至为负。原因在于，当市场狭小的时候，企业只能选择少部分热销的产品进行经营才能实现经营目标，而将大部分销量较小的产品放弃。二八理论就是对这种现象所进行的规律性总结（企业通常选取占总需求20%的热销产品进行生产经营，而放弃80%的冷销品）。虚拟空间彻底改变了企业生产经营所处的市场环境。因为虚拟空间是一个无时空边界约束的世界，这表现在，一方面，人们在这里进行沟通交流完全消除了地理空间的距离约束；另一方面，无论在现实世界相距多远的两个人，通过虚拟空间可以随时实现交流，完全解除了时间的滞后性。这个虚拟空间最大的特点是，将原来被区域边界分割的需求在虚拟空间实现了统一，从而形成了真正的全球一体化的市场。这个市场所具有的规模已经远远超越原有相互分割的市场的加总。因为，根据亚当·斯密的分工理论，市场的规模决定分工的广度和深度，而市场的广度和深度又会决定市场的规模。当原来分割的市场被融合成统一的市场，这种市场的规模是空前的，它将促进分工深化发展；而分工的深化发展必然使市场规模进一步扩大，从而形成良性循环。这种良性循环直接颠覆了传统企业经营的二八理论，因为虚拟空间将全球各地的区域市场融合成为一体化市场，原来各个市场上占80%的所谓的小众需求品，汇集在一起不再是小众需求品，直接可以和原来的20%热销品的市场规模媲美，甚至远超传统市场上热销品的市场规模。因此，这为企业实施范围经济战略构建了有效的市场基础。

由此可见，虚拟空间为企业的发展构建了全球一体化的市场空间，空前的市场规模不仅为企业在生产层面进行无边界化的资源重构创造了优越条件，而且为企业在经营层面采用多元化经营战略提供了充分的市场空间。在这种无边界发展的市场空间中，企业实现规模经济和范围经济具有坚实的市场基础。

四 虚拟运作与企业无边界化重构

虚拟运作是企业以使用权为主来组织资源进行价值创造的生产经营方式。这种资源组织方式打破了以所有权为核心进行资源组织所面临的边界约束。因为，任何单个经济行为主体所拥有的资源力量都是有限的，所以，依靠自有资源进行价值创造，使企业的价值创造能力具有显著的边界。基于所有权来组织资源进行价值创造，更侧重强调和其他经济行为主体之间的竞争关系，容易忽视"合作"对于实现"共赢"所具有的价值。根据前面的分析，分工是促进经济增长的核心动力，而分工经济的核心是"合作"。虚拟运作采用使用权的方式进行资源重构来实施价值创造活动，实质上就是一种"合作"战略。因此，虚拟运作是顺应分工经济运行规律的一种经营方式。

虚拟运作强调超越所有权边界来重构资源，强调合作，强调做大"网络"。联盟、外包、众包等都是分工经济下企业采用的合作战略的重要方式，这种方式可以使企业能够直接将外部要素和力量纳入其价值创造过程。采用合作的方式，企业进行价值创造所能够控制和使用的资源并不需要自己所有，只要能够使用就可以了。与合作者分享生产经营成果，保证了合作者有充分的激励将自己所拥有的资源交由企业使用。采用虚拟运作具有两个特征：一是企业以所有权形式所显示的有形要素规模可能很小，或者近似为零；二是这种企业实际所运作的有形要素规模可以大到无边界限制。平台化运作的企业就是典型的实例。

虚拟运作的核心是具有一套价值创造活动的规则体系。在互联网经济下，企业更能体现虚拟运作的优势。因为，互联网经济下的分工协作是以价值网络型运行机制为基础的。模块化单元是价值网络型分工体系中最基本的组织单元，每一个模块化单元所具有的最大特征是，它们都有一个开放的联系规则体系。这个联系规则体系为它和其他模块化组织之间的协作搭建了一座座桥梁。拥有模块化形态的企业组织，利用这些规则体系就可以和多个模块进行联盟价值创造。企业想要扩大经营规模，通常通过增加开放接口就能实现。在虚拟空间实施平台化运作的企业，因为平台在虚拟空间可以无限延伸，因此，平台可以无限增加开放的联系规则。从而这种企业更容易实现对外部资源进行无边界化重构。

由此可见，采用虚拟运作战略，企业主要依靠开放联系规则来重构外部资源，从而能将小的价值创造体系融入大的价值创造体系，将大的价值创造体系融入更大的价值创造体系，最终将企业重构成为实体与虚拟相融合的、具有强大"势"力的价值创造体系。

五　核心能力与企业无边界化重构

核心能力强调经济行为主体最优的行为战略就是将资源和力量集中使用在自身具有比较优势的生产经营活动上。专业化就是实施比较优势和塑造核心能力的战略选择。因此，核心能力最终能否有效实现其价值创造能力，仍然决定于专业化单元之间协作成本的高低。在互联网经济下，虚拟运作有效地促进了企业组织专业化分工的交易费用的降低，因此，更有利于企业保持专业化的组织形态，从而使企业具备更强的核心能力。

核心能力为企业进行无边界化重构塑造了组织形态基础。将资源和力量集中于企业具有比较优势的价值创造活动上，而将不具备优势的价值创造活动从企业剥离，可以使企业能够保持简洁的组织结构，这种结构使企业能灵活应对外界的市场变化。因为，一方面，企业集中资源和力量于自身的专业核心能力，更有利于自身核心能力的提升。随着企业核心能力变得越来越强，外部更多的专业化组织都愿意与其合作，从而使其合作战略的选择空间更大。另一方面，根据亚当·斯密的分工理论，专业化更有利于创新。发达的交通运输体系和先进的互联网信息通信技术有效降低了现代经济体系运作的交易成本，这进一步促进了企业向具有核心能力的专业化组织形态转型。

通过核心能力复制，企业可以将其价值创造能力重构到无数条具有价值链形态的价值创造过程。现代企业的模块化战略，就是将企业打造成容易复制的核心能力单元。因为模块化组织的最大特点是，它具有界面接口规则，这种接口规则是与外界进行物质、能量和信息交换的通道，也是与其他企业进行合作的桥梁。每一个模块化企业，都是具有半独立结构的价值创造单元。这种半独立性表现在，它一方面具有功能的异质性；另一方面其功能需要和其他企业拥有的功能相配合来实现某种价值创造，独自不能完成完整的价值创造过程。因此，联盟价值创造是这种企业存在的方式。在价值网络型分工体系中，依靠界面接口规则体系，无数具有模块化形态的企业可以通过联盟进行价值创造。当完成了价值创造过程，这些模块化单元又可以重构到下一个价值创造过程。尤其是，通过复制，这种企业可以将其功能同时嵌入多个价值创造过程。例如，生产螺丝钉的企业，可以同时加入汽车、飞机、家用电器等无数产品的制造过程。

由此可见，核心能力为企业实施无边界化重构战略提供了组织基础，它使企业组织形态简洁，能够通过联盟、众包、外包等多种形式灵活应对市场变化，并能通过复制，将自身价值创造的功能植入多个价值创造过程。正是这种核心能力使企业在价值网络型分工体系中实现无边界化重构，以此使自身的价值创造能力不再具有边界约束。

第七节 本章小结

本章属于理论分析框架的构建，在这里主要基于新古典经济学四层概念层系的理论架构，结合奥地利经济学院、新制度经济学派以及管理经济学的研究成果，通过对四层概念层系进行修正来构建本书的理论分析框架。在概念层系的第一层放弃了对于"人"完全理性的假设，而采取更为符合实际的"有限理性人"假设。因为完全理性必然蕴含着人不仅对自己和他人以及所有与其行为决策相关的信息都了解,而且还拥有对这些信息进行完全计算的能力,这显然与现实中人进行行为决策过程中所具有的自身和环境禀赋相差太大。在概念层系第二层引入企业家精神,反映市场经济条件下,企业家精神对创新所具有的核心性价值,创新是保持经济获得持续性发展的核心动力。在概念层系的第三层将市场过程作为角点均衡求解的基本场景,从而拓展新古典经济学只从资源配置的角度寻求边界上最优解的局限。在概念层系的第四层直接采用新兴古典经济学的定义,不仅用帕累托最优来度量资源配置的效率,还用它来度量经济组织和体制的效率。

基于重新设定的概念层系,结合既有研究对于"企业是什么"的问题的研究。本书对与企业相关的研究主题进行了概括性说明。第一,只有个体具有目标,由个体构成的企业组织本身没有目标,我们经常所讨论的企业目标实际上是企业中相关行为人目标的延伸,在这些行为人的目标中,居于核心的是企业家的目标。第二,企业不是绝对独立、封闭的经济组织,而是与社会体系具有密切关联关系的开放性经济组织,企业功能的发挥需要多维度的价值关联,而且其行动的直接目标通常是满足直接利益相关者的价值诉求,并以满足利益相关者的价值诉求作为手段来实现企业家的最终目标。第三,企业产生于主客观条件的统一,交易成本是企业产生的客观条件,企业的产生还需要企业家精神这个主观条件。企业家精神的价值不仅在于能够更好地迎合市场需求,更具意义的是它能发现市场需求和创造市场需求。第四,企业开展经营活动投入的要素包括无形要素和有形要素,在知识经济时代,无形要素更具核心战略地位,在互联网构筑的虚拟空间,无形要素在企业发展过程中的内生性更能得到有力证明。

基于重新设定的理论分析框架,结合第二章的背景分析。本章从有形要素和无形要素对企业生产经营活动的作用出发,重点分析了在企业函数中引入无形要素,并将无形要素作为内生变量的情况下,企业发展存在的特征。为此,我们以索洛模型 $Y(t) = F[K(t), A(t)L(t)]$ 作为企业函数的基本形式,结合有形要素边际贡献递减和无形要素边际贡献递增，以及有形要素边际成本递增和无形要素边际成本递减等规律，推导出企业发展没有收敛边界，即 $\lim_{t \to \infty} Y(t) = \infty$。在此基础之上，结合经济学最基本的成本-收益分析法，对企业没有收敛边界的发展趋势进行了系统剖析，通过归纳演绎，推导出企业边际利润大于零（dY>0）的三种成本-收益组织形式，即边际收益大于零，边际成本也大于零，且边际收益大于边际成本（dR>0，dC>0，dR>dC）；边际收益大于零，边际成本小于零（dR>0，dC<0）和边际收益大于零，边际成本等于零（dR>0，dC=0）。在这三种情况下，企业发展没有收敛边界。比较各种情况下的成本-收益曲线，结果发现，无形要素的内生作用才使企业发展突破收敛边界。

根据熊彼特对于发展的定义，企业的发展是通过对其内外存在的要素和力量进行重构来实现的。然而，现实中存在的诸多边界障碍，阻碍了企业发展过程中对其所需要素和力量的重构。企业无边界化重构战略研究的目的，就是要构筑一套战略体系，通过这套战略体系的实施来保证企业的实践能够有效突破各种边界的阻碍。从而为企业重构获得其发展所需的各种要素和力量。因此，本章根据边界的属性，分别从组织、制度和技术的视角具体分析企业实现无边界化重构战略的核心。从组织的视角来看，打破所有权为核心的组织形式，基于使用权重构组织，能够为企业实现无边界化重构建立组织基础。从制度的视角来看，要在行政指挥机制中融入价格自由竞争机制，以此来打破企业和市场之间的边界，从而使企业和市场实现有效融合。从技术层面来看，要建立学习型组织，要让理念和实践始终保持统一。企业从这三个视角来构筑无边界化重构发展战略，核心是要充分发挥无形要素的内生性价值，基于网络、社区、社会资本等各种无形资源，使企业从做大"实体"向做大"网络"转型。

最后，本章围绕无形要素的内生性作用，分别探讨了信息技术、价值网络、虚拟空间、虚拟运作及核心能力对于企业实现无边界化重构发展战略所具有的重要意义。信息技术有效地化解了地理空间距离给企业及人们之间沟通所带来的成本，从而克服了企业发展过程中所面临的地理空间边界约束，并打破了企业内部不同职级、部门及员工之间的信息交流边界，为企业获取信息、存储信息、传输信息、处理信息、应用信息提供了高效

● 无边界化重构

率的技术支撑。价值网络的开放性、弹性组织形态，为置身其中的企业进行无边界化重构创造了环境，更成为企业实施无边界化重构发展战略的驱动力。借助价值网络型分工模式，企业参与分工的战略选择空间获得了无限拓展，在这种分工模式下，模式化战略成为企业最优的组织战略。模块化的结构特征决定了企业必须通过无边界化重构才能实现自身价值。虚拟空间是利用信息技术将现实世界在互联网上所进行的逻辑映射，由于信息技术在互联网上以光速传播，从而使信息在地球上任何两个人之间进行传输的时间不超过一秒，这直接突破了传统地理空间距离给人与人之间信息交流带来的边界障碍。无论相距多远的两个人，在虚拟空间时时可以进行完全如同面对面的交流效果。虚拟空间也使区域市场直接升级为全球化的市场，在这个全球一体化的市场上，企业生产经营活动可以重构的外部资源真正实现了全球化，可以获得来自全球的客户。核心能力是保证企业能够充分发挥其比较优势的价值创造能力，基于核心能力一方面可以使企业让自身有限的资源实现最大化效用；另一方面核心能力表现为专业化作业，这有利于企业创新。最为重要的是，具有核心能力的企业只有与其他企业进行联盟合作时才能发挥自身的功能。通过核心能力复制，企业可以同时将自身嵌入多个联盟的价值创造过程，这种无边界化重构可以直接使企业的价值创造能力实现无边界发展。

第四章 企业经营层面无边界化重构战略的案例分析

经营运作是企业价值创造过程的具体实践，包括经营的产品及服务范围、经营的时间、经营的空间和经营的运作策略等四个方面。借助互联网经济先天性无边界的开放性优势，很多企业通过实施经营层面的无边界化重构战略，不仅增强了企业的创新能力，也使企业发展获得了巨大的价值增值空间。

第一节 超越产品边界的经营重构

一 超越经营边界的案例

（一）超越产品的功能边界

人们消费的产品价值由使用价值和观念价值共同构成，使用价值强调实用性，而观念价值更侧重精神诉求，这两种价值统一于产品中。以手机为例，从手机的诞生、兴起、普及，整个手机发展的历史也是手机价值无边界化重构的历史，尤其是通过价值重构让产品的价值超越使用价值的边界，这可以促进产品的价值获得无限的延伸。例如，苹果公司超越将手机仅仅视为通信工具的认知，借助现代化的信息技术，将手机拓展为超越原有使用价值边界的平台，使手机在使用价值和观念价值上超越一维边界的约束，实现了多维多元化的统一。手机使用价值和观念价值分化统一的演变历程可概括为以下三个阶段：一是手机只具有使用价值，二是手机使用价值获得突破，三是手机实现使用价值和观念价值的超越。

手机只是手机——手机只具有使用价值。手机诞生之时，以其独特的功能和外形给人们留下了独特的印象，这种印象能够将它与电视、收音机、报纸、图书、游戏机、字典、相册、钟表等多种产品进行清楚的区分，从使用价值上讲，刚刚诞生的手机确实与这些产品存在清晰的使用价值边界。刚诞生的手机，其功能主要就是以移动的方式进行无线语音通话，因此早期手机只有按键，没有显示屏。如果手机仅仅将其使用价值聚集在无线移动语音通话，那么，其价值提升空间就被约束在狭小的范围内。此外，刚刚兴起的手机功能外观单一，不能充分满足消费者个性化的需求。个性化诉求属于人精神方面的诉求，标准化的功能和外形对于人的个性化诉求是一种抹杀，既不利于实现消费者需求的最大化满足，也不利于企业价值最大化的实现。因此，早期的手机主要反映的是其使用价值的一面。

手机在使用价值上不断突破。随着工业经济逐渐向信息经济转型，高效的劳动生产率大大丰富了人们物质产品的消费，人们对于精神消费的诉求更加强烈，对于个性化、便捷的强烈诉求就是突出的表现。在这种背景下，手机不断突破其使用价值的边界，将各种功能在手机上进行无边界化重构，这表现在，手机将照相机、电视、报纸、图书、电影、游戏机、导航仪等产品的多种功能都通过重构嵌入手机这个产品中。

手机在使用价值和观念价值上实现超越。现在，手机生产运营商为了更好地满足客户对于个性化、独特体验等精神消费的诉求。借助现代化的信息沟通技术，它这些商家在生产过程开拓"私人订制"，在消费过程引入VIP等"尊享"服务，以此来充分实现消费者的消费诉求。将观念价值附着在手机产品上，有效地促进了手机生产经营者价值的提升。实践中，很多手机经营者通过将手机注入观念价值，从而使其能以多倍于原来的价格将这些手机销售出去。随着互联网通信技术的不断发展，手机的使用价值和观念价值不断发生重构，它已经成为一个平台，不再是刚出现时的手机。

(二) 超越产品的业务边界

银行类企业的特殊性在于它以"货币"作为经营对象。围绕货币，银行经营的业务不断突破原有边界，实质上一直在进行无边界化重构。现代银行的发展不仅突破银行业和非银行业的经营边界，而且也打破了金融业和非金融业之间的界限。

银行只经营银行业的业务。信用是银行经营的核心，偿本付息是信用的本质，也是银行进行经营所遵循的基本原则。银行是信用货币时代的产物，在信用货币时代，银行主要基于信用货币来提供资金融通服务，表现为将资金从供给者一方向需求者一方进行融通。由于在市场中，资金供给者供给资金的动力不同，需求资金的人也有各种不同的诉求。因此，银行必须选择多种信用工具来平衡和配置不同资金供给者和资金需求者的诉求。为了便于风险控制，在近代金融业发展过程中，许多国家将金融业划分为银行业和非银行业，各自之间具有清晰的经营业务边界。银行业与非银行业金融企业只能在规定的业务边界内进行经营，即使在银行业内部，也分为各种专业银行。例如，储蓄银行专门经营居民的存款和取款业务；抵押银行专门经营以动产或者不动产为标的的长期信贷业务。在中国，传统上有中国农业银行，主要为农业生产经营活动提供信用服务，服务对象主要是涉农的经济行为主体。中国工商银行，主要为工业和商业生产经营活动提供信用服务，服务对象主要涉及工商业经营者；中国进出口银行，主要为国际贸易活动提供信用服务，服务对象主要涉及国际贸易公司、跨国公司；还有专门促进中国经济发展的国家开发银行。可见，传统银行具有清晰的经营边界。

银行经营业务边界的突破。金融业与现代经济体系的关系，如同人体血液循环系统和人的身体之间的关系。因此，金融业本身也是一个体系，传统对于银行业和非银行金融业的划分只是人为的划分方式，目的是便于管理。但是，这种划分方式并不代表银行业和非银行金融业之间的边界是清晰的，相互之间格格不入。实际上，它们之间并没有边界的阻隔，反而这种人为的划分给银行的发展带来了很多边界障碍。银行为了取得有效的发展，突破原有的边界是其自然的选择。金融业混业经营就是反映这种趋势的现实证明。因为，随着银行经营实践经验的积累，它们所掌握的大量客户资料信息，具有重要的范围经济价值。如果银行仍然在边界内进行经营，那么这种范围经济就不能实现。因此，这种范围经济就构成了银行突破边界的动力。如中国银行，成立之初，中国银行专营与外汇相关的业务。现在，该银行经营的业务早已超越外汇业务的边界，中银国际直接提供投资银行业务，包括融资融券、股票及债券交易、直接投资、金融衍生品业务等；中银基金，经营的业务涵盖基金发行、基金承销及基金交易等各个方面；中银保险经营的业务涵盖财产险、信用险和保证险、责任险、意外伤害保险、短期健康险和再保险等业务；中银航空租赁，为航空公司和飞机投资者提供各类服务，包括经营性租赁、购机回租和第三方资产管理服务；中银投资，业务包括企业股权投资、基金投资与管理、不动产投资与管理、不良资产投资等，其投资所涉及行业涵盖房地产、互联网通信、金融业等[1]。由此可见，现代银行已经发展成为金融服务平台，它所提供的业务不仅涵盖金融业所有领域，而且还涉及非金融业。

二 超越产品边界的机理分析：从产品到平台

产品是企业用来实现自身生产经营目的的载体，是企业通过投入要素和力量转化的结果。企业生产产品的目的不是自己消费，而主要是通过它来换取他人生产的产品。因此，企业生产经营的目的能否实现，既取决于企业自身，又取决于企业外部——主要指他人对于企业所经营的产品的需求。从需求的视角来看，人的需求分为物质层次和精神层次。因此，一个产品要能同时满足人在这两个层次的需求，就必须同时具备两方面的价值，即使用价值和观念价值。过去，受社会劳动生产率水平不高的影响，人们生活的必需品常常都不能得到有效供给，因此，大部分人对于产品的需求主要侧重于产品的使用价值。但随着工业经济的蓬勃发展，尤其是工业经济向信息经济转型，社会劳动生产率获得了极大的提升。现在，人们

---

[1] 关于中国银行业务的资料来源于中国银行网站 http://www.boc.cn/。

第四章 企业经营层面无边界化重构战略的案例分析

生活的必需品得到越来越充分的满足。因此，现在人们对产品的需求越来越强调其在使用价值的基础之上所展现的观念价值。对于企业的生产经营者来讲，也需要在观念和实践上进行战略转型，要注重产品使用价值和观念价值的统一，要用观念价值来提升企业价值的增值空间。

对于任何一款产品来讲，其使用价值和观念价值是集相异性和统一性于一体的。如果按照亚伯拉罕·马斯洛[①]对于人的需求层次的分类，强调使用价值主要是指产品对于满足人的生理和安全需求的价值，强调观念价值主要是指产品对于人的情感、尊重和自我实现等需求的价值。从某种意义上讲，人类经济活动的本质目的就是生产出能够用来满足人们这些需求的产品或服务。因此，理论上，同一个产品所具有的属性能够满足人不同需求的范围越广，那么，这个产品的价值就越大。此外，从人的需求的属性来看，人类在情感、尊重和自我实现等方面的需求与生理和安全需求相比，更具有弹性。在现代经济发达的文明社会，生理和安全方面的需求很容易实现，而且很容易用物质产品的实体属性来定义，比如数量和规模。然而，产品的观念价值属于精神层面，难以用数量和规模对其价值进行衡量。

从手机和银行的经营案例可以显著看出，企业价值实现能力的增值空间是与企业产品观直接相关的。认识到人的需求的复杂性，从而将产品不能仅仅视为使用价值的载体，产品同样也是观念价值的载体。如果，只强调产品的使用价值，实际上是对人精神方面需求的一种忽视。忽视人的精神需求，会导致企业失去通过开发精神产品来实现自身价值增值的空间。因此，理性的企业经营者必须要在产品经营上突破使用价值的观念界限，要想办法将观念价值重构到产品中，以此来拓展其所经营的产品价值。比如：经营橘子的企业，如果它将橘子的价值仅仅定义在食用价值范畴上，虽然可以围绕其食用价值，开发出以橘子为主料的饮料、酒水，以及果干、果酱等各种食品。但是，这种经营的思维仍然没有跳出食品的边界。如果打破将橘子视为食品的思维边界，也许可以为橘子开发出更广阔的价值增值空间。比如，以橘子为素材设计一个艺术标本，举办橘园聚会等，

---

① 〔美〕亚伯拉罕·马斯洛：《动机与人格》，许金声等译，中国人民大学出版社，2007。

将产品从使用价值向观念价值进行延伸,使产品既能满足人物质消费的需求,同时也能满足人精神消费的需求。

人的需求不仅具有复杂性,而且还具有动态性。因此,企业在进行生产经营的时候,要围绕人的需求变化,不断对其所生产经营的产品进行重构。从手机和银行经营所发生的变革就可以显著地看出,现代企业的产品经营已经明显进入以观念价值为主导的时代。现代人们对于个性化体验的强烈诉求,使得现代企业的经营必须不断对产品的使用价值和观念价值进行无边界化重构,只有这样,它才能充分实现自身的价值,才能在市场上获取竞争力。

第二节 超越时间边界的经营重构

一 超越时间边界的案例

(一) 打破8小时的工作时间边界

传统银行都在特定的地理空间经营业务,空间距离的约束使银行的服务能力具有显著的边界。在银行服务能力的辐射范围内,人们对银行服务的需求主要局限在白天的一段时间,其他时间的需求相对较小。因此,银行综合考虑各种因素,将经营时间限定在一定的区间,也就是客户只能在银行工作日的营业时间,才能获得银行提供的各种服务。银行在时间边界内进行经营的方式,虽然从一个地区来看,造成的没有被满足的需求较少,但是,如果将考察的范围扩大,那么就可以发现,被银行经营的时间边界挡在外面的需求规模实际上非常大。这对银行的发展来讲,是重大的损失。对于顾客来讲,顾客的需求没有被很好地满足。对任何企业来讲,失去客户意味着失去竞争力。在金融业竞争日益激烈的环境下,现代银行试图运用多种手段来突破经营的时间边界。信息化是现在银行打破经营时间边界最核心的策略,通过信息化战略,现代银行推广24小时不间断经营的 ATM 银行,将业务搬到互联网上。由于在 ATM 和互联网上,银行可以

24小时持续无间断地为顾客提供业务服务。因此，任何时间都是银行的营业时间。

随着手机银行的蓬勃发展，现代银行有效节约了顾客获取金融服务的成本。ATM银行，虽然打破了银行经营时间的边界约束，但是，客户仍然需要到ATM银行经营点，才能获取这种服务。因此，ATM银行无法满足客户随时随地获取银行服务的需求。因此，虽然ATM银行解决了经营时间边界所造成需求不能得到有效满足的问题，但是，它仍不能解决空间距离边界将一部分客户需求挡在边界之外的问题。互联网金融，尤其是手机银行有效地解决了ATM银行存在的不足。手机作为随身携带的信息通信工具，将银行的功能嵌入其中，使人只要带着一部手机，就如同携带一个银行。通过手机银行，顾客不用花费时间及其他成本到银行去获取金融服务。现在，顾客通过招商银行的App可以很方便地获得该银行提供的易贷通、股票基金、外汇交易、国债交易等服务[①]。而且，随着互联网与经济发展的融合程度逐渐加深，互联网金融获得了蓬勃发展，互联网金融具有先天性的无边界和全球化特征，它从一开始就使其经营打破时间和空间的边界障碍，能为客户提供24小时不间断的金融服务。

（二）超越时间边界的资源优化配置

对于患者来讲，就医是从挂号预约医生开始的，然后依次经历问诊、病情检查及诊断、治疗方案确定、缴费、接受治疗等程序。在传统情况下，患者需要到医院排队挂号，并按照所挂的号的顺序等待医生进行诊断，医生根据初步诊断情况，确定需要进一步检查的项目；患者需要继续排队接受各种检查，并自行将检查结果送给就诊医生；就诊医生再根据各项检查结果进行病情诊断，或者通过会诊来确诊病情，并根据诊断结果给

---

① 使用易贷通中的自助贷款功能，可以把存在一卡通内的定期本外币储蓄存款作质押，向招商银行申请贷款，贷款资金随时申请随时获得。股票基金业务提供了股票基金的买卖交易、资金账户的管理以及个性化的定制服务等。凭证式国债的投资风险极低，可获得较好的投资收益，因此凭证式国债是个人理财的优秀投资品种。外汇买卖业务是指个人客户委托银行把一种可自由兑换的外币兑换成另一种可自由兑换的外币，招商银行在接受客户委托后，即参照国际金融市场行情制定相应汇率予以办理。

无边界化重构

出治疗方案；确定了治疗方案，患者就需要缴费进行治疗；如果需要住院治疗，还需要预约床位等。从传统的就医过程来看，患者在就医的每一个环节都需要等待。造成患者在就医的每一个环节都需要等待的根本原因在于，相对于患者的需求，医疗资源供给不足。当然，这种医疗资源供给不足的现象，具体到某一家医院就显得更为突出了。一般来讲，前面所描述的就医过程都是在一家医院完成的，因此任何一家医院都需要投资患者就医过程所需的所有场地、设备、设施及人力。这种一体化的医疗服务供给模式，容易形成马太效应，造成赢者通吃的现象。这在中国医疗行业表现得最为突出，一些知名的医院都是综合性的大医院，即使这些医院某些科室的医疗水平在行业中并不是最好的，甚至是非常一般，但是，因为其所在医院的声誉非常高，所以，患者不管是什么类型的疾患，都会优先选择这种大型综合性医院进行诊断和治理。这会造成两极分化，一方面，大型综合性医院医疗资源的供给相对需求可能存在严重不足。因此，患者就医必然面临很严重的排队问题。另一方面，一些中小医院的医疗资源供给相对需求可能存在过剩。这就使得医疗资源的供给和需求分布非常不合理。

对于患者来讲，患者出现疾患的时间是不确定的，尤其是突发性疾病，这种病情通常需要非常及时的治疗，因此，患者到医院最好不要等待。这一方面要求医院24小时营业，另一方面要求医院供给的医疗资源能够满足患者及时就医并获得治疗的需求。传统医院一体化的运营模式，必然会面临资源供给边界的约束。然而，如果仔细考察一个地区、一个国家或者是将视角扩大到全世界，我们就会看到医疗资源供给的另外一幅图景。从医疗机构来看，有综合性的大医院、专科性的专业医院、科学研究性的医院、社区医院、私人诊所、保健医院等；从医生资源来看，各种医院中具有执业资质的医生加在一起，就是一支规模强大的队伍，而且，这个队伍中在每一时刻都有医生的服务能力处于闲置的状态，这就为这部分服务能力的开发提供了潜在可能性。从患者来看，患者所患疾病也有不同类型，根据紧迫性划分，可分为急性和慢性；根据病情来分，可分为疑难杂症、大病、普通病等。针对各类病患、不同的医院，不同的科室各有专长。由于信息不对称，人们自然选择声誉高的大医院，这自然就会造成大医院拥挤，医疗资源供给不足。同时，一些中小医院患者相对较少。这也容易造成两种不同的因果循环，大医院的医生因为诊断的患者多，经验积累得快，从而大医院的声誉更加稳固，声誉也会越来越高。而小微医院因患者没有大医院多，相对来讲，医生的经验积累速度慢，声誉自我强化速度慢，甚至反方向发展。因此，传统医院的运营模式，并没有使医疗行业的整体资源获得合理有效的利用。

随着互联网与人类活动各个领域的深度融合，互联网医院将逐步改变这种现状。因为互联网医院主要基于虚拟空间来进行运作，借助虚拟空间无边界化的特征，理论上，任何一家互联网医院都可以实现低成本地对全球医疗资源的供给和需求进行匹配。现在，各类医院都开始实行网上预约挂号，有效缓解了就医排队问题的严重程度。目前，在很多专业的医疗App上，很多执业医生对于患者病情进行在线诊断和分析，并对患者就医给予指导，这可以有效降低患者就医前的盲目性，非常有利于缩短患者从就医到治疗的时间。此外，现在很多创业企业试图建立专业的数据采集公司，比如：人体影像数据、血液数据等。当这些公司运营成熟，不仅可以降低既有各类综合医院病情检测的压力，更有利于专业化效率的提升。当综合医院局部工作逐渐被外部的公司以外包的形式来承担，传统综合性大医院慢慢就转变为专业的医院。因此，未来有更多的医院或者医疗机构都将以专业的形态出现，也必须以专业化的形态出现。

互联网医院的出现，给医疗资源的供给带来了两种效应。一是突破传统医院在边界内运营的模式；二是突破各种医疗资源"闲""忙"的存在状态。互联网经济以价值网络型分工协作机制为核心，它既强调专业化作业，更强调通过专业化协作来实现共赢。基于虚拟空间运营的互联网医院也必然需要以价值网络型分工协作机制来提供医疗服务，这首先要求它在专业上拥有竞争优势，其次，它必须与其他医疗机构合作，向医疗服务需求者提供优质的服务。当前，不断出现的各种专业的互联网医疗企业充分证明了这点。这必然打破传统综合性大医院在一体化边界内运营的模式，将促使医院逐步开放，逐步将自己不擅长的业务剥离出去，并以合作的方式引入具有竞争优势的专业医疗机构。与此同时，这种大型综合性医院必

● **无边界化重构** ▶▶▶

须在开放的过程中，积极进行业务重构，以此来重塑自身的专业核心竞争力。传统医院在边界内进行运营，使得各种医疗资源在时间上表现出显著的"闲""忙"边界。如果依据时间序列来对每一种资源的"闲""忙"在二维图上进行描点，不难想象，"闲""忙"点的运动轨迹会在二维图中留下很多条连续的线段。每一条线段都代表"闲"或"忙"在连续的时间区间的分布状况。如果将每个同类资源供给者的"闲""忙"时间分布图中的"忙"去掉，只留下"闲"，然后，将这些图叠加。就会发现，处于空闲的医疗资源，将覆盖所有连续的时间区间。这说明，如果能够将这种闲置资源利用起来，可以满足更多患者的需求。因此，当同一时刻，这些资源闲置得越多，那么，可以开发的潜力越大。这种推测符合医院实践状况，如果同时考察各种医院各种资源的"闲""忙"分布，在同一时间，总有某个医院在某种资源上处于"空闲"状态。

对于如何利用这些零散分布的闲置医疗服务能力？互联网医院在这方面具有天然的优势，借助虚拟空间，它可以有效将这些零散分布的闲置资源整合到它在虚拟空间的平台上，尤其是专业的医生资源。此外，随着采集健康数据的可穿戴设备的技术越来越发达，患者将这些数据提供给互联网医院，借助大数据技术，医院很快为患者进行服务匹配，找到空闲的医生给予初步诊断。如果需要患者提供进一步的身体检测数据，互联网医院也可以利用大数据技术为患者做最优的检测方案，包括需要检测什么项目，去什么专业检测机构，什么时候去，等等。这样，既有利于患者就医过程科学合理化，也有利于患者节省就医时间，尤其节省是排队时间。这样一来，患者的疾病就可以得到及时有效的治疗。因为虚拟医院可以整合全球的医疗资源，所以，利用时差效应，这种医院可以提供24小时无时间边界的医疗服务。例如，远程病房护理，借助现代化的信息技术，医生借助传感器和高清视频，不用亲临病床就可以时时监控患者的病情。尤其是采用先进的数据采集技术和自动控制技术，利用大数据计算，对患者病情变化采用自动监测，当出现异常时，医生甚至利用远程控制设备，直接对患者病情的变化进行处理。这可以大大节约医生和护理人员的精力，同时也能提高对于患者的护理质量。此外，互联网医院更有助于减缓甚至消除目前患者都往大医院集中的现象。借助现代化的数据采集技术，患者在家通过互联网可以向医院提供基本数据，医院可以根据患者的基本情况，建议患者去什么地方、什么时间去做进一步的健康检查，并针对结果为患者安排符合患者需求的地方进行治疗，从而使患者真正实现针对不同的病症，去不同的医院就诊，能够根据病情，合理在专业医院、科研医院、社区医院、诊所等不同的地方来选择最优的方案，不必无论什么样的病症都要去大医院。

二 超越时间边界的机理分析：从 8 小时到 24 小时

企业如果对经营时间划定一个边界，那么在这个时间边界之外，顾客对于企业所经营产品或服务的需求就不能得到满足。实际上，对于任何企业来讲，顾客对其产品或服务的需求，在时间上的分布是连续的，并没有边界。前面对于银行经营和医院经营的案例分析，充分说明了这一点。因此，顾客需求在时间上的连续无边界特征表现在：虽然单个顾客对企业所经营的产品或服务的需求具有间断性，是非连续的。但是，企业经营面对的是一个顾客群。在顾客群体中，每一个顾客的需求在时间上的分布叠加在一起，必然填满时间运行序列上的每一个空间，从而，从顾客群体的视角来看，企业面临的需求没有时间边界。此外，对于单个顾客来讲，其需求既是间断的，也是变化的。这种变化，可能使顾客的需求在时间上的分布变化到企业的经营时间边界之外。可见，企业经营的时间边界会与顾客需求在时间上的连续分布形成矛盾。这种矛盾就为企业打破时间边界，在时间上实施无边界化的一天 24 小时经营提供了客观驱动力。

互联网为企业实施无时间边界的持续经营提供了充分的技术支撑。根据前面的分析，传统企业将经营时间限制在一定的时间区间是基于效率考虑的结果。一方面，受交通运输和信息通信条件的限制，传统企业经营面对的市场空间都是区域性的，市场规模边界明显。因此，在企业确定的时间边界之外进行经营的收益难以覆盖成本。另一方面，在一个相对较小的区域，需求具有相对的稳定性，企业经营时间和顾客需求时间容易达成契合。因此，在传统条件下，企业实施在确定的时间边界内进行经营，是一种合理选择。但随着互联网经济的蓬勃发展，企业生存的市场空间从区域市场直接升级为全球一体化的市场。在全球一体化市场上，企业面对的顾客群体达到前所未有的规模，由于这些客户来自世界各地，时差的因素也使这种需求呈现在时间上的连续分布。同时，虚拟空间也为企业打破经营时间边界提供了有力的技术支撑，通过虚拟化运作，企业可以在全球范围内整合它所需的要素和力量来为 24 小时经营提供资源支撑。

由此可见，需求在时间上的连续分布特征决定了企业如果实施在特定时间段进行经营的战略，必然将部分顾客的需求挡在经营的时间边界之外。赢得顾客是企业赢得竞争力的关键。在互联网经济下，虚拟空间将传统意义上的区域市场直接融合成全球一体化的市场，置身其中的企业通过虚拟化运作一方面可以有效获取进行无边界化 24 小时营业所需的要素和力量；另一方面空前的市场规模为企业 24 小时营业的收益高于成本提供了坚实的市场基础。

第三节　超越空间边界的经营重构

一　超越空间边界的案例

（一）基于信息化超越空间边界

企业生产经营活动所能触及的空间范围，受交通运输能力和信息通信技术水平的制约。在交通不发达、信息通信技术落后的时代，企业的生产经营活动只能在相对有边界的空间内进行。随着交通越来越发达、信息通信技术的不断提升，企业生产经营活动的空间范围也不断向外扩展。尤其是在当今的互联网经济时代，借助互联网构筑的虚拟空间，企业的生产经营活动直接实现了在全球一体化的市场空间中进行，从而有效超越了地理空间的边界约束。

乘坐飞机出行需要办理的手续相对复杂，如购票、换取登机牌、办理行李托运、安检等。在互联网没有引入航空服务业之前，人们乘坐飞机出行所要办理的值机业务，必须要到机场集中办理。而且，所有业务都需要人工处理。受机场空间和人力的约束，办理值机业务的窗口有限。乘坐飞机出行的人不断增加，给机场办理值机业务的工作人员带来了巨大的压力，也给乘客带来很大的排队困扰。尤其是对于人口流动大的机场，如国际机场，人们为了办理值机业务经常需要排很长时间的队。碰上出行高峰时节，这种排队使乘客付出更大的时间成本。因为机场通常在市郊，为了不误机，乘客通常需要提前几个小时出发。因此，很多乘客乘坐飞机节约的时间往往被办理值机手续所耗费的时间给抵消了。大量的乘客也使办理值机业务的工作人员劳累不堪，同时长时间的等待使乘客对于机场服务的满意度也不高。

互联网引入航空服务后，有效提升了航空服务业的效率，尤其是大幅提升了值机业务的办理效率，解决了基础办理业务拥堵的问题。尤其是随着移动互联网的飞速发展，通过手机App，乘客就可以非常方便地在网上购买机票，办理网上值机，而且能够直接在互联网上选择座位。同时，现在的机场配备了足够的自助值机终端，乘客再也不用排队办理值机手续了，如图4-1所示。

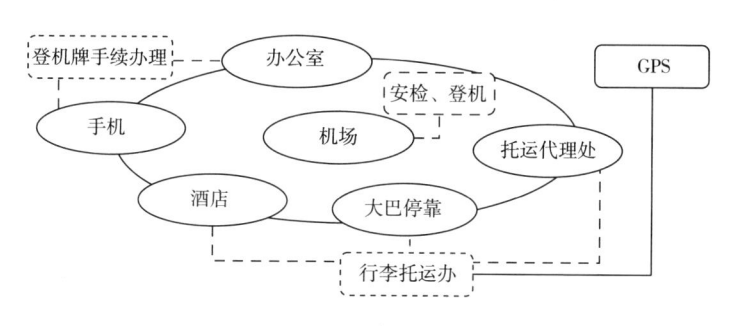

图 4-1 虚拟值机

注：虚线连接的是虚拟值机的业务办理地点。
资料来源：李海舰、陈小勇《企业无边界发展研究：基于案例的视角》，《中国工业经济》2011年第6期。

对于行李托运来讲，现代物流业使行李托运非常方便，通过互联网登录快递公司的网站，直接可以下单预定快递服务。快递业务员会根据客户约定的时间上门取件。因此，对于乘坐飞机的乘客来讲，在多个地方都可以办理行李托运服务，这克服了乘客必须在机场办理行李托运的约束。通过互联网办理完主要的值机手续，乘客最多只需要在登机前半小时到机场安检、登机，不再需要排队等候，从而真正最大限度节约了乘客的旅途时间。

（二）虚拟化的分布式作业

人们携带货物进出一国边境必须要办理货物通关手续。通关是指进出口物品、转运物品以及载运各种物品的运输工具等进出一个国家的海关关境所必须办理的报关、物品查验、税收缴纳等相关手续。在互联网没有引入海关业务办理过程的时候，所有的通关业务都必须集中在特定的场所办理，其中，大部分工作只能在通关港口办理。随着国际贸易规模的不断扩大，通关港口需要不断扩大业务办理的空间，以此满足通关业务办理的需要。在传统的通关业务办理模式下，贸易规模的进一步扩大，使得有限的港口空间变得拥挤和繁忙。

借助现代化的互联网通信技术，尤其是虚拟仿真技术，海关港口可以在互联网构筑的虚拟空间，通过采用分布式并行作业的方式来缓解港口办理通关业务的压力，同时提升通关效率。利用虚拟化运作的无边界化整合能力，港口可以对原来在特定地理空间集中化办理的通关业务进行重构，使集中式作业向分布式作业转变，如图4-2所示。基于互联网建立一个信息中心，这个信息中心也是港口通关控制中心。这个信息中心的功能主要是负责信息采集和处理。信息中心对于信息的采集和处理主要依靠互联网来完成。对于任何通关物品来讲，通关手续办理过程实质上是验证通关标的是否符合通关所设立的标准的过程。在信息技术不发达的时代，通过在港口集中对通关标的进行检测是最符合经济效益的方式。但是，互联网技术改变了这种境况，因为相比原来集中式的通关业务办理方式，分布式业务办理不仅能提升通关的效率，而且也有效缓解港口空间不足的压力。

货物通关主要是检测货物是否符合进出一国海关关境所设定的标准，如果这些检测海关工作人员直接可以在其他地方进行，那么，符合标准的货品就不需要在港口停留，可以直接通关。这就有效缓解了货品在港口堆

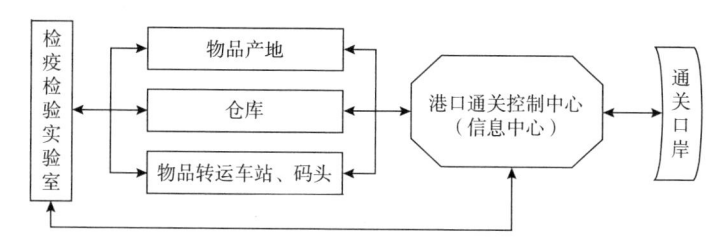

图 4-2 分布式港口通关流程

注："←→"代表互联网络。

资料来源：李海舰、陈小勇《企业无边界发展研究：基于案例的视角》，《中国工业经济》2011 年第 6 期，第 92 页。

积所造成的空间压力。借助信息技术，这种构想变成现实。通过信息中心，通关港口将原来通关业务的很多工作放到了港口之外来做，而且，原来流程化、单线程的工作，通过虚拟化技术，现在可以并行处理。基于大数据技术，信息中心对于信息的收集、传输、存储、处理和应用逐步向自动化、智能化发展。信息中心在货品产地，货品转运的车站、码头以及仓库等多个地方设置检测中心，并安装信息采集设备。这些设备收集到信息后，直接将其输送到信息中心，而且利用 GPS（global positioning system）技术，可以时时获取货品的运输数据，以此保证从通关港口口岸外部获取的采样数据的有效性。

虚拟通关有效缓解了通关港口空间不足给货品进出一国国境造成的障碍。这表现在，一方面，借助现代化的信息技术，通关港口只需要确保所收集的关于需要通关的货品的数据是真实有效的，那么，这种数据无论出于什么地方或者机构都可以。因此，通关港口完全可以将相关的业务都外包给港口以外的机构去做，这可以大幅减轻港口自设检测机构的基础设施投资压力，以及职工劳动力成本压力等。此外，以外包的形式来开展通关检测业务，使海关的业务经营策略更具弹性。在业务繁忙的时节，拓展外包；而在业务较少的时候，收缩外包。因此，这不仅节省了人力和物力，而且提升了货品通关的效率。另一方面，随着市场向全球一体化加速发展，市场更具动态变化性，商家为了抓住客户，需要缩短客户为其产品或服务等待的时间。因此，如果通关效率较低，那么，经营进出口贸易的企业就很难缩短客户等待的时间。这给这些公司在国际市场上获取竞争力带来了不利的影响。虚拟通关有效地克服了这种困境,因此,它对于促进国际贸易的发展具有非常重要的意义。

可见,虚拟化运作保证通关业务的办理可以通过分布式的作业方式,分散到港口之外去做,不用再局限于港口有限的空间内。当大量的业务被分置在无边界的广阔外部空间,海关通关的能力和效率都会获得没有边界约束的提升。这对于海关和从事国际贸易的商家来讲,是一个双赢的战略。

二　超越空间边界的机理分析:从实体空间到虚拟空间

亚当·斯密认为交换能力决定分工的范围[①]。分工经济完全不同于自给自足的经济。在自给自足的经济条件下,生产和消费的关系表现为,自己生产的目的是满足自己的消费;而分工经济条件下,经济行为主体生产的产品主要不是用于自己消费,而是为了用来交换别人所生产的产品。因此,从分工经济的这种特征可以看出,亚当·斯密讲的交换能力,本质上也包含这样的含义,即经济行为主体生产出他人所需的物品的能力。因为这是分工经济条件下,一个经济行为主体能够用自己的产品交换到他人产品的前提条件。这是交换能否达成的决定性条件。由此可以推知,一个人提供的产品或服务能够满足越多的人的需求,他能够交换的产品就会越多,由此可以说其交换能力越强。当然,如果一个人能够生产出大家都想要的东西,而大家没有人能够生产出这个人想要的东西,那么,这个人就会失去生产这种产品的动力。因此,交换能力是相互的,需要对称发展,具有显著的网络效应。从交换的过程和目的来看,交换本质上是人们为了实现各自的目的而采取的一种合作手段。

当每个人都能生产出别人想要的东西,那么,每个人的交换能力强,每个人进行专业化生产的活动才能维持下去。因此,对于交换来讲,交易者数量和交易标的的数量越多越有利于交换的发展。从需求的角度来看,一个经济行为主体能够生产出他人所需要的产品的能力,实际上展示的是他自己的需求能力,也就是通过用自己生产的产品来交换他人生产的产品

---

① 〔英〕亚当·斯密:《国富论》,杨敬年译,陕西人民出版社,2001,第22页。

来满足自己需要的能力。因此，市场上的交换能力既反映市场上每一个经济行为主体的需求能力，同时也反映具有需求能力的行为主体的人数。当人数众多的时候，对于某种产品来讲，每个人对其小小的有效需求加总在一起也会汇集成巨大规模的需求。因此，生产这种产品的人就能生存下去。而在人数很小的情况下，即使每个人对某种产品的需求相对于人数众多情况下每人的需求量来讲已经很大，但是他们的需求加总依然很小，从而可能使专门生产这种产品的人难以生存下去。由此可见，市场需求规模决定专业化水平，而专业化水平又决定市场需求规模，两者之间是一个双向因果循环。

生产产品的能力只展示了交易者一方面的交换能力，最终能否交换到自己想要的产品或服务，还取决于经济行为主体将交易达成的能力。影响这种能力的因素有很多，其中信息和空间距离是非常核心的因素，而且信息和空间距离也是密切相关的。在自然的状态下，没有交通运输设施，没有信息通信工具，一个经济行为主体只能通过徒步肩挑手拿的方式与他人进行交易，那么，这个经济行为主体的经济活动范围必然局限在相对较小的地理空间范围。在一个较小的地理空间范围，人口数量有限，因此，将会限制分工的程度，而分工不能获得深化发展，市场规模也难以获得进一步的扩大。因此，在交通运输和信息通信不发达的情况下，交换的市场空间通常表现出清晰的边界，这显著约束了人们合作的范围，从而不利于人们各自目标的实现。

值机业务和港口货物通关业务的虚拟化运营充分证明了，将互联网引入传统经济活动，可以突破地理空间给人们之间进行协作带来的障碍，让经济行为主体借助虚拟空间对分布在不同地理空间的资源实现无边界化重构。值机业务和港口通关业务之所以能够突破机场和港口空间的制约，使其业务能力获得了大幅有效提升，原因主要在于如下几个。第一，采用先进的信息通信技术，增强了它们与其他经济行为主体之间的协作能力。航空公司通过互联网将机票销售、物流运输、信息服务、咨询等业务都外包给专业的公司去做，通过这种协作，航空公司不用再为这些业务进行人力和基础设施进行大规模投资，既缓解了航空公司的投资压力，也避免了航空公司的投资风险。并且，这些外包公司因为是专业化作业，所以，效率更高。对于海关港口也是一样，通过外包，大幅缓解了对于人力和物力的投资压力。第二，虚拟运作，使航空公司和港口的核心业务能力进一步提升。虚拟化运作是基于互联网构筑的虚拟空间来开展的，这个空间没有时空边界约束，运行于此的市场是先天性全球一体化的。任何企业在此活动，都可以拥有无限的合作机会，自身只需要专注自己的核心能力塑造。对于航空公司和通关港口来讲，将大量非核心的业务剥离出去让专业的公司承担，自己一方面不再受这些业务的牵绊，另一方面可以集中资源和力量来塑造自己的核心能力。

由此可见，现代企业正是借助互联网所构筑的虚拟空间，才使其突破其实体经营所面临的空间边界约束，这再次证明了信息对于生产经营活动的重要性。因为，虚拟空间是通过现代化的信息技术将现实世界在互联网上所进行的逻辑再现，它没有时空边界。在世界上任何地方，只要通过互联网都能很方便地进入虚拟空间。因此，企业通过互联网进入虚拟空间，就可以实现与来自世界上任何地方的经济行为主体进行沟通交流与合作。这直接克服了企业搜寻合作信息所面临的距离约束，从而使企业的交换能力获得了提升，并使它能够将其经营的范围拓展至全球，不再受空间边界的制约。

第四节　超越运作边界的经营重构

一　超越运作边界的案例

北京世纪城房地产公司突破将客户仅仅视为客户的思维边界，它充分利用了客户价值的外溢效应，用客户价值来促进公司品牌价值增值，从而使公司在同行竞争中获得强大的竞争力。北京世纪城房地产公司的经营实践充分体现了多赢战略对于企业发展的作用。

1. 实现双赢

人的需求具有多层次、多元化的属性。因此，消费者在选购商品的过程中，不仅仅看绝对价值，他们更看重的是性价比。价格低未必受消费者的青睐，价格高也未必不受消费者青睐。现实中，一些商品虽然价格高，但它能给消费者的需求带来最大化满足，这种商品往往也会供不应求。北京世纪城房地产公司就是抓住了消费者需求所具有的这种特征。它首先以房屋质量高品质为核心，最大化其所开发房屋的使用价值。为此，该公司设计400多种不同的户型，根据阳光运行的规律，对每一栋楼宇都采用错层设计，以避免夏日大量阳光直射室内，但保证冬天屋内充满阳光，所以，该房屋的开发实现了科学与自然的完美融合。在具备了高品质的使用价值基础上，该公司开始实施其房屋观念价值提升战略，它将该房屋采取优惠价格出售给中国人民大学的教授，意图借助教授在社会上的声誉来塑造小区高品质的人文氛围。优良品质的房屋，优惠的价格，教授自然愿意购买，通过实施这种战略，中国人民大学的教授获得了高性价比的居所，企业实现了品牌价值的提升。这有效增加了市场对该公司的房屋需求，从而使其开发的房屋售价不断升高。

2. 实现共赢

北京世纪城房地产公司品牌价值提升的战略并没有止步于此，紧接着第一步战略的成功实施，该公司围绕客户在子女教育、家庭日常生活的便利以及客户工作的便利等多方面需求，全方位拓展其所开发房屋的品牌价值增值空间。北京世纪城房地产公司直接将幼儿园、小学、中学引入小区，在小区规划建成了三个幼儿园和两个从小学到中学一体的九年制学校，并与北京教育质量最知名的中国人民大学附中和附小进行战略合作，依托该附中和附小来保证新建学校高水平教学质量。这种战略进一步增加了该小区住房的品牌价值，在此购房的父母，不仅子女能够获得优质的教育资源，而且他们也能享受高品质的住房环境。此外，北京世纪城房地产公司同时在小区建造了高级写字楼和大型商业中心，引入大型购物超市，并将银行、休闲娱乐、健身美容、餐饮等方面企业引入商业中心，以满足小区居民生活，甚至是工作的便利需求。由此一来，北京世纪城房地产公司开发的小区住房，其所具有的观念价值获得了大幅度的提升。

3. 多方共赢

北京世纪城房地产公司同时开发住宅和商铺，这使其客户不仅局限于住房购买者，大型超市、酒店、金融服务、美容保健、便利店、餐饮等的经营者都成为其客户。当这种不同类别的客户聚集在一起，价值外溢效应使得该公司及入住该小区的各类客户的价值都获得了提升。比如，中国人民大学的教授不仅获得了高品质的住房，还获得了便利的生活环境；有子女的住户获得了优质的教育资源。小区的居民为入驻的各类企业提供了现成的客源。因此，这些聚集在一起的不同客户，因为价值外溢，不仅在此形成了显著的价值规模效应，而且还形成了显著的价值范围效应。价值范围效应表现在，教授的声誉、优质教育资源吸引追逐高品质、高质量子女教育资源的客户入住小区，因为，该公司的房价较高，能够负担这种房价的家庭都属于具有比较强消费能力的客户。这些具有消费能力的客户入住小区，必然吸引提供高品质产品和服务的企业入驻该公司开发的商铺和写字楼，在商铺和写字楼工作的人员考虑到小区优质的环境，以及上班的便利性，更愿意在此选择购房。这样，高品质的客户价值溢出，使世纪城利用这种价值溢出来实现自己在多个范围的价值。规模效应表现在，当各种高品质的客户都在世纪城房产公司开发的小区入住，他们各自溢出的价值都在此汇集，从而形成了强大的无形价值。这种无形价值，可以大幅降低各类企业获客的成本和维系客户的成本。随着该小区价值范围效应和规模效应所带来的势力越来越大，该公司在后来开发的楼盘销售中获得的利润也越来越高。

二 超越运作边界的机理分析：从"单赢"到"共赢"

分工理论充分揭示了专业化对于人类社会劳动生产力提升的核心意义。专业化分工能否确立，直接决定于人们之间的合作能否达成。在货币经济时代，这种合作是通过货币作为媒介来实现的，因此，现代市场经济中的各个经济行为主体，生产经营的目的好像是获取以货币衡量的经济利益。这给很多人带来了疑惑，并让很多人忽视了专业化作业的最终作用。专业化作业的直接目的是提高自己的劳动生产力，最终目的是通过生产更多能够满足他人需要的产品和服务来交换更多自己需要的产品和服务。因此，货币只是人类实现其最终目的的中介目标。专业化作业，并通过交换可以使交易双方都能够获得比自给自足条件下更多的产品或服务，从而更能满足交易双方的需求。但是，如果专业化之间的交易不能达成，那么，进行专业化作业的经济行为主体的境况将不如自给自足。在这种情况下，专业化分工就不可能确立。如果整个社会都自给自足，那么，整个社会的劳动生产力就不能获得提升。

要使分工之间的交易能够实现，每一个专业化作业的经济行为主体就不能以自我为中心来思考自身的生产经营战略，必须要从交换对象的视角来思考自身提供的产品或服务是否能够符合他们的需要，以及如何能够更好地满足他们的需要。考虑到人的需求的动态性、复杂性和多元性，尤其是人的需求既表现在物质方面，也表现在精神方面，企业在产品或服务的经营过程中，必须从物质和精神两个方面同时来思考其产品或服务是否能够满足客户的需求。只有这样，才能保证企业经营目标的顺利实现。北京世纪城房地产公司就是认识到消费者需求的复杂性及多元性，以及对于产品使用价值和观念价值的双重诉求，从而在它所开发小区的整体设计、建设及运营过程中，它从各个层次充分考虑了如何来更好地满足消费者的需求，并非常智慧地运用客户价值溢出效应，使得该公司所开发的小区集聚了显著的价值规模效应和价值范围效应，也使自己在房地产行业成功树立了品牌。

北京世纪城房地产公司的经营案例充分说明，一个企业要实现自身价值的最大化，首先需要充分考虑企业内外各个相关利益者的需求。企业是开放的，是嵌入社会体系的有机构成单元，不是社会体系中的孤岛。因此，实施双赢、共赢、多赢的经营方案，本质上是最大化企业自身价值最有效的战略。一个企业只有提供优质的产品和服务，才能吸引优质的客户；优质的客户具有更多的溢出价值，聚集的优质客户越多，那么汇聚的溢出价值就越多，当这些聚集的溢出价值形成一定的规模，价值规模效应和价值范围效应就会出现。这些价值规模效应和价值范围效应会使与企业进行交易的每一个交易对象都能获得自身价值的增值。北京世纪城房地产公司通过高品质的客户和高质量的学校教育资源,将高消费能力客户引入小区;高消费能力客户聚集形成了客户规模效应,从而吸引优质企业入驻小区。这种价值溢出效应所引发的企业经营良性循环,会不断提升企业的品牌价值。

与生产的规模经济效应和范围经济效应相比,价值规模效应和范围效应是基于"顾客"产生的,而生产的规模经济效应和范围经济效应是基于"产品和服务"的。价值是人对于事物的主观评价,属于认知范畴。在每一个人所处的社会关系体系中,其行为对其生存的环境具有波及效应。一个消费者对其消费的产品或服务的评价,直接会影响其周围的亲戚、朋友,以及能够接收到其评价信息的其他人。这种评价因此就会在不同个体中产生正面或负面的影响,进而会影响受到影响的人群对此产品或服务的购买决策。这充分反映了认知在社会关系中传播对企业的影响。当认知波及的人群规模不断增加,这种认识就会引发强大的"势能"。尤其是在互联网经济下,消费者对其所购买的产品的评价通过互联网波及的范围非常广,因此,会产生强大的"势能"。尤其是一个负面的评价通常会导致该产品的销量大幅度下滑。因此,在地球村时代,信息在人们之间的传播的速度和广度都是空前的,企业的经营需要精益求精,这才能最大限度地避免或降低负面的波及效应。

可见,人的需求的动态性、复杂性决定了分工经济条件下,企业只有充分考虑到相关利益者的多元化价值诉求,才能制定出科学合理的经营战略。企业的实践证明了,双赢、共赢、多赢战略是企业赢得客户、有效实现自身经营目标最优的经营战略选择。因为这种经营战略能够为企业带来显著的价值规模效应和价值范围效应。价值规模效应和价值范围效应能给企业带来强大的"势力",这种势力能够有效提升企业的品牌价值。

第五节　本章小结

本章从产品、时间、空间以及经营战略等四个方面选取典型案例对企业在经营层面的无边界化重构发展战略进行了剖析。这些案例充分说明了企业保持开放式发展的重要性，开放式发展的过程就是企业进行无边界化重构的过程，也是企业从其生存的外部空间持续寻求合作机会的过程。在分工经济体系下，任何价值创造过程都是复杂的系统性工程，无论一体化经营模式，还是市场化经营模式，任何一个经济行为主体都难以做到在价值创造过程的每一个环节都是最优的。因此，要实现价值创造过程升级和发展，需要改进那些比较落后的环节。对于企业来讲，通过外包、联盟的方式引入外部力量，通常是效率选择。这就需要企业采取开放式的无边界化重构发展战略。

从产品的角度来看，产品既承载着企业所有者的价值诉求，也承载着产品消费者的价值诉求。在分工经济条件下，专业化的产品或服务的提供者并不是这些产品的消费者。因此，对于同样的产品或服务，供给者和需求者对其具有不一样的价值诉求。供给者将产品或服务作为中介目的，就是依靠产品或服务来交换自己想要消费的产品或服务。而对需求者来讲，获取这种产品直接可以满足自己的需要。实际上，围绕同一产品来考察供给者和消费者的身份具有显著的局限性。因为，这抹杀了供给者和消费者在身份上的同一性。因为，在自给自足的经济条件下，很容易理解每一个经济行为主体既是消费者也是生产者。但是在分工经济下，间接获取消费品的方式，复杂化了消费者和生产者的身份特征，好像消费者和生产者各自都具有独立的身份。这样引发很多企业在经营上的边界思维。因为，企业作为生产者，其生产的目的最终仍然是消费的这一点仍然没有变。只不过人们将自己生产直接为了满足自己消费，变为生产是为了换取自己想要消费的东西，属于间接消费。因此，分工经济并没有改变人既是生产者也是消费者的属性。站在消费者的立场上，也是同样的道理，消费者要想从生产者手上交换到自己想要的产品或服务，他用来交换的筹码是什么？在货币经济时代，好像是用货币购买，如果再进一步追问，消费者手上的货币从哪来？就很清楚地发现，消费者的交换筹码仍然是自己专业化的劳动产出。因此，表面上我们将交易双方称为供给者和消费者，实际上交易反映的是两个专业化的生产者各自用自己的产出在进行交换。因此，生产者本身就是消费者，传统意义上的消费者本质上是生产者，只不过生产的是

● 无边界化重构 ▶▶▶

另一种消费品。用货币作为中介的交易只能反映人们之间完整交换关系的一半。如果仅仅只围绕这一半的交换关系来制定经营决策，是一种显著的边界经营思维。

  因此，企业需要跳出边界思维，用开放、系统性思维来思考产品经营的战略。从手机和银行经营中的成功案例可以发现，将产品的使用价值和观念价值视为统一体，并随着人们消费需求的变化，而动态调整经营策略。持续对产品的使用价值和观念价值进行重构，将产品本身视为承载使用价值和观念价值的平台，从而就为企业进行产品经营打开广阔的价值增值空间。在信息不发达的时代，人们只能在实体空间进行生产经营活动，距离造成的障碍使他们只能活动于特定的空间边界内。企业在经营时间上的最优选择，就是在特定的时间区间进行经营，比如8小时工作制。但是，这种经营方式自然将8小时外的需求隔离了。借助互联网构筑的虚拟空间，企业可以超越经营时间的边界，施行无边界的24小时经营。本章基于消费者需求、全球一体化市场、时差、外部可用资源等视角充分证明了虚拟空间为企业进行24小时经营创造了充分的条件。同时结合虚拟空间的先天性全球化特征，运用值机业务和港口通关业务充分证明了企业基于虚拟空间能够有效打破空间边界的约束，使企业能够在无边界的全球一体化市场空间中进行资源和力量的无边界化重构，从而实现无边界化经营。

  最后，对比生产的规模经济效应和范围经济效应，本章提出企业经营需要重视价值规模效应和价值范围效应。生产的规模经济效应和范围经济效应强调竞争战略，价值规模效应和价值范围效应强调"共赢"的合作战略。本章通过北京世纪城房地产公司的案例，深入剖析了该公司以客户价值诉求作为公司经营战略构建的核心，充分开发客户所具有的价值溢出效应，并以此促进自身所经营的产品价值增值。北京世纪城房地产公司正是基于"共赢"的经营理念，通过构建价值规模效应和价值范围效应，实现了自身品牌价值的持续增值。

第五章　企业管理层面无边界化重构战略的案例分析

根据第三章的分析,市场组织专业化分工所具有的交易成本是构成企业出现的客观原因,而企业家精神是企业能够出现的主观因素。因此,企业组织的典型特征表现在,企业是企业家驱动下的集体行动的组织。由于构成企业这个集体的成员各自都有自己的目标,因此,目标冲突就会导致企业经营目标难以有效实现。如何才能解决企业中各种目标的冲突,保证企业职员的行动与企业经营目标保持一致?这是管理学所关注的核心问题。马克斯·韦伯[1]强调用非人格化的正式组织,采用行政指挥机制管理企业。而梅奥的霍桑实验表明,员工满意度直接影响企业管理效率,非正式的、人格化的组织在企业管理中具有非常重要的作用。费根堡母强调了客户在企业管理战略制定中的核心作用,提出了"始于顾客,终于顾客"的管理思想。迈克尔·波特更是从企业与外部相关利益者之间的相关状况来构建企业的经营管理战略。总之,企业的管理思想及其实践已经逐渐从聚焦企业内部转向外部,突破了边界思维的局限。

第一节　超越垂直边界的重构

一　超越垂直边界的案例

企业是嵌入社会体系的有机构成单元。企业要获得持续发展,就需要

---

[1] 〔德〕马克斯·韦伯:《新教伦理与资本主义精神》,于晓、陈维纲等译,广西师范大学出版社,2006。

● 无边界化重构 ▶▶▶

不断投入发展所需的要素和力量,而这些要素不可能都来自企业内部。实际上,任何企业发展所需的要素和力量,都是从其生存的自然和社会体系中获取的。因此,企业和社会体系之间必须保持充分的开放,以此才能保证企业能够从其生存的环境中有效获取自身发展所需的物质、能量和信息。根据第二章的分析,企业内部的垂直管理体系往往会构成企业与外部进行物质、能量和信息交换的障碍,也会对企业内部要素和力量的重构形成障碍。在实践中,企业是如何解决垂直管理体系造成的这些问题的?以下以通用电气集团(GE)无边界化管理的实践为例,对其经验进行系统剖析。

1981 年,杰克·韦尔奇(Jack Welch)开始执掌 GE,他发现 GE 充斥着官僚主义文化,而且这种文化严重束缚了企业的活力。GE 拥有非常庞大的组织机构,等级森严的垂直层级使得整个公司表现得僵化,这个庞然大物行动迟缓,集团整体的创新性表现不足。作为一个经营超过百年的知名企业,杰克·韦尔奇认为 GE 在全球化市场上正逐渐失去其竞争力,他认为要在全球化市场的激烈竞争中立足,必须要在市场上领先于竞争对手。市场法则应当成为企业遵循的基本原则,企业内每一个员工需要具有充分的市场竞争意识。GE 的经营目标依据行政指挥体系进行确定和分配,一般都是上级对下级的任务进行指派,下级员工按照指示,严格按照上级要求完成被分派的工作。员工以被动的方式从事工作,处于垂直体系的下级员工服从和接受上级命令指挥,同时对其下级发布命令并分配任务,整个 GE 充斥着浓郁的官僚主义文化,被动工作的观念根深蒂固。高高的金字塔形结构使得内部没有机会接触市场的员工缺乏客户意识,对市场变化缺乏应有的警觉和思考,整个 GE 对于市场变化反应迟钝,缺乏创造力。为此,杰克·韦尔奇为了改变 GE,他实施了"群策群力"战略,引导员工关注客户树立市场竞争意识,警示员工市场竞争的重要性,告诉员工只有在市场竞争保持竞争力才能保住自己在企业中的职位,而"赢得顾客"才是获取竞争力的关键。因为,顾客需要是企业行动的方向。因此,不能盲目地只听从上级的指挥,而是要按照市场发出的信号,主动发挥自己的创新性和创造性去应对。"群策群力"是杰克·韦尔奇用来在企业中塑造以市场为中心的文化的一种战略，也被称为 Workout 计划。这项计划的核心在于，逐步摒弃企业中等级、部门的边界观念，将开放、平等、诚信等观念注入企业文化体系。在操作上，这项计划通过将来自企业里面各个业务单元的员工聚集在一起，让他们对于企业发展中的问题进行自由探讨，表达意见，以及提供改进建议。通过实施这项计划，杰克·韦尔奇使"平等竞争、诚信合作"的以市场为中心的价值观，慢慢地稀释了 GE 浓厚的官僚主义文化，改变了过去员工只关心上级指示而不关心市场的工作指导思想。处于企业中各个层级的员工，不仅关注上级指示，而且更关注市场，关注自己在市场中的竞争力。当所有员工都树立了市场竞争意识，以市场竞争机制作为行动的基本原则，这就有效解决了企业内部员工的价值观冲突问题，也直接打破了企业内部垂直管理体系上下级所面临的天花板和地板[1]，这为企业实现一致行动提供了强大的凝聚力。

针对 GE 机构臃肿的问题，杰克·韦尔奇将市场竞争机制引入企业，以此来增强企业的创新力。杰克·韦尔奇对 GE 的原有资产实施重新部署，用自组织体系（SBU）替代官僚等级，以此来突破行政指挥。基于市场效率，对于在市场中没有竞争优势的部门或单元进行重整甚至直接关闭或者出售，将闲置不用的资产直接出售。利用市场淘汰机制，他直接砍掉了 GE 管理体系中冗余的中间管理层，并将冗余的职位撤销或合并，将 GE 原来管理体系中的 9 层管理架构减少至 3~4 层，从而有效实现扁平化管理。可见市场淘汰机制在 GE 改革中发挥了很大的作用，杰克·韦尔奇执政后，短短三年间就将集团原有近 1/4 的企业淘汰掉了，被消减掉的不具备市场竞争力的岗位达数万个。最终，杰克·韦尔奇将 GE 350 个经营单位重构成 13 个业务部门，每一个业务部门都是一个自组织体系。自组织体系是一种战略事业单元，具有相对独立的自主性，这种自主性主要表现在自我导向、自我激励、自我约束、自我发展。在重构后的每一个业务部门，面对市场竞争，每一位员工的职位都面临被淘汰的可能，不管部门的领导，还

---

[1] 李海舰、陈小勇：《企业无边界发展研究：基于案例的视角》，《中国工业经济》2011 年第 6 期。

是一线员工，面临的境况是相同的。当然，如果员工在市场竞争中表现出显著的竞争优势。那么，这个员工就会脱颖而出。因为每一个员工的报酬都跟市场绩效挂钩，所以，脱颖而出的员工就能获得应得的报酬。因此，市场机制引入 GE 直接给员工面对市场变化发挥其主动性和创造性带来了充分的激励。在杰克·韦尔奇的不懈努力下，几年之后的 GE 不再是行动迟缓的庞然大物，不再是和市场边界清晰、等级分明的行政指挥体系，而成了行政指挥机制与市场自由竞争机制有效融合的自组织体系。在这种组织体系中，创意和活力超越垂直管理体系的制约，有效实现在企业内外的自由流动。扁平化管理组织结构让 GE 面对市场变化具有充分的弹性和柔性。

杰克·韦尔奇对于企业垂直管理体系所进行的无边界化重构改革，让 GE 重新在全球市场上获得了竞争力，1981 年杰克·韦尔奇接管 GE 时，GE 当年盈利 15 亿美元，而到 1999 年，盈利达到 107 亿美元，盈利能力在全球处于领先地位。

二 超越垂直边界的机理分析

（一）垂直边界的成因及影响

垂直边界实际上是企业对职员行为权力范围的一种规定，是对职员自主性进行的一种约束。根据第三章的分析，企业是在企业家精神的驱动下所形成的经济组织。在企业中，企业家和其他员工相比，拥有非对称的权力，其中最重要的是剩余索取权和剩余控制权。这种剩余控制权，反映在企业生产经营活动中，就表现为企业家对员工行为的一种约束和管理。当企业人员和资源的规模较小时，企业家直接对人员和资源进行管理的效率较高。但是随着企业规模扩大，企业家的精力将逐渐变得越来越不够，从而难以胜任直接管理规模不断扩大的员工和资源。因此，企业家就会将剩余控制权采用授权的方式在员工中分配，从而产生委托代理问题，随着企业规模不断扩大，剩余控制权的授权就会成金字塔式的分层，形成多层委托代理问题。为了解决委托代理问题，除了让代理人分享剩余索取权，另外一种常用的策略就是通过严格的考核规则来约束代理人的行为。当委托代理的层级逐渐增加，处于不同层级的委托人都会采用这种方式来约束代理人。这样就会使整个公司被复杂的行为约束体系束缚着。这种委托代理关系的层级给企业带来两方面问题：一是企业对于市场变化的应对效率问题；二是企业的创新激励问题。

由层层委托代理关系所形成的垂直边界体系，对企业应对市场变化的效率产生很大的影响。剩余控制权在委托代理关系中的分配特征决定了，代理人最优的行为策略就是按照委托人的规定行为，因为委托人主要基于这些规定来考核代理人的业绩，对于委托人未规定的方面，代理人的行为具有完全的不确定性，也就是这方面的行为受处罚的风险可能高于奖励。因此，控制权代理体系的最大特征就是委托人的指示成为代理人行动的参照标准。代理人要想符合考核指标，不用关注市场，只需要关注委托人的指示就可以。这表现为，下级只要服从上级的指示就可以。这样的管理模式可以有效保证企业行动的统一性。从企业总的行为结果来看，如果每一层委托人的指示都正确，那么，整个企业就能够取得理想的经营结果。或者某一委托人发出了错误的指示，并且这种指示可以被纠正，那么，企业也能取得理想的经营结果。然而，这种错误指示被纠正的可能性有多大。在委托代理关系体系中，行使指示的是代理人，所以最有机会发现错误指示的也是代理人，然而，在委托代理模式中考核机制决定了代理人面对指示没有充分的激励去思考指示的正确与否，甚至在官僚文化盛行的企业中，代理人即使发现委托人的错误，出于各种情况的考虑，他也不会主动去纠错。因此，对于这种企业的代理人，尤其是处于一线工作岗位的代理人，常常没有激励去关注市场变化。因此不可能对市场变化做出反应，只会对委托人的指示进行反应。企业委托代理的层级越多，企业应对市场变化的反应就会越慢。除了企业整体面对市场变化反应速度慢，企业内部也面临信息沟通效率低下的问题。由于在委托代理的各个层级中，处于每一层级的代理人通常只对委托人负责，上一层级委托人的指示，是通过代理人来传达的，上一层级的代理人实际上是下一层级的委托人。因此，处于金字塔顶尖的委托人要将信息传达到处于底层的代理人，中间需要经过多

无边界化重构

个层级。各个层级所拥有的非对称的控制权，使得信息在不同层级的传递中会发生遗漏、缺损，信息失真的概率增加。当企业委托代理层级很多时，信息经过层层传递所需的时间也会增加。因此，企业管理中的垂直体系将严重影响企业面对内外变化的反应效率。

管理中的垂直边界体系抑制了创新激励。垂直边界体系的形成，主要源于企业家剩余控制权，这种权力在企业管理中的分配是不对称的。管理者和接受管理者是指挥与被指挥的关系，因此，作为被管理者，其行为的自由度自然要受到约束。尤其是在等级制管理体系中，对于上级的指示和安排，下级通常不具备自主选择的空间，军队式企业管理模式表现得最为突出。对于企业来讲，其管理的资源包括人力资源和非人力资源，对于非人力资源来讲，等级式管理方式可能效率很高。但是对于人力资源，等级式管理并不一定能够发挥其最优的效率。因为，非人力资源是被动性的资源，其本身功能的发挥不存在激励问题。而对于人力资源来讲，它是一种主动性资源，其供给量取决于人本身。人力资源不同于非人力资源，它难以量化，因此，供给量不容易计量。对于企业来讲，当没有很好的方法用来衡量一个人到底向企业供给了多少人力资本的时候，它就不知道所雇用的员工是不是尽了自己最大的能力来为公司服务。在行政指挥机制下，企业通常以员工是否完成了指示和命令来考核员工的人力资本供给水平，这种考核方式在一定程度上确实能促进人力资本的输出量。但在这种管理制度下，企业中的员工行为都是被动的，自主发挥的空间较小。在流水线分工作业的企业，保持企业经营效率也许不需要员工主观能动性的发挥。但是，随着信息技术和人工智能技术的发展，流水线、程序化的工作都可以通过机器来替代，企业需要员工承担的工作主要是难以流水化、程序化的，需要发挥员工的主动性和创造性。因此，现代企业发展的要求与等级式管理体系会形成矛盾，行政命令的指挥式管理模式给雇员的行为设置了清晰的边界，这直接抑制了员工主观能动性的发挥，因此，在这种体制下工作，员工缺乏进行创新的激励，从而也使得企业在面对其内外环境的变化时总体创新能力表现出明显的不足。

由此可见，企业的出现节约了市场交易成本，但是产生了管理成本。

当企业以等级式管理体系来管理企业，随着管理层级的增加，管理成本也会随之增加。更为重要的是，这种等级式的垂直管理体系会严重影响企业面对内外变化的应对效率，尤其是在全球化的市场上，随着市场环境的快速变化，高高的金字塔形等级管理体系成了企业发展的桎梏。

（二）超越垂直边界的条件

GE 的案例充分证明，市场竞争机制是可以与企业管理体系相融合的。杰克·韦尔奇正是通过"群策群力"战略，成功地将市场竞争机制融入 GE 的企业管理体系，从而使 GE 打破原来等级森严的垂直层级体系，实现了企业开放式发展，让企业在开放的全球化市场上实现对要素和力量进行无边界化重构。

首先，向企业注入市场自由竞争的思想，用"以顾客为中心"的观念替代以上级命令为行动指导原则的观念。以此实现用平等、自由的市场竞争文化来替代企业中的官僚主义文化。文化是塑造个人价值观的核心要素，它能使不同的人具有同样的特征。文化的作用在于形塑人的认知。人与其他很多动物最大的区别在于能够有意识地行动。这种有意识就表现为认知。在企业中，官僚主义文化会将服从命令和指挥这种行为方式形塑到企业每一个雇员的认知体系。进入企业的员工，不能接受这种行为方式的就会离开，而留下来的都能接受这种行为方式，因此，这种认知就会在企业中得到自我强化。因为人类所生存的世界是复杂的，人们总是在探索中拓展对于世界的认识。而官僚主义文化具有典型的"他人主义"的特征，因为这种文化倡导的是接受指示和命令，这将促使行为主体主动放弃或者被动放弃思考，放弃了对于自我行为的主导。如果每个人都按照他人的指示去行为，那么自身就失去了自己去探索世界的机会。更为重要的是，因为世界的复杂性，而人的认知还很有限，因此任何人的认知未必总是符合客观实际的。如果一个人所接受的行为指令是基于错误的认知给出的，那么接受指示的人的行为必然达不到预期的结果。因此，面对未知的世界，人需要拥有充分的"自主性"，这对于自己、对于社会的发展是最关键的。市场经济本质上就是倡导人要发挥充分的"自主性"，因为，市场经济是分工经济，强调人的专业化能力。强调专业化能力就是对人自主能力的认可和尊重，是对进行专业化工作的人独自完成某项任务的一种信任，而不是直接对其进行指挥。专业化经济本质上是一种合作经济，对于合作双方来讲，平等合作是使他们之间合作能够达成的基本条件。但是，官僚主义文化的不平等合作方式，违背了专业化经济发展的基本原则。在企业中，企业家和员工之间就是一种合作关系，因此，这充分表明企业具备引入市场平等合作机制的基础。因为向内，企业家需要与员工合作；向外，企业家需要与客户及其他相关利益者合作。尤其是企业的客户，企业家与员工合作生产的目的就是提供满足客户需求的产品或服务。因此，企业经营目标的最终实现取决于活跃在市场中的客户。"以客户为中心"的文化塑造就是对企业进行科学经营的本质反映。一方面，"以客户为中心"反映了企业经营的方向，企业家成立企业进行产品生产虽不直接用于自己的消费，但是要用它们来交换企业家想要的东西。因此，产品能否满足客户的需要直接决定企业家能否顺利交换到自己想要的东西。另一方面，"以客户为中心"改变了企业各级员工行动所关注的焦点。相对于企业来讲，客户存在于市场。企业中每个员工都要关注客户，那实际上是要求每个员工都直接面对市场，按照市场的优胜劣汰法则来行为。这样，每一个员工的业绩就不再以上级所制定的标准执行，而是基于客户的满意度来衡量。因为员工能够直接面对市场，所以市场变化的信息也能够被员工第一时间捕获，从而可以及时应对。

其次，利用市场竞争机制淘汰掉企业中冗余的职级，使企业变成具有扁平化结构的组织。市场竞争的作用在于优胜劣汰，利用优胜劣汰机制来组织资源配置是市场的重要特征。优胜劣汰是基于比较来对经济行为主体的绩效进行衡量的，这种比较是动态的。对于合作双方来讲，每一方都会将对方与潜在的合作伙伴相比较。因此，合作双方的一方如果发现，在潜在的合作伙伴中有更优的合作对象，那么，他可以解除与现有合作者的合作关系，与这个更优的合作对象合作；而对于另一方来说，也是一样，他如果发现比合作者更优的合作对象，也可以解除当前的合作，重新与这个更优的合作对象合作。因此，在这种优胜劣汰的动态合作中，合作双方是

第五章　企业管理层面无边界化重构战略的案例分析

平等的，都有充分的自主选择的权利。合作双方为了不被对方所淘汰，都会努力创新，以此来维持各自的竞争优势。企业将竞争的淘汰机制引入管理过程，则衡量各层级员工绩效的标准就不再由直接合作的双方的某一方来确定。这与传统的等级制不同，在等级体系中，上下级本质上也是合作关系，但是，考核下级业绩的标准主要是上级制定的，当企业与市场被边界隔离，员工就失去了进行比较的范围和机会。因此，下级员工主要以消极的态度应对上级的指示。因为，这种体系内部结构稳固，对市场变化反应滞后；尤其是很多职级所做的工作已经不能满足变化了的市场的需要，本应被市场淘汰，但是，它们依然存在。这就给企业发展带来了巨大的负担。而引入市场竞争机制，就可以直接将这些冗余的职级和职位淘汰掉。杰克·韦尔奇正是将市场竞争机制引入 GE 才使 GE 砍掉了集团内部高筑的垂直等级体系。

由此可见，以客户为中心，将市场竞争机制融入企业管理过程是突破企业垂直边界体系的有效战略。

第二节　超越水平边界的重构

一　超越水平边界的案例

随着企业规模不断扩大，企业分工不仅产生纵向的层级，而且在每一层级产生多个部门，层级边界如同天花板，部门之间的边界如同围墙，将公司员工包围在一个个封闭的小空间中。因此，仅仅突破纵向层级边界体系，还不能完全实现企业开放式发展，还需要企业也突破水平层次上部门边界。本书用海尔集团的案例来深入剖析企业如何突破企业管理中的水平边界。如同杰克·韦尔奇一样，海尔集团也是在企业中引入市场竞争机制，从而有效突破该企业集团内部部门之间、员工之间以及企业与市场之间的边界。

1. 突破部门间边界障碍

传统企业内处于同一层级的各个部门主要依据上级部门的指示而行

为，并依靠上级来协调各部门之间的关系，各部门本身缺乏自主协作的动力。海尔集团改变了部门间这种经营运作方式，海尔集团"以订单为中心"，将原来关联松散的各个部门变成如同市场中的供求关系，这直接改变了各部门之间依靠上级部门行政协调来被动工作的方式，因为各个部门的生产经营活动主要围绕上级的指导而展开，而不是围绕客户的需求。因此，各部门员工努力的结果可能偏离客户的需求。此外，依靠行政指挥机制来指挥各部门，使各个部门之间好像都是相互独立的，从而很容易滋生部门领地意识。这种部门领地意识会进一步强化部门间的边界，从而进一步弱化企业的凝聚力。"以订单为中心"的经营策略直接将各个部门所具有的职能变成市场过程中的流程，在这个流程中，各个部门之间是供给者和需求者之间的关系，因为它们之间相互首尾相连，所以处于这个流程每一个环节的部门既是供给者也是需求者，也就是相对于上游部门它是需求者，相对于处于下游的部门，它又是供给者。为了能够有效满足需求者的要求，作为供给者就需要进行持续创新。因为需求者的满意程度是衡量供给者业绩的核心标准。海尔集团"以订单为中心"的战略，有效打破了部门间的水平边界，使各个部门间成为紧密相连的一体化价值创造体系，而不是领地意识强烈的独立价值创造单元。

2. 突破员工间的边界障碍

行政指挥机制通过将控制权在员工间的分配来保持整个企业的行动一致。一般来讲，员工拥有的控制权越大，其行为的自主程度越高，而且收入也会更高。因此，获取控制权的激励成为企业成员激励的核心。控制权的本质是对他人的制约，不是鼓励与人平等合作。因为控制权的大小直接关系到拥有控制权的员工的收入，因此，员工间对于各自的控制权范围都有清晰的边界，如果一个员工突破另一个员工的控制权边界，那么，两个员工之间就会发生冲突，这会使企业内部产生巨大的内耗。海尔集团采用市场链机制，将处于不同层级、不同部门的员工直接推入市场竞争，将他们的收益直接与客户的满意度相挂钩，使得收益与控制权相脱离。将对员工行为的指挥和命令，改为用"订单"来指示员工应当干什么。就是将员工之间的关系变为市场中供给者与需求者之间的关系。维系他们之间关系的是"订单"。当员工的行动指令由上级领导变为市场中的订单，市场机制就被引入企业。员工的业绩就直接表现订单完成的程度。这样，市场的优胜劣汰机制就会驱使企业员工必须具备充分的自主性和创新性。海尔集团市场链（SST）机制包括索酬（S）、索赔（S）和跳闸（T）等三个核心环节。索酬是指向市场索酬，通过满足客户的需求来获取酬劳；索赔就是订单本身都是合同，如果不能有效履行合同，就要根据合同要求对未能履行合同的一方要求赔偿；跳闸是指在合作双方既不索酬也不索赔的情况下，海尔集团就会介入第三方来对其出现的问题进行警示和制约。采用市场链机制后，海尔集团内部所有员工的个人薪酬直接和市场效率挂钩，要想获得高报酬，就必须主动创新，通过市场创造更多的经济效益。同时，不进行创新，不仅不能获得理想的报酬，而且直接可能被"闸出"市场。为了不被"闸出"，每个员工必须密切跟踪市场变化，积极主动地进行创新，从而将打破员工间的权力边界，把他们连成价值创造体系。

3. 突破企业内部与外部之间的边界

突破部门间和员工间的边界，为企业实现开放式发展提供了内部基础，要充分实现开放式发展，企业还需要让内部的要素和力量走向市场空间寻找价值增值，同时让外部的要素和力量能够无障碍融入企业价值创造过程。①将企业内部的价值创造能力引向广阔的市场空间。②借用企业外部无限的要素和力量来弥补企业的不足。要实现这两方面的愿望，就需要将企业与市场之间的边界打通。海尔集团基于市场链机制，重构了它与相关利益者的关系，将自身不具有竞争优势的业务单元淘汰或者外包，用"供应链管理"的策略将原来排他性竞争关系变成"竞争合作"的关系。比如，它与原来的竞争对手——日本"三洋"集团和台湾声宝集团，建立合作关系，与跨国企业EMERSON（爱默生）合作。以此，突破"大而全、小而全"传统企业经营理念，基于核心能力，运行联盟价值创造的思想突破海尔集团内部和外部直接的边界，从而使该集团实现全面的开放，让其核心能力在广阔的外部空间中对其发展所需的要素和力量进行无边界化重构。

二 超越水平边界的机理分析

（一）水平边界的成因及影响

在企业内部管理体系中，除了在纵向上通过分工形成了层级以外，还在每一层级内部通过分工形成不同的部门。不同部门在功能上具有显著的差异，正是这种功能差异标识了它们之间的边界。在以行政指挥为核心的企业管理体系中，处于同一层级中的各个部门之间的协作主要依靠上级部门进行协调，因此，它们相互之间不需要主动进行沟通。而且处于同一层级的各个部门地位相等，它们只接受上级的命令，直接对上级负责。因此，水平边界和垂直边界一样，都对员工和市场具有隔离作用，都会使企业在不断变化的市场中反应迟钝。

水平边界会加剧企业各种目标间的冲突。从价值观层面来讲，纵向的等级体系容易滋生官僚意识，同一级别各个部门之间容易滋生领地意识。两种意识相互融合，会强化企业与市场、企业中部门之间以及员工之间的边界。垂直边界如同房屋的天花板和地板，水平边界如同企业的墙壁，它们将企业中不同的员工包围在不同空间中。受垂直边界和水平边界的阻碍，处在不同空间的部门或者员工与其他部门或员工之间就难以实现信息、能量、物质的自由流动。在这种管理体制下，容易出现处于低一层级的部门往往受上一层级多个部门的领导，不同领导的指示和要求会有差异，从而也会造成下级面临多头领导无所适从的情况。多头领导造成的目标冲突不仅增加了企业管理的成本，也会使企业员工离市场越来越远，这直接削弱了企业面对市场变化的反应能力。从水平边界的特征可以看出，领地意识是强化这种边界的核心因素，因为领地意识强调势力范围。当领地意识被形塑到员工的价值观念中，员工就不可能将企业和自身视为相互统一的价值创造体系，更不可能认识到企业和市场也是相互统一的有机价值创造体系。对于企业和企业中的员工来讲，虽然进入企业的员工各有不同的目的，但无论他们各自的目的差异有多大，他们的目的要想能够顺利实现都必须基于企业总体目标的顺利实现。因此，企业和员工具有共同的利益，从本质上讲，同处一个企业的所有员工都是合作关系，通过合作创造价值，进而分享合作的产出。然而，领地意识将自己和企业其他部门之间画出一条界线，这与企业共同利益的本质是相违背的，不符合企业发展的本质要求。

水平边界进一步禁锢了企业的创新力。部门领地意识一旦形成，就会在部门员工的行为上表现出来，为了自己部门的利益，员工一般不会顾及企业其他部门。他们不仅会为资源和权利进行争斗，甚至会攻击和打压企业中其他部门或其他员工。这是一种扭曲、恶性、非健康的竞争关系，不仅违背了企业通过合作进行价值创造的本质，而且，这种争斗会给企业带来巨大的内耗。更为重要的是，各部门如果将员工的创造力都用来进行部门间的争斗，必然不可能将其注意力向顾客集中。因此，领地意识给各个部门带来了一条边界，这条边界将该部门与企业中其他部门，以及市场相互分隔开来。具有领地意识的部门往往关注的是自己的势力范围，而不是如何获取客户、如何增强客户的满意度[1]。当企业中各个部门都充斥着这种领地意识，那么，企业和市场之间就如同被一堵厚厚的墙隔离开了，信息、能量和物质就难以实现在企业和市场之间自由流动。面对市场的变化，企业自然不可能有效应对，更谈不上创新性应对。

（二）超越水平边界的条件

水平边界形成的根源在于企业中各个部门形成了领地意识。意识决定人的行为，也就是"一个人具有什么样的意识，就会实施什么样的行为"。领地意识所造成的水平边界使企业面对市场变化时反应不足，禁锢了企业有效的创新能力，因此，需要打破这种水平边界。因为水平边界是领地意识带来的结果，因此要突破水平边界就需要消除企业中的领地意识，用能够促进企业发展的意识来替代。根据本书对海尔集团的案例剖析，在企业

---

[1] 〔美〕罗恩·阿什克纳斯、迪夫·乌里奇、托德·吉克、史蒂夫·克尔等：《无边界组织》，姜文波译，机械工业出版社，2005，第97~99页。

中树立公平、公正的市场竞争观念是消除领地意识、突破管理水平边界的有效策略。

将部门间独立关系或者隶属关系变为供求关系。海尔集团以订单为中心重构部门组织，将各个职能部门变为完成订单整个流程中的环节，从而将部门直接置入市场。当部门被置入市场时，它就可以直接全面感受市场的变化，就能针对市场变化做出及时响应。因为，以订单为中心，员工的业绩都依据其在市场上的表现来考核，一方面，可以节省对员工绩效考核的管理成本；另一方面，可以避免行政性考核对于员工激励的扭曲。因为，以订单为中心的运行方式，使企业内部无论处于哪个层级的哪个部门，其首要的任务就是完成订单，其所有业绩最终都以它们订单完成的程度来评定，而不会以将行政命令执行得多么完美来评定。因此，对于各部门来讲，只要有助于拿到订单、有助于有效完成订单任务，最终实现自身的业绩增长，联盟、外包、众包等各种合作战略都可以采用。海尔集团的以订单为中心的企业市场化重构战略，不仅突破了水平边界造成的企业远离市场的问题；而且充分保证了员工行为的自主性，在市场竞争激励下，这种自主性就会释放充分的创新活力。

注重用文化来塑造企业的凝聚力。企业是企业家为实现自身价值诉求所建立的以生产某种产品或提供某种服务的经济组织。对于企业家来讲，企业能够生产出的产品或者提供的服务能力越强，并且生产出的产品或提供的服务的质量越高，那么越有利于企业家实现创立企业的目的。企业作为集体行动的组织，其生产经营活动的效率直接取决于其统一行动的能力。因为，人的行动是受人的意识所支配的，而意识属于价值观范畴，是人对所处自然界和人类社会的看法。企业的经营并不需要，也不能让所有人在所有事情上都保持一致的看法。人类所处的自然界和人类社会是复杂的，任何人对其认识都是有限的。当然，对于符合企业发展客观规律的认识，让进入企业的员工都能充分认识，这对于企业的发展非常重要。从企业形成的本质来看，它是人们实现各自目标的载体，承载着不同人不同的价值诉求。虽然每个人进入企业的目的不同，但是，他们各自目标的实现一定是依赖于企业作为整体的价值诉求的实现，更准确地说，依赖于企业家价值诉求的实现。因为，一个企业要是不能完成企业家建立这家企业使命，这个企业也就失去了存在的基础。企业如果不能生存下去，企业中所有员工的价值诉求也就不可能实现。因此，在本质上，企业家和企业中的职工的利益是绑在一起的，从长期的视角来看，他们是一荣俱荣、一损俱损的。部门领地意识没有真正反映企业发展的规律，是违背企业获得可持续发展的规律的，是一种不科学的认识，以这种认知来对企业员工的行为进行指导，必然不能有效实现企业的发展目标。

海尔集团用市场链机制，直接将市场公开、公平、自由的竞争文化引入企业。市场自由竞争机制驱使每一个经济行为主体要想实现自己经济活动的目标，首先需要考虑的是交易对象的需求，从分工的角度来看，就是合作对象的需求。只有先保证自己向需求者（合作者）提供的产品或服务能够充分满足他们的需求，才能保证自己最终能够顺利实现自身的价值诉求。因此，市场运行机制决定了经济行为主体不能具有领地意识。在市场经济中付诸行为的人，会主动摒弃领地意识，会崇尚协作，崇尚以开放的方式来实现发展。海尔集团借用以订单为中心的经营策略成功打破了水平边界内所具有的领地意识。该企业成功的实践充分说明，用市场机制所具有的公开、公平、自由的竞争文化来突破封闭的"领地意识"文化是合理有效的战略。此外，市场绩效考核的方式能够充分激发员工创新的主动性。

由此可见，领地意识是造成企业水平边界障碍的核心因素。要突破企业水平边界给企业在内外重构要素和力量发展所带来的困境，首先需要消除员工在价值观层面所具有的领地意识。因为市场自由竞争机制是一种自由交换机制；交换本质上体现的是分工经济下专业化双方的一种合作战略。这种通过合作来实现自身价值诉求的战略，要求经济行为主体必须首先以对方的利益和价值诉求为行为思考的出发点。因为，只有如此才能充分保证经济行为主体最终能够有效实现自身的价值诉求。因此，将市场自由竞争机制引入企业，不仅能够驱使员工主动去除领地意识，而且市场竞争机制可以使员工具有充分的创新激励。

第三节 本章小结

　　企业不仅承载着企业家的价值诉求，而且承载着企业中所有员工的价值诉求，同时也承载着消费者的价值诉求。为什么企业能够承载如此多人的价值诉求？因为企业提供的产品和服务，一方面是这些产品或服务生产者用以交换自己想要的东西的筹码，另一方面它们是消费者消费需求得以满足的载体。企业在生产经营活动中所具有的这种属性是分工经济属性的延伸，分工经济将生产行为与消费行为从自给自足条件下的直接相关变成了间接相关，从而改变了人们从生产到消费的实现模式，也改变了自给自足经济下经济人独立行为的模式。在分工经济下，经济人之间需要合作才能促进双方福利的增加。企业作为分工体系中的核心行为主体之一，对于合作的强调是其发展必然的要求。然而，企业对于剩余控制权的强调，以及对剩余控制权按等级分配的原则，很容易造成企业官僚主义作风盛行；此外，按照部门来进行控制权分配，又容易造成各部门的领地意识。官僚主义作风和领地意识共同将企业员工包裹在一个个狭小的空间中，从而严重阻碍企业内外部物质、能量和信息的充分交换，对企业发展所必须进行的要素和力量重构造成了边界。然而，官僚主义和领地意识并不必然在企业中是不可克服的。本书通过对通用集团和海尔集团的案例剖析，深刻揭示了在企业中引入市场机制可以有效消除官僚主义所造成的垂直边界障碍和领地意识造成的水平边界障碍。

　　杰克·韦尔奇在执掌 GE 后，面对该集团官僚主义文化盛行、集团整体对市场变化反应迟钝、创新力不足的境况，实施了"群策群力"无边界化发展策略，群策群力讲求公平竞争，倡导协作。杰克·韦尔奇强调的公平竞争和协作不是仅仅针对企业内部，他是让企业的所有部门、所有资源都面向市场，让市场来决定这些资源的去留，让市场来判断集团内部员工和资源的效率。杰克·韦尔奇的"群策群力"计划将员工的业绩考核由市场的优胜劣汰机制来决定，从而使员工摆脱了行政指令性考核，这直接使员工摆脱了对于管理层的依赖和束缚。摆脱了行政指令的束缚，员工的

第五章　企业管理层面无边界化重构战略的案例分析

行为就获得了充分的自主性空间，这保证了员工具有充分的创新激励。杰克·韦尔奇将市场机制引入GE，用市场自由竞争的文化替代了官僚主义文化，使GE在全球化市场上获得了竞争优势。海尔集团采用了市场链机制，将集团内部各个职能部门变成"以订单为中心"的订单生产流程中各个环节，最为重要的是，原来相互独立的各个部门被转换成流程上环环相扣的供给和需求的关系。供求关系本质上是将供给者和需求者之间的利益捆绑成利益共同体，任何一方利益的实现都必须以让对方利益得到实现为前提。做不到这些的一方就会被市场优胜劣汰的机制淘汰，从而会被具有同样功能且更具竞争优势的经济行为主体所替代。在市场优胜劣汰机制的作用下，处于订单生产各个环节上的、原有意义上的部门或者员工将不得不进行主动创新，从而维持和提升自身在市场中的竞争优势，以此来确保不被市场所淘汰。海尔集团的市场链战略成功地将市场机制引入企业内部，从而打破了企业内部各部门的领地意识，让企业在发展中能够从其内外无边界的空间中进行要素和力量的重构。

第六章 企业操作层面无边界化重构战略的案例分析

第一节 企业操作层面无边界化重构的案例

一个经济行为主体在地理空间上能够实现的交易范围，或者说能够实现合作的范围，取决于两个条件，一是交通运输；二是信息沟通。对于企业来讲，从研发设计、生产、存储、配送到销售和售后服务等整个生产经营过程中，每一个环节和步骤都体现着协作，企业也必须进行协作。在交通运输和信息通信技术不发达的时代，人们常常认为这种协作只能在同一个空间或者一个小范围内才能实现，跨空间的协作很少发生，即使偶尔发生，协作规模和数量也极其小。因此，从传统意义上看，企业生产经营都具有典型的现场经营特征。现在越来越多的企业将协作活动从地理空间转移到虚拟空间，有效突破了企业通过协作来重构要素的范围和规模。

一 基于虚拟化对研发进行无边界化重构

研发活动属于知识生产的范畴，根据第三章的论述可知，知识生产取决于专业化水平，而专业化水平取决于分工的深度和广度。从理论上讲，企业要获得知识增加，必然需要深化分工和拓展分工。根据第五章的分析，随着企业内部分工的深化和拓展，企业就会形成庞杂的管理体系。当然，这种庞杂的管理体系并不是专业化之间进行协作所必需的组织形式，专业化之间的协作也可以依靠市场机制来规制。对于研发活动来讲，对其本身的分工进行深化和拓展一方面会引致协作需求的增加，而要达成协作所需的信息量就会增加；另一方面需要更多类型的研究工作者来从事研发活动。如果企业以传统一体化方式来开展研发活动，它就必须聘用大量的研发工作人员。受自有资源的约束，企业不可能无限制招聘研发人员。这就使企业研发能力的发展受到制约。然而，现代企业以虚拟研发的形式突破了这种约束。

以运营 threadless.com 的公司为例，这是一家美国公司，是由几位高中毕业对 T 恤设计非常热衷的年轻人创立的。该公司创立的初衷是促进 T 恤设计者之间的交流，以此来相互激发设计灵感。然而，正是这几位年轻人的这种单纯的期望促使一种新的 T 恤设计模式出现，虚拟研发诞生了。

①研发团队虚拟化。一般服装企业都是自己招募设计师，自己投资设计师工作所需的场地、机器设备及其他材料，设计师团队和团队活动的空间都具有相对的稳定性。因此，设计师规模、设计出的产品的种类都有显著的范围，从而任何一家服装企业都具有显著的边界局限。与传统服装企业的研发设计活动开展的模式不同，threadless.com 一开始并不自己投资来招募设计师，也不投资建立设计师所需的基本工作环境，他们通过在互联网上建立一个网站，任何一个 T 恤设计爱好者都可以将自己的设计放在这个网站上，因为这个网站是开放的，来自全球的 T 恤设计爱好者都可以将他们的作品放到这里展示。对于互联网用户来讲，其网站的开放性使任何网络用户，无论来自世界什么地方，都能够时时通过互联网来浏览这些设计。因为，将作品在这个公司的网站进行展示完全基于自愿，该公司不会为其付费，他们也不用向公司缴纳费用。这对于这家网站和 T 恤设计爱好者来讲都极为重要。首先，对于 T 恤设计爱好者来讲，不用付费就可以将自己的作品在此空间进行展示，这相当于为其作品的展示提供了免费的平台；因为这个平台是一个全球化的开放平台，因此，这个作品直接潜在的观众是没有数量和来源边界限制的。其次，对于这家网站来讲，不用为 T 恤设计师支付任何费用，就可以集聚来自全球任何国家、任何地区的设计师。最为重要的是，随着设计师和浏览人员的不断增加，这家公司形成了客户规模效应。因为，来自全球范围的浏览者集聚在一起所形成的规模是非常巨大的，这种巨大的规模保证了展示在此网站上的每一件作品都可能

● 无边界化重构 ▶▶▶

获得可观的高评价欣赏者规模，一旦这些设计被制造成产品，这些高评价者就构成了这些产品的潜在购买者。很多服装生产企业正是看到了这种商机，主动上门和 threadless.com 与设计师们合作，从而使该公司的商业价值得到充分的实现。threadless.com 公司的开放性保证了其研发团队规模没有发展边界的局限，也保证了其用户不可能有边界局限，更保证了进入该网站的任何行为主体都不用受其所处地理空间的边界局限，他们能够在虚拟空间中实现没有空间边界约束的相互协作。

②T恤设计过程的虚拟化。随着互联网信息化技术的不断升级，设计师能够运用虚拟仿真技术将传统图纸设计、样品制作的所有过程进行虚拟仿真。threadless.com 公司也逐渐开始向设计师们提供这种专门的服务，以保持他们能够持续停留在这个网站上。此外，借助虚拟空间便利高效的信息交流方式，threadless.com 为各类用户开通了交流通道，尤其是T恤购买者与设计师之间的沟通渠道，从而让设计师直接获取客户的需求，不用揣摩消费者的需求到底是什么。这种供给和需求之间的有效沟通模式，直接促进了个性化经济的发展，使传统生产和消费被信息鸿沟所隔离的时代慢慢成为历史。

③虚拟化的信息反馈机制。传统的服装公司，在将设计产品化之前，需要进行各种市场测试和用户调查反馈，因此，需要组织一定的人力和物力来完成这些事情。因为都是样本化测评和反馈，因此，都是样本估计方法，产生偏差是经常发生的事情。而通过虚拟化运作，公司直接可以实现订单化制作。在 threadless.com 这个网站上，对于任何一件设计产品来讲，不同浏览用户的留言都是自发的，留言对于设计师及相关商家来说具有非常重要的信息价值。因为网站的开放性保证了每一个设计都能获得充分的评价信息，而且评价信息来源于现实世界多个地区、从事多个职业、具有不同年龄结构和教育程度的人们，因此，这种评价信息更具综合性、客观性。此外，在网站上，设计师、客户及其他商家，他们各自都不是被动的，而具有充分的主动性。尤其对于客户来讲，可以直接在网站上发布需求信息，设计师完全可以根据需求来进行设计。这大大降低了不同行为主体之间进行协助的信息成本和交通运输成本。

④对设计进行虚拟化改进。传统模式依靠图纸进行设计，设计师在收到反馈意见后，按照自己对于反馈信息的理解对设计进行改进。理解的偏差，或者收到的信息不完全，或者反馈者在信息反馈的过程中表述得不清楚、不完整等，都会影响改进的效果。虚拟化研发有效克服了这方面的不足，将整个设计无纸化，采用数字化的方式，通过开源的方式，浏览的人很容易直接对设计作品进行改进，而且这种改进也不会对原有设计造成不可逆的破坏。因为，原有设计的每一步都可以以独立的文件形式存储。threadless.com 公司的虚拟化 T 恤设计模式，直接突破 T 恤设计师设计思维的边界约束，因为传统服装企业在有限的空间开展服装设计工作，设计师因为沟通交流的范围较小，因此获取潜在灵感的路径被空间边界阻碍了。但在虚拟空间，这种阻碍被消除了。无数留言信息、可借鉴的无数设计师的作品，给置身此环境中的任何设计师和消费者及商家都能带来充分的灵感和启发。

二 基于虚拟化对制造业进行无边界化重构

制造业虚拟化是制造业发展的方向，如德国的工业 4.0 战略，中国智能制造 2025 战略等。制造业虚拟化是指通过信息化来全面实现制造业转型升级，转型表现在使制造业的生产过程实现信息化，升级表现为将传统制造向信息服务业转型，实现制造业服务化。从虚拟制造的实现形式来讲，一般可分为基于实体的虚拟制造以及纯粹的虚拟制造等。

①下面以耐克公司为例说明企业如何基于实体进行虚拟制造。耐克公司是通过联盟价值创造来实现经营战略的，对于实现其经营战略所需的要素和力量，都通过外部联盟的方式获取，不需要自己投资，也不参与制造过程。耐克公司集中自己的力量专注产品研发设计、营销和品牌建设，将制造、物流、门店等大部分实体投资环节都以联盟和外包的形式进行了市场化。企业的生产经营运作战略是典型的"抓两头、放中间"的模式。通过市场化运作，耐克公司对于协作对象获得了无限的选择空间，市场优胜劣汰的竞争淘汰机制保证耐克公司能够选择最符合耐克产品设计要求的制造商。因为耐克的产品销售遍及世界各个国家，为了节省运输成本，耐克

● 无边界化重构 ▶▶▶

在各个国家选择进行联盟生产的制造商。因此，耐克的生产经营超越地理空间边界的制约。从耐克公司整体生产经营来看，产品的生产、运输、销售、配送、存储等活动，实际需要使用的资源和力量是极为庞大的。但耐克以轻资产的方式运作，主抓标准控制，大部分业务都分包出去了，在耐克整个生产经营战略的实施过程中，参与的企业是一个群。在这个企业群体中，每一家企业只要能符合耐克公司的要求，至于如何来达到这种要求，每一家企业具有完全的自主发挥空间。耐克在市场上保持开放，所发布的订单会吸引很多竞争者来竞争，优胜劣汰的机制一方面能够促进竞争订单的企业保持充分的创新激励；另一方面能够让耐克从竞争者中选择最符合自己需求的竞争者合作。最终生产出的产品由耐克贴牌销售给客户。耐克正是基于虚拟化制造实现了自身虽不拥有制造业实体，但可以调用外部规模庞大的制造能力，最终有效实现其产品制造目标。

②基于信息的纯粹虚拟制造。以波音公司为例，该公司是全球知名的民用与军用飞机制造企业。波音公司突破在飞机制造过程的实体模式，在飞机研发设计、生产制造、装机和试飞等制造的各个环节引入数字化仿真技术，实施虚拟化作业。该公司生产大型客机，如波音777是全球首架基于虚拟仿真技术设计制造的飞机。从研发设计、生产到装机、测飞，波音777全程采用虚拟仿真技术，借助计算机辅助设计软件（Computer Aided Design），将飞机上每一个零部件都进行数字化，在虚拟空间通过三维技术进行模拟成像，并直接在虚拟空间进行虚拟化组装，将组装好的飞机以数字化的形态在虚拟空间进行展示。通过数字化模拟的飞行环境，波音公司能够很方便地通过变换各种参数来对模型进行测试、修改，甚至实现了直接在虚拟环境中进行试飞。因为虚拟化过程完全以数字化方式进行，试飞过程中各种数据获取准确、全面，非常有利于飞机整体的优化改进。波音777的案例说明，虚拟化研发不仅能够大幅节约研发过程的资源消耗，还能充分提升研发的质量和效率，因为虚拟研发可以获取非常准确、全面的信息，通过虚拟制造，波音777在未进行原型机制造的情况下，成功实现了试飞。

三 基于虚拟化对销售进行无边界化重构

互联网在经济领域的广泛应用首先是从网络销售开始的，自2000年之后，随着eBay、Amazon、Alibaba等电子商务网站的兴起，基于互联网的虚拟销售繁荣发展。对于虚拟销售模式来讲，传统和互联网经济下都存在。一般来讲，它包含两个层次。① 销售组织的虚拟化。安利公司的销售组织就属于典型的虚拟组织，该公司的销售组织与传统门店式销售组织的最大不同是，虚拟销售组织打破门店式销售模式中的销售人员和客户之间的边界。安利在销售过程中，直接将顾客或消费者变为公司的销售员，它借助顾客的社会关系，充分开发其社会资本①，例如，利用顾客与其亲戚朋友的社会关系来进行销售宣传，充分利用这种顾客在亲友中所具有的"信任"，从而节约了企业在销售过程中信任关系建立和维护所需要的成本投入。将企业的顾客变成销售员，保证了安利的产品都能在已经成熟的信任关系中开展，从而大幅降低了企业的广告成本。实际上，安利并不为销售员支付薪水，它通过积分、折扣与继承等制度培养忠诚的顾客，借助关系营销策略，以顾客为销售的核心枢纽，将其直接变为销售员。由此一来，承担安利公司销售的人员与安利根本不存在雇佣关系。而且，顾客利用自己的社会关系来销售产品，顾客的顾客又可以同样利用其社会关系进行销售，就这样衍生发展下去，使安利公司拥有的实际销售人员数呈现几何数增长。相对安利企业本身来讲，其销售团队好像不存在，但是其销售能力却能够无限增长。因为，这种销售团队存在于企业一体化形态之外，所以，谁也说不上安利的销售团队到底有多大规模。

②基于互联网的虚拟化销售。基于互联网开展销售活动，将销售的产品、物流配送方式、支付结算，以及售后服务等所有活动都通过虚拟运作来完成。借助现代化的计算机仿真技术、VR和AR等技术，销售公司能够将传统销售过程在互联网构筑的虚拟空间进行一一映射，从而让购物者具

---

① 社会资本是指个体或团体之间的关联——社会网络、互惠性规范和由此产生的信任，是人们在社会结构中所处的位置给他们带来的资源。

有如同在实体店铺进行购物的体验，而且这种体验比在实体店铺更好。因为，首先，在网上购物，购物者可以浏览的商品种类要比实体店铺多无数倍，从而使其选择空间获得了无限拓展；其次，消费者省去了体力消耗和交通成本。对于销售企业来讲，一方面，不需要实体门店，甚至不需要仓库，将这方面的成本直接降至为零，而这是在传统销售企业的销售成本中占比最大的部分。此外，利用互联网来展示售卖的商品，因为数字化的空间是无限拓展的，所以销售企业可以在网上商店展示的商品数量和品类也是没有边界限制的。更为重要的是，通过数字化的形式来展示商品，销售企业可以同时利用声音、图片、文字甚至游戏的方式来介绍和展示产品的属性和特征，从而方便购物者全方位了解需要选购的物品，这直接使企业实现精准广告投放的目的。同时，顾客在网上的留言和评价对于企业品牌优化起到非常好的促进作用。在互联网上，顾客和销售企业可以进行时时双向沟通，消费者可以在网上下订单，销售企业再向生产企业下订单，生产企业按照订单生产，产品生产出来直接通过配送企业送达顾客手中。这直接降低了产品的库存成本。另一方面，网络销售使企业节约了销售员和收银员的工资成本。因为，网上商店可以通过声音、图像、游戏、文字等多种形式来对产品的信息进行全面、细致的介绍和说明，顾客完全进行自我选购，从搜寻、加入购物车到付款结算以及售后服务等所有环节都可以在网上完成，完全实现购物DIY。

由此可见，互联网构筑的虚拟空间具有无限的容纳能力，在此进行销售活动，销售企业不仅能够节约建立实体门店的费用和仓储的费用，而且能够在虚拟空间展示无限多的产品，并且直接在全球化的市场上进行销售。对于消费者来讲，足不出户就能实现在各个国家购物，加上便利的支付方式，使得购物者在整个购物过程中完全可以实现DIY。而销售商店不需要销售员和收银员参与，这直接节约了销售成本。

四　基于虚拟化对物流进行无边界化重构

当交易的范围较小时，物流的效率主要取决于交通运输工具，但随着交易范围的扩大，物流涉及包装、装卸、仓储、运输等多个环节，尤其是涉及交通运输工具和路径的选择。因此，物流需要统筹规划，这里面涉及大量的信息需要处理。作为一个系统工程，现代物流的效率主要取决于物流决策所需信息的获取能力和信息处理效率。早期企业进行生产经营活动，物流是其业务的重要构成部分，它们建立仓库、购置设备和运输工具、招聘从事物流工作的职员，所有的物流工作都由自己来做。企业自建物流具有以下不足。第一，从整个社会来看，重复性投资造成大量的浪费，因为每个企业为了满足自己物流的需要投资的物流建设经常导致资源闲置，没有被充分应用。第二，物流通常需要大量的投资，会牵制企业在核心业务上资源投入的能力，不利于企业塑造核心竞争力。第三，对于中小企业来讲，没有能力投资物流建设，从而使其核心业务很难开展。企业自建物流使物流能力的发挥范围具有显著的边界局限，不能使物流资源得到优化配置。专业物流企业的蓬勃发展，打破物流发展所具有的困境，对于促进物流资源的优化配置提供了有效解决途径。这主要表现在三个方面。第一，可以有效解决在物流投资方面存在的重复性建设问题，从社会角度来讲有效节约了资源；第二，解除了企业物流投资的负担，让企业不用花费精力在物流方面，可以专注核心业务的发展；第三，专业物流企业因为进行的是专业化作业，所以，其运作效率会更高，更有利于物流行业的创新。专业物流的发展形态随着互联网技术在经济活动中的普遍应用也在不断发生变化，尤其是从第三方物流企业中发展出第三方物流，第三方物流主要是从企业中的一个职能部门发展而来的，它脱离了对企业的依附关系，成为独立自主运营的企业。第三方物流的运营模式仍然是实体运营模式，自建库房、购置设备等。从第三方物流企业的运作模式来看，属于单打独斗的运营模式。随着互联网经济的蓬勃发展，经济活动突破地理空间的边界约束，人们从事交易的范围拓展至全球。这种全球化的交易，需要满足全球化交易所需的物流效率，因此，仅仅依靠单打独斗的经营模式很难实现全球化范围交易的物流需要。第四方物流也就是虚拟物流正是迎合这种需要诞生的。

虚拟物流本质上是一个信息系统，其生产运营的核心投入资料是信息。其经营的内容包括对于信息的收集、信息的存储、信息的传输、信息的加工和计算、信息的应用等。虚拟物流企业主要基于互联网来开展经营活动，借助互联网虚拟中心将各种物流供给信息和物流需求信息在其运营的信息中心集聚，并借助大数据技术进行计算，根据物流供给和需求双方的特征，提供最优的物流解决方案。对于第四方物流来讲，第一方物流、第二方物流、第三方物流都是其重要的客户，其中，第一方物流是指生产企业自建的物流，第二方物流是指销售企业自建的物流。这四种物流模式的最大区别在于，第一方物流、第二方物流、第三方物流都属于实体运作模式，是提供实实在在的物流运输服务。而第四方物流只提供物流解决方案，不直接提供物流运输服务。第一方物流、第二方物流、第三方物流的客户为物流服务的需求者，而第四方物流的客户既包括物流服务的供给者，也包括物流服务的需求者。第四方物流体系的拓扑构型可详见图 6-1。

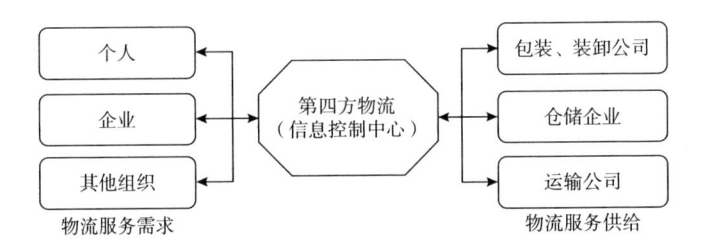

图 6-1 第四方物流体系

资料来源：李海舰、陈小勇《企业无边界发展研究：基于案例的视角》，《中国工业经济》2011 年第 6 期。

从图 6-1 可以看出，第四方物流是在互联网上建立的信息平台，它是一个媒介组织，通过这个信息平台它一手牵着物流服务供给者，同时另一只手牵着物流需求者，并通过撮合让这两方的手握在一起。从物流服务的需求者来看，这些需求者主要有个人物流服务需求者、企业物流服务需求者及其他组织——政府、高校等非营利组织机构；从物流服务的供给者来看，这些供给者不仅包括第一方物流、第二方物流、第三方物流，还包括一些更细分专业领域的运输公司、小型运输工具（个人运营的汽车、船只等）、仓储企业、包装企业、装卸企业等。在信息技术不发达的时代，这种物流服务供给者和需求者双方因为信息障碍而不能进行有效沟通，从而造成一方面大量的物流服务能力闲置，另一方面大量的物流服务需求得不到满足。第四方物流有效解决了信息技术不发达时代物流服务供给和需求不能得到有效匹配的问题。现在，无论物流服务的供给者，还是物流服务的需求者，他们只要登录到第四方物流信息平台，将他们的供给或者需求信息发布在平台上，就能以非常低的成本找到对方。除此之外，第四方物流利用现代全球卫星定位系统和交通基础设施信息系统，能够高效计算出最优的物流方案，从而为其顾客提供满意的服务。随着物流行业专业化分工的深化发展，现在第四方物流也在深化分工，向更细分的领域进军。一些大型的第四方物流公司专注平台建设，为各种数据接入提供开放的平台，而将大数据处理、物流解决方案等细分业务进一步外包，从而使其平台功能更具竞争力。第四方物流信息平台运行于虚拟空间，是开放的，在虚拟空间可以获得无限的延伸，因此，它可以容纳的物流服务供给者和需求者是没有数量限制的。而且，任何物流服务的供给者和需求者通过互联网都可以低成本地进入这个平台。所以，第四方物流能够在这个平台上集聚庞大的用户群体，这种群体带来的用户规模效应将为该企业带来非常大的范围经济效应，使得任何进入该平台的企业都能够受益。总之，虚拟物流实现了物流资源和力量能够在全球化的虚拟空间进行无边界化重构。

第二节 企业操作层面无边界发展的机理分析

一 虚拟化转型成为企业发展的趋势

随着互联网技术在经济领域的广泛应用，企业虚拟化转型不仅是一种趋势，更是其进一步发展所必须采用的战略。无论企业管理层面的经营活动，还是企业操作层面的经营活动，分工的深化和拓展都是提升其经营效率的源泉。随着分工的深化和拓展，分工之间的协作需求必然增加。加上互联网经济的广泛应用，无论什么类型、什么性质的分工，专业化分工之间合作能够触及的范围正逐渐向全球拓展。这主要源于互联网构筑的虚拟空间是先天性、全球化的，进入这个空间进行交易或协作，很容易就能实现全球化的交易或协作。在虚拟空间运行的市场是先天性全球一体化的市场，没有时空边界的制约，这种全球化的市场规模是空前的，因此，对于任何专业化作业者来讲都提供了市场保障，不用担心传统上基于地理空间运作的市场所存在的二八现象。此外，广阔的市场空间为专业化作业者提供了无限的合作机会和空间，专业化作业者可以专注核心能力的塑造和优化。当然，企业要想获得全球化市场所带来的这些优势，虚拟化转型是其必然的选择。因为，不进行虚拟化转型就不能进入虚拟空间，就不能进入全球化市场。虚拟转型是企业参与全球化市场体系的必要前提。

以上分析充分说明，企业可通过虚拟化转型，使它们在操作层面的研发设计、生产制造、市场销售及物流配送等方面的能力获得巨大提升。从研发设计活动来看，虚拟化使企业可以通过开放式的重构战略来获取企业研发设计所需的要素和力量，threadless.com公司正是采用虚拟化的开放市场重构战略，将全球无数设计师重构到其网站的T恤设计团队中，从而使该网站不仅聚合了无与伦比的T恤研发设计能力，而且还不需要向这些设计师提供薪水。同样，threadless.com依靠虚拟化战略，通过网站重构了庞大的要素和力量开展其制造、销售、物流等业务。波音公司的波音777研发过程也充分说明，虚拟化不仅有效节约了企业研发过程中对于实物要素的投资，而且大幅度提升了研发的质量和效率。波音777从研发到试飞，全程虚拟化使该研发过程保留了完整、准确、客观的数据，为后续的研发活动留下了宝贵的资料。销售企业的虚拟化转型现象更为突出，从eBay、Amazon、Alibaba到京东商城等，虚拟化销售的企业如雨后春笋般出现，实际上虚拟销售模式在非互联网经济时代也一直存在，安利的关系营销模式也是一种典型的虚拟化销售战略，安利不用为销售人员支付薪水，却可以拥有强大的销售团队和销售能力。当然基于互联网的虚拟营销更是超越安利模式的虚拟营销，它直接借助信息技术突破营销活动面临的时空边界障碍。第四方物流的发展充分证明了虚拟物流为专业化的经济行为主体将其合作的范围拓展至全球提供了物流效率保障，第四方物流直接基于信息中心，将物流供给信息和物流需求信息进行了有效集中，并通过大数据技术对供给和需求的匹配提供最优的解决方案。第四方物流给物流行业带来了

第六章 企业操作层面无边界化重构战略的案例分析

巨大的变化，使物流行业的专业化分工加速向纵深发展，现在的第四方物流越来越向专业化的平台发展，而将大数据计算和物流解决方案的业务逐渐外包。可见企业操作层面的虚拟化趋势是全面的。这种虚拟化趋势主要反映在三个层次，一是活动空间虚拟化；二是组织虚拟化；三是过程虚拟化。

活动空间虚拟化是指企业基于虚拟空间来展开生产经营活动。传统企业主要在特定的地理空间开展生产经营活动，这是因为在交通运输能力不足、信息通信技术不发达的时代，在空间距离的约束下，人们在一定区域范围内进行活动是最优的选择。区域空间边界约束了企业合作能够触及的范围，减少了企业合作的机会。互联网构筑的虚拟空间为人们提供了新的活动场所，企业在此开展生产经营活动，不再受地理空间距离的约束，直接面对的是全球一体化的市场空间。虚拟空间具有空前的市场规模，一方面，给企业进行专业化作业提供了市场保障；另一方面，为企业提供了无限的外部合作空间，而且可以将企业与外部合作的信息成本降至零。组织形式虚拟化是指企业以所有权展示的组织形式非常小，但是以控制权运作的实体非常大，是一种小核心、大外围的组织形式，因为外围的资源和力量不属于企业所有权的范畴，因此，对于以所有权形式展示的企业来讲，如同虚拟存在，因为，这些虚拟存在的外部资源和力量对企业发展做出巨大的实际贡献。经济学家史蒂文·戈德曼、罗杰·内格尔、肯尼思·普瑞斯[1]在一篇题为"21世纪制造业企业研究：一个工业主导的观点"的报告中对虚拟组织进行了概念阐释，他们指出，虚拟组织是基于企业的核心能力，利用现代化的信息技术，采用联盟协作的方式将分布在全球不同地理空间的、具有异质性的各种核心能力的企业联合起来共同进行价值创造活动，是一种任务型组织，当联盟组织要完成的任务达成了目标，则联盟随即解散，联盟各成员回归原有的异质性核心能力组织形态。随着新的任务出现，这种具备异质性的核心能力组织重新联盟成为新的联盟组织。

---

[1] 〔美〕史蒂文·L. 戈德曼、罗杰·N. 内格尔、肯尼思·普瑞斯：《灵捷竞争者与虚拟组织》，杨开峰、章霁等译，辽宁教育出版社，1998年。

这种虚拟化运行的方式，为企业发展在无边界的外部空间进行要素和力量的重构提供了组织基础，既有利于发挥具有核心能力的专业化企业竞争优势，又有利于企业充分利用外部广阔、无限的资源和力量。过程虚拟化是指将企业传统基于有形物质要素所开展的活动，转变为基于数字信息来进行。这主要表现在，利用先进的计算机模拟仿真技术，以数字信息的方式将传统人类各种行为或者事物运动变化过程在虚拟空间进行仿真，并基于现实中环境参数的改变，也就是自然界和人类社会环境参数的改变，将这些改变的数据加入仿真系统，从而观察判断仿真系统的运动变化过程。从经济活动的流程来看，商流、物流、资金流和信息流是经济活动过程的主要内容。除了物流中的交通运输以外，所有流程都可以通过虚拟化的方式进行，尤其是资金流，现在网络金融的发展使资金流的效率获得了前所未有的提升。经济活动过程呈现显著的虚拟化趋势。

二　虚拟化为企业无边界化重构提供了充分条件

根据前面的分析，企业虚拟化转型的趋势表现在活动空间、组织形式、活动过程的方方面面，企业为什么要进行虚拟化转型，或者虚拟化转型为企业发展提供了哪些方面的独特优势？结合前面案例分析，下面从三个方面对其本质原因进行归纳和阐释。

虚拟化为企业进行无边界化重构节约了交易成本。自给自足的经济不存在交易成本，因为人们之间不需要交换，也就不用为交易耗费任何的资源和时间。但是，在分工经济条件下，人们只有通过交换才能实现专业化生产的目标。因为，专业化生产者生产出的产品并不直接用于自己的消费，而是为了用其和其他专业生产者换取自己所需的消费品。这种交换的实现需要满足两个关键的条件，一是找到生产自己所需要产品的专业化生产者；二是相互之间都愿意达成交易。这两个条件一个表现为信息搜寻的过程，另一个表现为谈判的过程，即信息沟通的过程。受时间和空间距离的影响，尤其是在交易双方不处于同一空间、同一地点、同一时间的情况下，信息搜寻和信息互动需要花费成本，距离越远，成本会越高。此外，在信息不对称的情况下，人的机会主义行为会给交易内生出额外的成本。

虚拟空间因为其超越时空边界的属性，以及它在信息传播速度上的高效率，将人们进行信息获取、存储、传输、加工、应用的效率提高到极致。现在，人们通过互联网进行信息沟通，因为信息在互联网上的传播速度近乎等于光速。所以，在地球上相距即使是最远的两个人，他们之间的信息从一个人传到另一个人所需的时间远远少于1秒，因此，在地球上任何两个人通过互联网进行沟通交流与面对面交流完全没有区别，这将人与人之间的沟通交流成本降至近乎为零的程度。对于企业也是一样，过去企业从总裁下达一个指令到一线员工，通过层层传达，可能花费很长时间，当这个企业的经营范围变广，尤其是跨国经营，那么需要的时间长到几个月都有可能。现在，借助 E‐mail，总裁可以将信息在同一时间发送给位于世界各个子公司及分支机构的各个员工，将信息传播的滞后时间控制到以秒计算。对于信息搜寻的成本来讲也是一样，所有交易者通过虚拟化进入虚拟空间，利用大数据技术任何交易者都能非常方便地搜到所需的信息，从而虚拟化使交易者的信息搜寻成本趋于零。此外，在全球化市场开放式的竞争机制下，信息实现了高度的透明，一个人通过采用机会主义行为来实现自己利益最大化的可能性会越来越小。由此，虚拟化会有效降低机会主义内生的交易成本。

　　虚拟化为企业提供了无边界化的市场空间。传统经济活动只能在现实的地理空间中进行，企业为了获取交换所需的信息以及进行信息交流，就要克服地理空间的距离约束，这不仅需要承担高昂的交通运输成本，而且还必须承受时间等待的成本。受这些成本的约束，企业生产经营活动在特定的区域开展是最优的选择，因此，市场一般都具有显著的空间边界。不同的市场因为地理空间距离的阻碍，而相互分离。这一方面阻碍了分工的深化和拓展，另一方面制约了区域经济发展中劳动生产率的提升。虚拟空间不仅为企业生产经营活动开辟了一个全新的活动场地，而且这个场地因为信息交流的超高效率，直接消除了空间距离给专业化作业者之间进行交流带来的障碍，将他们之间进行沟通协作的信息成本降至趋于零。这直接将专业化分工协作的范围拓展至全球各个角落，这大大促进了专业化分工发展的深度和广度。随着专业化水平的不断提高，专业化生产的效率不断提升，整个社会经济的发展过程中将充满创新的活力。

企业以核心能力为中心，以联盟价值创造的方式实现了对外部要素和力量的无边界化重构。企业作为社会经济体系的有机构成单元，它不是嵌入社会体系的孤岛，在其发展过程中，它和社会体系无时无刻不在进行物质、能量和信息的交换。社会体系和企业之间的联动关系要求企业必须以开放的形态发展。虚拟空间为企业保持开放式发展提供了充分的市场规模基础。因为，在传统基于地理空间的市场上，企业可以进行合作的范围有限，因此，其专业化发展的深度和广度自然受到很大的制约。在市场规模狭小的情况下，企业以核心能力的形态存在可能并不是最优的选择。而且，以核心能力的形态，通过联盟价值创造的方式来维持生存，在市场规模较小的情况下，其实现的概率将比较小，甚至不可能。但在虚拟空间，企业生存的市场是全球一体化的，在这个无比广阔的市场空间里，一方面，企业保持专业化形态不用担心合作机会的稀缺，因为虚拟空间里的全球化市场颠覆了二八理论（企业只能经营20%的畅销产品，不得不放弃80%的冷门产品），在规模狭小的市场上，人们需求的产品相对企业的经营来讲分为冷门和热门，但是，在全球化市场上，全球人口都集聚在虚拟空间运行的市场上，庞大的人口基数决定了传统区域市场上的冷门产品也不再是冷门产品，都会具有相当大的需求。因此，专业化生产任何产品都有潜在的需求规模作保障。这为企业在价值创造过程中，通过外部来重构要素和力量提供了充分的生存环境基础。另一方面，全球一体化的市场，其竞争激烈程度也是空前的。优胜劣汰机制可以保证企业在外部重构所需的要素和力量都是最符合自身需求的。

第三节 本章小结

本章结合企业在研发、制造、销售、物流等四个方面的案例分析，系统阐释了虚拟化对于企业实现无边界化重构战略的意义。从研发设计来看，threadless.com 的虚拟化运作，直接实现了将来自全球的设计师重构在其企业平台上，从而使其T恤研发设计能力没有发展的边界约束。从制造活动来看，耐克通过虚拟化运作，抓两头放中间，虽然自己所有的实体资源很少，但是其实际运作的实体资源巨大，具有典型的小核心大外围的特征。而波音公司的虚拟制造基于计算机模拟仿真技术，使得制造业数字化成为现实，这不仅为精准化制造提供了技术支持，而且大幅节约了企业生产制造的有形物质资源。同时，耐克公司和波音公司的虚拟制造充分证明了，基于实体经营与基于虚拟经营都能实现虚拟化制造。从销售活动来看，虚拟销售是现代经济活动最先发展起来的信息与经济的融合，虚拟销售为企业提供了广阔的市场空间。从物流来看，第四方物流通过虚拟化运作，不仅向物流服务供给者提供服务，而且还向需求者提供服务。从企业操作层面的经营实践来看，虚拟化使企业发展实现了从外部广阔的市场空间中进行要素和力量的无边界化重构。因此，虚拟化是企业实施无边界化重构战略的有效实现路径。虚拟化包括企业活动空间的虚拟化、组织虚拟化和经济活动过程虚拟化三个层次。

  虚拟化对于企业有效实现无边界化重构的机理表现如下。首先，虚拟化打破地理空间距离的障碍，将原来区域内有边界的市场连成全球一体化的统一市场。虚拟空间是利用互联网信息技术将现实世界在互联网上进行逻辑映射，虚拟空间是由信息构建的，信息在互联网上以光速进行传播，在地球上的任何两个人无论相距多远，都能实现信息在他们之间传播的速度不超过1秒，从而使他们之间的沟通交流如同面对面交流。这直接突破传统地理空间距离给人与人交流所带来的距离障碍，并将为了克服这种距离障碍所需要花费的成本降至零。其次，全球化的市场空间，为企业分工的深化和拓展提供了市场规模基础。空前的市场规模为分工的深化发展提供了充分的保障。因为经济行为主体间的专业化协作范围直接从区域市场拓展到全球一体化市场，这使任何专业化生产的经济行为主体都可获得广阔的潜在合作伙伴。最后，全球化市场上竞争激烈的优胜劣汰机制能够保证每一个专业化经济行为主体都具有充分的创新激励，而且，他们主要通过联盟价值创造的方式来发挥自己的专业化核心能力，优胜劣汰机制可以有效保证进入联盟组织的每一个具有专业化核心竞争力的价值创造单元都是最符合联盟需求的。

第七章 企业无边界重构的一般路径构建

前面各部分的分析充分说明，企业作为社会体系的基本构成部分，开放式发展是其存在的根本要求。企业的发展过程体现为持续在其内外进行物质、能量和信息重构。在实践中，企业重构这些要素和力量面临多方面的边界困境，如企业内部的垂直管理边界、水平管理边界、员工之间的边界等；企业外部有企业与企业之间的边界、企业和市场之间的边界、企业与消费者和其他组织之间的各种边界。这些边界是一把双刃剑，一方面，它为企业维持异质性提供了保护；另一方面，这种保护也会成为企业进一步发展的桎梏。企业的发展是创新的结果，创新实质上是对要素和力量的重构。因此，企业要实现发展，就需要突破各种边界所带来的障碍，实现对要素和力量的无边界化重构。根据前面理论和案例分析，分工是经济发展的源泉。企业在分工体系中主要以专业化的方式出现，它必须与其他专业化单元相互协作才能实现自身最终的价值诉求。前面的案例分析充分证明，企业专业化能力越强，其合作的空间就越大，在市场竞争中越具有竞争优势，因为专业化合作的过程就是企业重构的过程，也是企业为了发展重构要素和力量的过程。因此，塑造核心能力是企业实现开放式发展、实现无边界化重构其发展所需要素和力量的前提基础。本章正是围绕这一核心，从组织形式、运行机制和企业文化三个层次来阐述构建企业无边界化重构战略的一般实现路径。

第一节　企业核心能力重构

一　组织上：将一体化组织重构为模块化组织

现代企业内部的分工是复杂的，这些分工在企业内部主要以什么样的方式来组织？学者们通常用一体化这样的概念来描述，并且以此来区分同一要素或者力量在企业和市场中自主程度的差异。在企业中，控制权和剩余控制权的非对称分布和结构，是企业各个构成要素和力量之间的关系的表现；而在市场中，各个构成要素和力量是自主的，相互之间具有相对的独立性。

企业的一体化分为横向一体化和纵向一体化，它们反映了企业进行价值创造活动对要素和力量进行组织的形式。以所有权和控制权为核心来组织资源进行价值创造的最大特征是，将企业所需的要素和力量用一条边界分隔为内部和外部。基于所有权集合起来的资源被视为内部资源，企业在生产经营过程中直接可用这部分资源，事实上企业也主要依赖这些资源来开展生产经营活动。所有权决定了控制权分配的原则，也就是资源所有者具有资源用途的决定权，相对于所有者，企业中一般员工不拥有企业经营资源的所有权——员工的人力资本要素除外，所以，员工没有关于资源如何使用的决定权。因此，企业中非对称的权利结构，使企业内部发展出结构清晰的等级制科层体系，这种科层明确定义了资源配置过程中决策权的分布状态。一体化的企业组织形式能够保证企业在生产经营过程中步调一致，具有协调性优势。但是这种组织最大的不足在于创新不足，面对市场变化反应滞后。

相对于一体化，模块化是企业存在的另一种组织形态。青木昌彦等将模块化定义为半自律性的价值创造子系统，该子系统主要通过界面联系规则来与其他具有同样组织形态的子系统合作。这种半自律性主要表现在如下方面。第一，模块化组织需要通过合作来实现自身的价值；第二，它必须接受合作方的约束，而这种约束是开放的界面接口规则；第三，除了界面接口规则的约束，模块化组织具有充分的自主性。界面接口规则实质上是对合作需求所进行的定义。对于一个模块化组织来讲，当清楚知道合作对象的要求，那么如何满足合作的需求，能够将这种需求满足到什么程度？则完全取决于该模块自身的创新能力。从这个意义上讲，界面接口规则是一种公开的信息，这降低了模块化组织进行外部合作的信息成本。这就是青木昌彦为什么将模块化组织称为半自律的组织[1]。

对企业一体化和模块化两种组织形态进行比较可以看出，模块化组织相当于一体化组织内部的一个业务或职能单元。但是，它又与企业内部的业务或职能单元具有本质上的差异。这是因为如下几点。①企业中各个业务或者职能单元与企业之间是基于产权的从属关系，是指挥与被指挥的关系，这些业务和职能的价值发挥空间只局限于企业所有权边界内。而模块化组织和其他模块化组织进行联盟价值创造，它们之间是平等的合作关系，基于规则，所有的决策基于自主的原则。而且，模块化组织价值发挥的空间是整个市场空间，可以参与多个不同的价值联盟。②两种组织形态选择机会的大小不同。企业一体化组织中各个构成单元具有唯一性和稳定性，在一个企业内部不可能设置两个完全一样可以相互替代的职能部门。但是，模块化组织是活跃于全球价值网络型分工体系中的专业化经济组织，与其功能结构相似甚至相同的模块可能很多，因此，对于它所参与的价值创造过程来讲，其可替代性是非常强的，这种可替代性也为模块化组织带来了充分的创新激励。③应对市场变化的反应效率不同。在一体化的企业组织中，行政科层体系往往将职员行为关注的焦点聚集在上级的命令上，而不是市场的需求。这实质上将员工和市场隔离了，因此，员工缺乏对市场变化进行感知的激励，自然也做不到对市场变化进行反应，更谈不上对市场的变化进行及时的应对。对于模块化组织来讲，它本身是在市场中依靠竞争合作的方式来实现自身的价值诉求。依靠合作是因为，模块化组织需要和其他模块化组织联盟才能实现价值创造的目标，竞争是指任何一个模块化组织要想进入任何一个价值联盟创造过程，必须要和同类模块进行竞争，因为任何联盟价值创造体系的协作规则决定了只有最符合该体系要求的模块才有资格进入。因此，任何一个模块化单元必须针对市场的需求不断优化自身的核心能力，这就需要它不断进行创新，以适应市场变化。

---

[1] 〔日〕青木昌彦、安藤晴彦：《模块时代：新产业结构的本质》，周国荣译，上海远东出版社，2003，第5~6页。

由此可见，相比较一体化的企业组织形态，模块化组织形态更有利于企业核心能力的塑造，更适合企业实现开放式发展，在无边界的广阔空间中重构其发展所需的要素和力量。那么如何才能让一体化的组织形态向模块化的组织形态转型？从模块化的形成与发展模式来看，它是对复杂系统的解构，也就是通过模块化将复杂的系统分解成更简洁的多个子系统的过程，实际上是专业化深化发展的过程，也就是企业核心能力塑造的过程，一般包括业务能力核心化和团队组织能力核心化。

（一）塑造企业核心业务

工业化早期，全能型企业比较常见，这种企业集生产、物流、销售于一体，无论大企业还是小企业都具有这种特征。因此，学术界将这种现象称为大而全、小而全。企业以这种全能型组织形式来开展生产经营活动，表面上看其经营的自主程度很高，可以免去很多合作成本。但是从机会成本的角度来看，这也会造成企业一些功能闲置和浪费，同时，企业也存在一些业务的能力不足。造成这种结果的主要原因在于，企业所有权边界将其内外分为两个完全不同的环境，其所拥有的资源只能在其内部使用，从而完全限制这些资源在边界外发挥作用的可能性。比如，企业中的一辆货运卡车，企业在半个月内不需要运输，但是，在这半个月的闲置期间，它也不能在企业外承接货运业务。对一个企业来讲，以所有权形式展开生产经营活动，生产经营所能投入的资源必然很有限，在大而全、小而全的经营模式下，企业很难发挥专业化优势。为了解决所有权带来的投资能力不足问题，企业以股份制的形式进行社会化经营，从而突破资源的所有权边界。但是，这并没有打破企业全能型的运作方式，真正打破一体化形式的是外包。股权社会化体现的是投资方面的合作，而外包体现的是业务和生产经营能力方面的合作。从企业实行外包开始，企业就逐渐将市场机制引入企业内部。当市场机制被引入企业，企业内部所有业务单元都会面对市场的优胜劣汰机制。这就会给企业的经营带来两种变化。一种变化是能力强的业务单元，其功能发挥的空间被无限扩大。因为市场竞争必然参与者众多，显示出竞争优势的单元就会获得更多的合作机会。在全球化的市场空间，利用这种机会来创造价值，可能使企业获得的价值远远高于企业在一体化下的价值总和。另一种变化是，对于竞争力弱的业务单元，因为在市场上不具有竞争优势，那么，在企业中，它同样没有存在的必要。企业直接从市场引入更具竞争优势的单元进行合作将是更优的生产经营决策。随着这一过程不断推进，一体化的组织必然从封闭走向开放，具有竞争优势的业务单元会在市场的竞争中进一步强化优势，而不具有竞争优势的业务单元将逐渐退出一体化形态，以市场合作的方式存在。这样一来，企业最终将发展成为具有专业化核心能力的组织形态。由此可见，市场机制引入企业内部将有效促进企业业务能力的核心化。

（二）塑造企业核心团队

团队核心化和业务能力核心化是同步的。从某种程度上讲，企业核心能力的塑造是具有核心能力的团队的塑造。因为，企业核心能力的发挥从根源上讲还是取决于由人组成的团队。企业生产经营所投入的资本包括物质资本和人力资本，物质资本是被动性资本，其本身并不会自己实现价值增值。从根源上讲，企业价值创造能力的原动力还是来源于人力资本。因为，人力资本是主动性资本。作为一种主动性资本，人力资本输出的量，对于他人来讲是很难进行衡量的。当他人很难观察一个人输出的资本数量的时候，在企业生产中，企业家如何保证雇员能够供给企业家期望的人力资本数量？企业理论对此进行了大量的探讨，一般认为，人力资本的供给量与激励具有非常强的正向关系。周其仁指出对于人力资本不能压制，而要采取激励才能在生产经营活动中获得更多的实际的人力资本投入。等级制的行政命令型的资源配置机制不利于促进人力资本输出数量和质量的增加。任何人都向往自由，而不喜欢被压制。因此，具有核心竞争力的团队一定不是单纯依靠强压来运行的。根据第五章的案例分析，海尔集团通过市场链机制，充分调动了员工创新的主动性和积极性。与核心业务塑造的过程一样，核心团队的塑造也需要放到市场中实现。当市场优胜劣汰的竞争机制被引入一个团队，同样会给这个团队带来两种结果。一是团队中具有竞争优势的成员，其能力的发挥范围会获得无限的拓展。在一个广阔的市场空间中,一个人所具有的人力资本可能在多个价值创造过程中都是必需的,如果这个人的人力资本在市场中显示出突出的竞争优势,这些价值创造过程都会主动寻求与其进行合作。这就会使这个人能力发挥空间不再只局限于一个团队中,或者一个企业中。二是团队中没有竞争优势的成员,在市场机制引入后将会被市场中具有竞争优势的人所替代,从而会从团队退出。因为团队的每个成员都直接面对市场。所以,其人力资本的贡献大小主要由市场绩效来衡量。在动态变化的市场环境中,任何成员如果不持续进行创新,那么,其原有的竞争优势也会慢慢消失,从而可能被市场淘汰掉。为了不被市场的优胜劣汰机制淘汰出局,每一个团队成员必然具有充分的创新激励。由此一来,团队中的每一个成员就成了具有独立创新能力的战略单元(SBU),他是市场中的竞争主体,是资本单元、创新单元,更是利润单元[①]。

综上所述,将市场机制引入市场,让企业以开放的方式进行生产经营,直接克服了行政指挥机制在资源配置中所具有的不足。当市场机制能更好地促进资源优化配置,企业内部庞杂的管理体系,尤其是厚厚的垂直管理体系就失去了存在的必要和基础,企业组织结构就自然实现了扁平化。此外,因为团队中每个成员面对市场优胜劣汰机制必须发挥创新的主动性和积极性,所以,团队自然就充满创新活力,面对市场变化就能够做到及时灵活的应对。可见,企业要从一体化向模块化转型,将市场优胜劣汰机制引入是有效的路径选择。

二 制度上:行政控制与市场自由竞争相融合

人们的行为会相互影响,站在个人的立场上,个人行为会受到各种制约。在法制社会中,制度对人的制约作用非常大。因为人的认知具有局限性,通过制度规范人们的行为可以有助于人们有效实现行为的目标,这种制度属于科学合理的制度;而有些制度可能对人们实现一些正当目标构成障碍,那么,这种制度就是不合理的,需要对其进行改革。企业作为集体

---

① 李海舰、郭树民:《企业市场化研究:基于案例的视角》,《中国工业经济》2008年第8期。

行动的生产经营性组织,制度是实现企业成员向着共同目标前进的关键。因此,也可以说,企业的制度决定企业经营运作的效率。制度本身是由各种规则共同构成的体系。企业的制度安排多种多样,以产权为中心的制度安排是其中的一种,也是传统企业最普遍采用的制度安排。约翰·罗杰斯·康芒斯指出制度是集体行动规则,道格拉斯·诺斯认为制度是群体对个体行为的限制[1],制度本质上是围绕产权所做的各种规定。依据不同的分类标准,财产权可以做多种不同的划分,一般来讲,财产权主要分为以下几类:所有权、控制权、受益权、处置权、使用权等。每一种产权形态在经济活动中都可分离进行交易,不同类型的产权交易安排就构成了不同的企业制度。不同的制度安排对于与产权相关联的资源的使用会产生不同的激励。

在分工经济条件下,企业和市场是组织分工的两种重要组织形式,它们既有相同点,又有不同点。从分工的角度来看,企业和市场的相同点在于都是组织分工的手段,不同点在于企业组织分工的类型和市场具有很大的不同。科斯在论述企业和市场的不同的时候,核心论述了企业和市场组织分工的成本和效率的差异,指出节约交易成本是企业出现的根本原因,并指出企业是用一个契约对一系列契约的替代。正是企业和市场组织分工过程中不同的契约,使组织分工的成本也不同,从而科斯深刻揭示了企业产生的根本原因所在。此外,科斯强调企业的管理职能和市场的交易职能,他认为企业是用行政指挥机制对市场自由价格竞争机制的一种替代。根据第二章文献回顾可知,科斯关于企业与市场不同的见解受到了张五常的质疑,张五常通过考察计件考核机制,深刻指出企业不是用行政指挥机制对市场价格自由竞争机制的替代,而是用组织劳动力交易的市场对组织产品交易的市场的替代。因此,企业本质上也是一种市场组织,是专门组织劳动力分工的组织。张五常对于企业本质的洞见充分说明,行政指挥机制并不是定义企业的关键特征,只不过是为了有效促进企业实现组织劳动力分工的一种手段,企业本质上仍属于市场,将市场机制引入企业生产经

---

[1] 余菁:《企业制度的弹性》,《中国工业经济》2011年第4期。

营过程，实质上是对企业本质的回归。因此，从产权的行政控制机制到与市场自由竞争机制相融合，是企业实践主动遵循企业发展本质的表现。而且，企业将市场优胜劣汰的竞争机制引入其内部，使得企业生产经营能力的增长不再受边界制约。

（一）企业行政机制中融入市场机制

在企业中引入市场自由竞争机制，直接改变了企业的绩效考核机制。在行政指挥机制下，员工是否完成上级所订立的目标或者某种指令通常是其业绩考核的标准，而市场是以顾客需求的满足程度作为员工业绩考核的标准。这两种考核标准的差异，直接决定员工行为激励的方向的差异。对于行政考核机制来讲，如果上级指令与顾客需求程度是一致的，那么，两种考核标准产生的激励结果应当区别不大。但是，如果行政指令的激励方向与顾客需求不一致或者相违背，那么，员工的行为激励方向必然会偏离企业总体经营的目标。因为企业是企业家实现自身价值诉求的承载者，它的存在对于企业家来讲是工具性的，企业家用它的产出满足顾客的需求，并通过满足顾客需求来交换自己想要的东西。因此，企业产出能否满足顾客需求是企业家能否最终实现自身价值诉求的关键。当行政科层的层级不断增加，这种行政指令就会变得非常多，从而行政指令偏离顾客需求的概率会随之增加，这自然会使企业中员工行为偏离企业经营目标的概率变大。将市场机制直接引入市场，为有效克服员工行为的激励偏离顾客需求提供了可能性。因为，对于企业生产经营所需的要素和力量来讲，这些要素和力量都会以各种产权的形式依附于人，由于不同的产权是可独立进行交易，这表现为产权在不同的人之间的流动。根据科斯定理，在信息完全的情况下，当交易成本为零，只要产权界定明晰，无论关于产权做什么样的初始安排，自由的市场竞争机制都会使各种要素和力量的配置实现帕累托效率。现实中，信息不可能完全，因此，交易费用也不可能为零。当交易费用不为零，市场价格自由竞争机制不一定能够促使各种资源的配置实现帕累托最优。

现代化的互联网信息技术有效改善了传统企业经营过程中面临的信息

不对称的境况。尤其在互联网构筑的虚拟空间，人们之间进行信息沟通交流的效率，及信息处理的效率获得了前所未有的提升。此外，虚拟空间提供的全球化市场空间，直接改变了交易各方行为博弈的环境。博弈理论指出，在信息不完全的情况下，有限次博弈无法避免机会主义行为内生的交易成本。在信息技术不发达的情况下，这种机会主义行为者可以利用信息传播效率低下来实现获益并规避惩罚。但是，当信息传播效率高，机会主义行为者规避惩罚的可能性就会被大幅度降低。一旦机会主义行为者的行为被识破并利用互联网传播，潜在的交易者都会拒绝与机会主义行为者进行交易，那么，对于这个机会主义行为者来讲，实施机会主义行为的收益可能远远小于付出的代价。因此，在信息发达的时代，即使是一次性博弈，交易双方最优的策略仍是不实施机会主义行为。可见，在行政机制中融入市场机制还能有效解决机会行为的问题。

将市场价格自由竞争机制引入企业，直接打破了企业和市场之间的界限。这种运作方式实质上是用各种模块化组织对企业一体化组织中各个功能单元的一种替代，是用模块化组织间的市场竞争机制对一体化企业组织内部行政指挥机制的一种替代，是用市场开放的交易契约界面对一体化企业中行政科层的命令界面的一种替代，如图 7-1 和图 7-2 所示。图 7-1 展示了产权一体化企业的组织架构，组织内部各功能模块好像生存在一个隔离的空间，整个企业也表现得像是一个孤岛。而图 7-2 展示了另外一幅图景，将市场机制引入企业，企业组织打破静态的存在方式，原有各功能模块开始发生动态变化，外部模块化的功能单元直接可以进入并替代原有模块。这种动态变化过程，可以具体通过以下几方面进行描述。

模块化将行政指挥机制转变为模块化的联盟价值创造机制。行政指挥机制是一体化企业各部门和各分工单元保持联动的基础，这种机制的典型特征是企业内部专业化之间的协作关系表现出突出的行政隶属性，下级常常隶属于上级，各个功能单元活动范围仅限于企业内部。模块化转型，打破了企业中各功能单元的行政隶属关系，这些功能模块变成与企业其他各功能单元平等的单元，不再隶属于任何其他经济行为主体，它与其他功能单元的关系变成平等合作关系或者竞争关系。更为重要的是，这种功能单

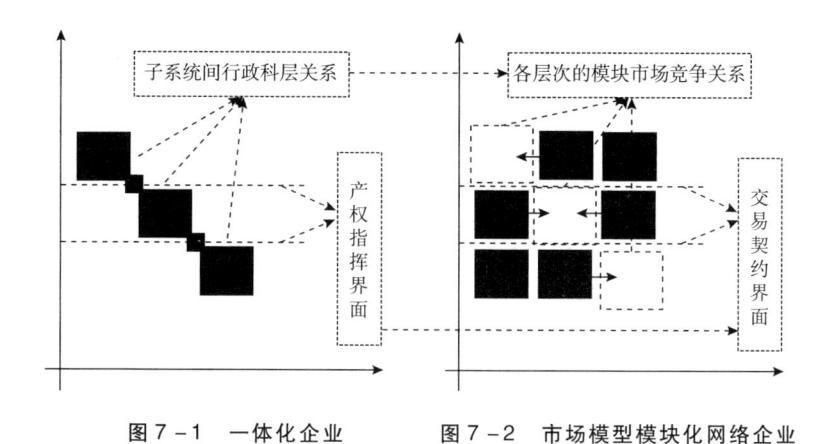

图 7-1 一体化企业　　图 7-2 市场模型模块化网络企业

元的活动空间不再局限于企业内部。它可以在外部广阔的市场空间寻找更有助于自身发展的机会，在外部市场中与其他同类功能模块进行竞争。由此一来，原来封闭的一体化企业组织变成由界面联系规则体系所架构的开放式组织，如图7-2中，黑色正方形图案代表活动于市场空间的价值功能模块，白色正方形图案代表联盟价值创造体系在价值创造过程中所需要的各种模块化价值单元，这个图案代表一种机会，任何活跃于市场中的模块化组织都可以来争取，通过与同类组织竞争获得进入这个价值联盟的机会。其中，从黑色正方形图案指向白色正方形图案的加粗黑色箭头，指明了市场中模块化组织价值创造活动的运动方向。对于每一个白色正方形所在的位置，市场中无数能满足该位置需求的模块化组织依据市场竞争机制，也就是以"淘汰赛"来获取。市场优胜劣汰的竞争淘汰机制，将使胜出者一定是最适合该白色正方形所在位置的需求的。当原来意义上一体化企业组织中的各个功能模块都以这种方式被市场中的模块化组织通过优胜劣汰机制进行——替代，那么，整个企业的功能自然就实现了最优。随着外部环境的变化，原有意义上的一体化组织中的某个功能模块需要调整，它只需要修改界面联系规则就可以。当界面联系规则修改了，在位的模块化组织也需要按照这种变化进行自我变革，以适应界面联系规则的变化，如果不想变化，也可以选择退出，从而让外界满足变革后界面联系规则的模块化组织进入。因此，从企业动态的发展角度来看，模块化有效地增强了企业面对市场变化的灵活反应能力。值得注意的是，当所有的实体功能单元都从外部通过市场竞争机制来重构，原有意义上的一体化组织只需要专注界面规则体系的构建就能实现生产经营活动的目的，获得强大的价值创造能力。

基于产权的行政指挥关系转向基于市场供需关系的交易契约界面，如如图7-1所示，平行于横轴的各条虚线表示企业内部各个价值功能单元相互联系的界面分布，黑色正方形表示具体的价值功能单元。在一体化企业中，处于上一层级的界面对下一级具有直接的控制权，企业内部总体呈现突出的行政隶属关系。平行于横轴的虚线条数增加，表明企业内部纵向垂直等级的层数增加，相应的行政指挥关系的界面联系稳固。信息在这个体系中的传播路径是线性的，如图7-1中处于各个黑色正方形对角线处的黑色小正方形所示，这些小正方形将大的黑色正方形顺次串联起来，它表示上一层级和下一层级的联系方式，它如同上级发布命令的窗口，命令通过该窗口传递，又通过该窗口将下级的信息反馈传递给上级。命令从最上级向最下级传递和反馈，都必须依次经过这些窗口。当其中任何一个窗口在传达命令的过程中出现失误、遗漏、歪曲等状况，会直接导致后面层级接受了失真的指令，这会大大降低企业运行的效率。这种联系具有稳固的结构，面对市场变化，很难进行弹性调整。图7-2表示的界面联系结构虽然与图7-1相似，但是它代表的含义却有非常大的不同。图7-2中与横轴平行的虚线表示市场交易契约，虽然从整体契约架构来看，它和图7-1没什么不同，当用交易契约界面替代了原来的产权指挥界面，原来一体化组织的界面规则在设计的过程中既需要考虑价值实现的过程，也需要充分考虑价值实现的结果。而在市场交易契约的界面设计过程中，企业只需要关注价值实现的结果就可以了，而将价值实现过程完全交由模块化组织自身，这不仅减少了企业管理工作的量，也节约了企业管理的监督成本，更为重要的是增强了企业整体的主动性和创新性，因为，将价值实现过程的决策完全赋予模块化单元进行自主决策。

此外，在一体化的行政指挥体系中，企业内部所有信息都不公开。而在交易契约界面下，界面规则信息是公开的，从而节约了模块化单元在市场中进行信息搜寻的成本。鲍德温和克拉克[①]用"看得见的信息"和"看不见的信息"来描述模块化价值创造过程中，信息系统的结构和分布状态。青木昌彦[②]将界面规则体系供给的信息称为"系统信息"或"公有信息"，而将模块化单元自己拥有的信息称为"个别信息"或者"私人信息"。界面规则因为向市场公开，因此是进入市场的经济主体都能看见的系统信息，而运行与模块化内部的信息，对其所处的价值创造体系来讲，是属于私人的，是别人看不见的私人信息。在图7-1中，企业在构筑行政指挥界面规则体系的时候，必须同时考虑系统信息和私人信息，而且企业需要依赖下级的私人信息来制定有效的经营战略。这给企业经营带来了无法突破的困境，因为很多私人信息是永远无法取得的。图7-2显示的信息结构，只要求主导价值联盟的企业设计好界面规则体系，也就是做好公共信息部分就可以了，没有必要花费成本去获取模块化单元本身的私人信息。利用市场优胜劣汰机制，联盟价值创造体系不需要了解每一个模块内部的运作过程，就能保证这个价值创造体系的价值创造活动有效开展。

交易契约界面随市场环境的动态变化而动态演进。在一体化企业组织中，基于产权的行政指挥界面关系具有相对的稳定性，这主要是因为，企业中各个价值功能单元的活动空间及相互之间的关系都被固定了。每一个价值功能单元的自主性具有很大的约束，其行为主要依靠行政指令，其不能按照自己的判断和决策进行行为。企业产权约束能够到达的范围决定了行政指挥界面所能规范的经济活动范围，而每一个价值功能单元的经济活动范围也仅限于行政指挥界面所规定的范围。这样，整个一体化经济组织的价值创造活动就面临二维约束，如图7-3所示。在图7-3中，将各个价值功能单元用子系统 x（$x=1,2,\cdots,n$）表示，子系统 x 价值创造能力的发挥空间只能局限于有限的企业所有权所表示的边界范围内。

但是，当将这些子系统 x 进行模块化，变成模块 x（$x=1,2,\cdots,n$），并将市场机制引入企业，那么，模块 x 的价值发挥空间将直接拓展

[①] 〔美〕卡丽斯·鲍德温、金·克拉克：《设计规则：模块化的力量》，张传良等译，中信出版社，2006。

[②] 〔日〕青木昌彦：《比较制度分析》，周黎安译，上海远东出版社，2001。

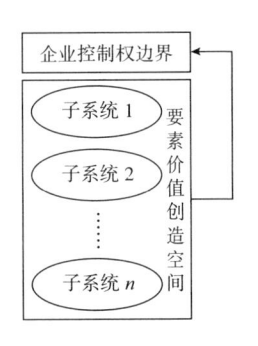

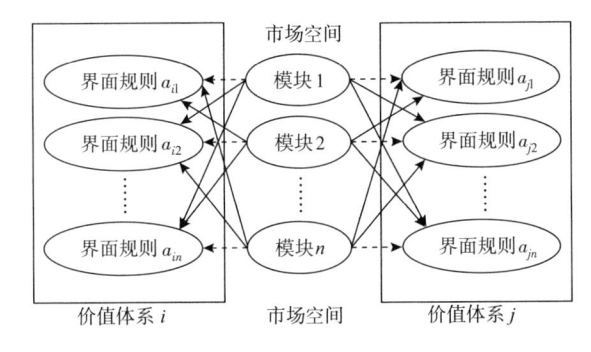

图7-3 产权控制界面下的资源价值创造空间

图7-4 交易契约界面下的模块价值创造空间

到全球,而不再局限于产权一体化的企业内部。如图7-4所示,市场中存在无数个价值创造系统,图中用价值体系i和价值体系j来表示(其中,i,$j=1,2,\cdots,n$)各个具体的独立价值创造过程。任意的价值体系i或者价值体系j都是由多个模块化组织通过界面联系规则所构成的价值创造联盟。模块x活跃于广阔的市场空间,不断地寻找可进入的价值体系,它在没有进入具体的价值创造体系之前,都以独立的形态存在。同样,各个价值创造体系在没有任何具有实际价值创造能力的模块加入之前,也表现为由界面规则1到界面规则n组成的界面规则体系。在市场中,对于任意一个模块x,其潜在可进入的价值创造体系是无数的。例如,在图7-4中,模块1的选择空间为｛价值体系1,价值体系2,…,价值体系n｝,而且,一旦模块1选定了要进入的价值体系,它的进入选择空间也有n种｛界面规则1,界面规则2,…,界面规则n｝。因此,很容易能够算出,如果市场中可供模块化组织进入的价值体系有m个,假设任意一个价值体系包含n个界面规则,那么,任意模块x在市场中实现价值创造能力的选择空间就有mn[①]种。这比在一体化企业组织中任何一个价值功能单元的选择机会多了$mn-1$种。因为模块化组织可以进行复制,同时可以进入不同的价值创造体系,所以,通过模块化,并将市场机制

---

① 因为从m个价值体系选择一个,那么就是C_m^1,选定了一个价值体系,有n种途径进入,也就有C_n^1,从而,单个模块系统价值实现方式就有$C_m^1 \times C_n^1$种。

引入企业，可以为企业原有价值功能单元的价值创造能力提供无限的价值增值空间。

（二）市场中嵌入企业科层

亚当·斯密在论述市场组织分工所表现的优势的时候，称市场是看不见的手。钱德勒在论述企业在组织分工中所表现的优势的时候，称企业是看得见的手。亚当·斯密称市场用看不见的手来组织分工，是因为在市场中没有中心计划者，每一个经济行为主体自主决策，市场属于分散化决策。而钱德勒将企业称为看得见的手，是因为企业具有中心计划人，企业中很多人只是执行者，而不是决策者，集体行动依靠中心计划人来指挥和协调。然而，再进一步审视市场看不见的手，就会发现这只手实际上就是价格自由竞争机制，正是这种价格自由竞争机制在指挥着无数经济行为主体的行为。因此，在市场中，经济行为主体本身也是在集体行动，只不过这时候的中心指挥官是价格自由竞争机制，而不是企业中的某个具体的人。自由价格竞争机制本身就是一种制度，市场组织分工的作用要得到有效发挥，必须严格遵循这个制度。因为制度本身具有约束的特征，所以，市场中的各种制度必然构成一个复杂的制度体系，这个制度体系会依据不同的特征分级和分层，如同企业中的科层。科层本质上并不是约束和限制的代名词，但是，科层确实具有规范的含义，具体表现的是规范作用所触及的范围。新古典经济学从完全信息假设和理性人假设出发，得出市场可以依靠无形的手实现帕累托效率的结论。然而，现实世界中，任何经济行为人的行为不可能做到信息完全。此外，古典经济学和新古典经济学的理性人假设，隐含了每一个经济行为主体具有无限的计算能力，这和现实中的人具有非常大的差距。现实中，市场没有实现帕累托效率的地方处处可见。因此，市场组织分工的过程还需要用看得见的手来援助。模块化过程就是让看得见的手与看不见的手相互握在一起的过程。图7-2和图7-4所反映的模块化和模块化价值创造过程，是对市场机制中嵌入科层的直观反映。为什么要在市场机制中嵌入科层机制，这是因为，在信息不完全的情况下，人的机会主义会产生内生交易成本。交易成本是在信息不完全的情况下，市场本身无法克服的问题。如图7-5所示，交易双方处于信息不完全的环境，为了达成交易，双方需要反复谈判和磋商，因为缺乏对未来信息的充分了解，因此契约经常是短期或者一次性的，这就需要频繁、多次签约。此外，不完全信息也会使契约的执行过程中存在违约和纠纷，从而引致执行成本。尤其是人的机会主义行为，其内生交易成本的特征在专用性投资中表现得最为突出。因为在信息不完全的情况下，专用性资产转换用途的机会要么很少，要么很多，对于需求大、供给少的专用性资产来讲，转换用途的机会大；而对于需求小专用性资产来讲，转换用途的机会小。从而，专用性资产很容易形成可占用性准租。尤其是对于需求小的专用性资产来讲，机会主义行为会加剧专用性资产的投资不足。相比较市场机制而言，企业科层机制在解决这些问题上表现出一定的优势。首先，企业通过中心签约人，将市场上一系列契约变为一个契约，大幅减少了短期交易以及重复交易的次数，节约了契约签订的成本。其次，科层机制以买断剩余索取权的方式，消除了专用性资产投资的风险，有利于增加专用性资产的投资。可见，在信息不完全的条件下，交易成本是市场无法克服的问题，而企业也就是在这一客观因素的驱动下形成的，企业本质上是用劳动力市场对产品市场的替代。企业作为劳动力市场分工的组织形式，它能将科层嵌入其组织中，那么市场自然也可以嵌入科层。

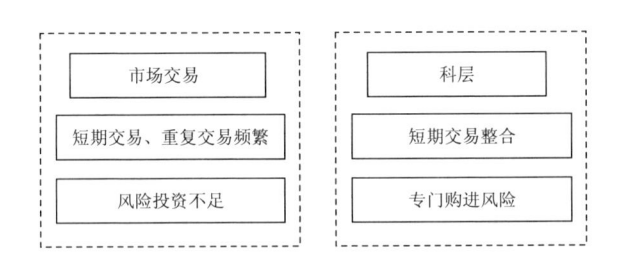

市场交易	科层
短期交易、重复交易频繁	短期交易整合
风险投资不足	专门购进风险

图7-5 企业和科层重要特征比较

那么如何在市场中嵌入科层？科层的最大特征是带有集中计划的特征，因此，在市场中嵌入科层，就是将一定程度的集中计划纳入市场过程。市场依靠价格来传递信息，而价格的形成是复杂因素共同作用的结

第七章　企业无边界重构的一般路径构建

果。在信息不完全的情况下，人的机会主义行为会扭曲价格，从而使价格不能真实反映市场交易所需的真实信息。为此就必须用科层来规范，保证价格形成的客观性。模块化正是在市场中有效嵌入科层的一种组织形式。模块化主要通过界面接口规则体系将市场嵌入科层，界面接口规则如同黏合剂，将市场松散的行动变为有序的集体行动。界面接口规则本身属于信息系统的公开信息，是市场参与主体都可以看得见的信息。而这种看得见的信息是人为创造的，阿罗·赫维兹将这个称为"舵手"。舵手是广阔市场中保证大家集体行动的中心组织者。因为市场是复杂的运行体系，在人的认知有限的约束下，并不是每个人对于市场的认知都能符合客观实际。而舵手能够充当科层角色的本质在于，他也不过是顺应市场发展的客观规律，将市场运行的本质规律——这种规律通常深藏于现象之中，以界面规则体系表达出来——让隐匿在现象中的有序规律以直观可见的规则的形式显现出来，从而克服市场自发运行的无序性。界面规则体系一般主要有三种形式。①金字塔结构的界面规则联系体系。在这种体系中，"舵手"整体设计价值创造体系各模块组织相互之间进行协作的界面联系规则，当系统所处环境发生了变化，唯一能够对界面接口规则改进的只有"舵手"。②信息同化型界面联系规则体系。在这种体系中，面对价值创造体系生存环境的变化，"舵手"不是唯一能够进行界面规则进行改进的行为人，其他模块的行为人通过与"舵手"互动，可以驱动"舵手"来对界面联系规则进行改进。③信息异化型-进化型界面联系规则体系。在这种价值创造体系中，系统中同时存在多个"舵手"，这些"舵手"制定的界面规则体系相互竞争，进入"舵手"构建的界面规则体系中模块化组织也可以演化成"舵手"，因此，"舵手"角色动态变化。"舵手"和进入的各个模块都会从自身所处的位置来对"舵手"所处环境进行解释，然后通过界面规则表现出来[1]。这种动态互动及相互竞争，使得这种系统呈现自我进化的特征，不断向更合理的价值创造体系演进。

---

[1] 〔日〕青木昌彦、安藤晴彦：《模块时代：新产业结构的本质》，周国荣译，上海远东出版社，2003，第15~20页。

三 文化上：将文化做"实"

企业文化属于企业中员工对于企业的认识和看法，包括对于企业目标、愿景、企业各类职业的行为，以及企业所生产经营的产品等的认知和看法。因此，员工对企业的认知和看法涉及企业的方方面面。企业员工对企业的认知会直接影响企业在各个方面的实践。从文化的作用来看，文化对企业的影响主要表现在三个方面：一是对企业员工价值观产生的影响；二是对企业经营管理制度的影响；三是对企业提供的产品生产和服务的价值的影响。从本质上看，文化属于人的认知范畴，是形塑一个人价值观的养料和内容。作为指导人行为的价值观，对人和企业的实践具有直接的影响作用。从某种程度上讲，人类文明所创造的一切都是人类认知的物化的表现。制度包含正式制度和非正式制度，制度本身是规则体系，是人们共同的约定。正式制度和非正式制度的最大区别在于，正式制度是强制实行的，而非正式制度不强制执行，靠行为者自律。从物质层面来讲，人们将对自然界和人类社会的认知借助产品或服务的形态展示出来，使得意识形态实现物化。因此，文化是人的行为的力量源泉，它本质上是无形的，正是因为其无形的形态，使其力量具有广泛的渗透力，这为将文化做成平台提供了基础。基于文化这个平台，企业可以把理念变成产品，将理念变成财富[①]。

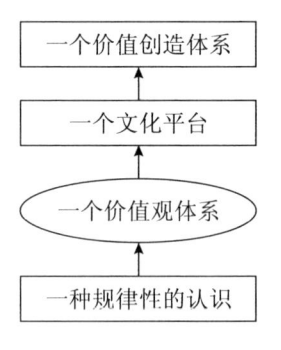

图 7-6 价值观层面做实文化

---

① 李海舰：《基于软资源的新型工业化道路——从硬资源的约束到软资源的突破》，《中国经济问题》2005 年第 5 期。

（一）从企业价值观念层面做"实"文化

要在价值观层面做"实"企业文化，就必须用规律性的认识来塑造企业员工的价值观。世界是复杂的，每个人站在不同的视角和立场必然会对世界具有不同的认识。正是因为世界的复杂性，每个人对于世界的正确认识都是碎片化的，并且不同的人掌握着不同的碎片。因此，需要不同的人将自己所掌握的碎片拼在一起，然后每个人才能形成对世界更大范围的正确认识。由此可见，在单个人认知能力有限的情况下，合作是拓展人类认知范围最有效的途径。在企业中，如果人们认识到了每个人获得认知增长的这种规律。那么，每个人自然就会崇尚合作，会主动与他人合作。从而崇尚合作就会成为企业的一种文化。

企业文化是企业员工和包括企业家在内的所有人对于企业总体的认识和看法，这种认识和看法直接决定企业的发展变化方向。因为企业是由多个具有主观能动性的人所构成的集体，企业总体经营效率直接取决于这些人的行为，这些人的行为又受各自的意识形态支配，尤其是价值观的支配。在企业中，员工对企业共同的认知就是企业的文化，如果这种共同认知不同于其他企业共同的认知，那么，体现的就是两个企业具有不同的文化。局外人很容易发现两个企业的行为特征具有显著的不同。这就是文化的力量，它能在不同的个体身上找到或者注入相同的东西，从而让他们凝聚在一起，一致行动，而且这种一致行动具有很强烈的自我激励作用，可以减少外界的督促和指挥。这就是企业文化对于企业发展的意义。

如何将企业文化落到实处，用什么样的规律性认识来形塑企业员工的价值观？根据前面的理论和案例分析，企业发展的本质是一个开放的重构过程，是需要各专业化单元进行充分合作才能实现的；在合作中，创新的主动性和积极性需要得到有效的保证。这些企业发展的必要条件，属于企业发展的规律。规律是客观的、相对稳定的，如果企业中每个人都在某个事情上获得了规律性的认识。那么，他们相互之间就自然在该事情上具有了一致的认知，而且在行为上才能做到符合规律的要求。如果一个集体接受谬误的认知，那么，他们的行为就会与事物运动规律相违背，就不可能达到行动所预期的目标。因此,用规律性的认知来塑造企业员工的价值观是培育健康企业文化的关键。

企业和市场是分工经济的产物,分工经济运行的规律决定了企业和市场的运行规律。企业只有顺应经济发展的规律,才能有效实现自身发展的经营目标。开放、合作、平等、诚信、竞争等都是分工经济下经济行为主体有效实现自身目标所必须遵循的法则,因此,将这些观念植入企业员工的意识形态中,对于培育健康企业文化极为关键。根据前面的分析,在等级森严的企业组织中,官僚主义文化氛围浓厚,因为官僚文化强调指挥、命令,强调服从,强调边界,因此,它违背分工经济发展所要求的开放、平等、合作、竞争、诚信等原则。相反在健康的市场经济中,每一个行为主体都是平等的,相互之间的合作以公平竞争的方式展开,任何合作(交易)都遵循平等自主原则,从而市场经济有效地促进了人类社会劳动生产率水平的提高。因此,在企业中引入市场公平竞争机制是培养健康企业文化的关键。从这个意义上讲,在价值观层面做实企业文化,就是要让企业中的每一个员工树立市场意识。

(二)在企业制度层面做"实"文化

世界的复杂性导致每个人对于世界的科学认知都是片段性的,如何能将每个人片段化的关于世界的正确认知有效传递给他人,从而节约他人对于探索这种认知所需的时间?这就取决于人们相互之间传递这种认知的手段,制度化是传递这种认识非常重要的一种手段。制度是由各种规则所组成的体系,每一条规则都是为了规范人们的行为。为什么人们需要这种规则来规范自身的行为?信息不完全决定了人的行为具有一定的盲目性,行为符合了事物运行的规律,人类就可能从行为中受益;而行为违背了事物运行的规律,那么,人类不仅不能从行为中获益,反而会遭到规律的惩罚。规则本质上是一种信息系统,告诉人们哪些事情可以做,哪些事情不可以做,或者为人们行为提供信息参考。规则至少是前人经验的结果,规则的形成,表现为将隐藏在现象背后的规律以人类容易识别的方式呈现出来,从而有利于这种规律性认知在不同人之间传播和扩散。

企业制度是企业员工集体行动的行为准则，对每一个员工"可以做什么""不可以做什么"，至少是对"不可以做什么"所进行的具体规定。因为，制度包括正式制度和非正式制度。在当前时代，正式制度通常主要表现为以文本化的方式呈现出来的规则，属于显性契约形式；而非正式制度通常没有明确的文本规定，是依靠传统，依靠人们的群体性的行为习惯来传递，是潜移默化的。正式制度对人的约束是强制性的，而非正式制度对人的规范主要依靠个人的自觉。但是，一个人的行为不管是违背了正式制度，还是非正式制度，是否会受到惩罚通常都不以个人的意愿为原则。因此，从制度层面来看待文化，文化就表现为道德习俗、宗教礼仪、法律法规等人们对于世界相对固化的认知的显性表达。因此，要在企业制度层面做"实"文化，一方面要将人类对世界的客观认识借助道德习俗、宗教礼仪、法律法规等显性的方式表现出来；另一方面要让这些通过他人实践所获得的经验结晶让企业员工能够真正理解，从而内化到每一个员工的价值观体系中，最终让企业所有的员工实现对企业制度的充分理解。当每一个员工都充分理解了这些制度，必然在行动上能够同企业目标保持一致。

从企业文化在制度层面的实践来看，做实企业文化主要是通过明确员工的"权利"和"责任"来实施的。对于权利和责任的规定，不仅明确了一个员工在企业中行为的范围，也明确了不同员工间的利益联系机制。在企业中，寻求利益最大化的行为都属于个人的行为，企业组织作为一个集合本身不具备人的目标的属性，人们经常所谈论的企业目标从本质上讲属于企业家对企业所赋予的目标，或者说是以企业家为核心，企业所有员工对企业所赋予的目标。因此，企业承载着集体成员的各种目标。从这个意义上讲，企业中所有员工的利益是捆绑在一起的，有效协作是实现各自期望的有效方式，这就需要企业的各项制度安排应当以促进有效协作为最基本的原则。

从企业在制度层面的实践来看，制度设计不仅要充分考虑员工个人目标的充分实现，更要考虑到个人目标和他人目标之间的冲突的问题。从而要用制度来保证个人利益观和集体利益观达到统一。在信息不完全的约束下，个人机会主义行为扭曲了个人利益和集体利益的一致性，容易造成个人只能狭隘地看待自身的利益，忽视了个人利益最大化实现是与集体利益的实现是紧密相连的事实。在官僚主义文化盛行的企业中，企业的内部行为制度通常以权力作为制定的依据，上层常常拥有相对于下级不一样的权力，从而在企业中容易形成特权。特权很容易导致对于他人利益诉求的忽视，将个人利益和他人利益在认识上进行隔离。用这种认知来指导企业的实践，必然会造成企业内部矛盾激化，不利于共同目标的实现。而采用公开、公平、自由竞争的制度，既能保证个体充分发挥自主性、积极性和创新性，又可以克服特权意识将个人利益和他人利益隔离。从而，围绕公开、公平、自由竞争来构建企业制度体系，对于在制度层面做实企业文化具有重要意义。因此，企业在制度设计中，要明确职员权利和责任，就需要改变制度的激励，对于容易直接观察和计量的成本和收益，可以采用比较明确、固定的规则来进行规定，而对于那些不容易直接观察、不容易计量的成本和收益，可以采用非正式制度和正式制度结合的方式来进行规范。

（三）从企业物质层面做"实"文化

人类的各种需求主要是通过产品或服务来满足的。因此，产品或服务承载着满足人们物质和精神双重需求的功能。企业在物质层面要做实文化，就是要将人们的精神诉求通过产品和服务展示出来，如何才能将这种精神诉求通过产品和服务展示出来？这就需要对人们的需求的性质进行本质性的把握，根据亚伯拉罕·马斯洛（Abraham Harold Maslow）对于需求的研究，人的需求是复杂的，至少分为本能和有意识的，既有物质层面的诉求，也有精神方面的诉求。不管物质层面的诉求，还是精神层面的诉求，除了本能的需求以外，两者都是人有意识地表达。意识属于个人心理行为，难以直接获取其真实原貌。但是通常可以通过人的行为来进行间接观察，然后通过观察到的人们的行为来反推人的心理状态，或者是认知，尤其是人们行为所反映出的人类行为的共同认知方面的东西，也就是文化层面的东西。再将这些文化注入产品和服务中，让产品和服务不仅能够满足人们物质层面的需求,而且还能满足人们在精神方面的诉求。这需要企业满足两个方面的需求:一是通过文化获取用户的认知;二是将文化注入产品和服务中。

深入认识人的文化需求。准确把握人的文化需求,需要破解文化基因,找出文化形成的源起和运动变化的规律。马斯洛基于人类有意识进行行为选择的能力,对人的需求进行了排序,首先是生存的需求,包括生理上的需求和安全需求;其次是属于精神方面的需求,属于高一层次的需求,这是有别于其他类动物的,包括情感与归属、尊重、自我实现等方面的需求。总体来讲,人的需求在这五个层次范围内。因为,一个人所处的禀赋状态决定了他难以同时将各种需求都满足,所以他会在不同的时间和不同的境况下选择不同的需求来满足。比较五个方面的需求,生理和安全需求相较于其他方面的需求是人和其他动物都存在的最基本的需求,情感与归属、尊重、自我实现等方面的需求属于人特有的需求,这与人的价值观是直接相关的。在不同的地区、不同的时代,一个人在精神层面的需求展现出突出的地域和时代文化的烙印。因此,从文化入手去探索不同地区、不同时代人们的文化基因对把握人的需求和人的需求变动的规律非常关键。

在互联网经济时代,人们的行为逐渐向虚拟空间迁移,每个人在自己所处的环境对所生存的世界、所碰到的事情的认知会与更多的人进行碰撞和融合,这非常有利于人们消除谬误性认知,增加真理性认知。当原来各种文化通过互联网走到了一起,一方面会使每一种文化都受到冲击,另一方面也会让个人在各种文化的对比中更深入地去认识自己需求的多元性。此外,人的需求的多层次,反映在消费的过程中,就使人期望所消费的产品或服务同时能够满足其多层次的需要。尤其是现在人类已经进入后工业经济发展的时代,人类在物质产品和服务的供给上具有非常高的劳动生产率,大幅提升了人们在生理和安全方面的基本需求的满足能力,从而使得人们对于消费需求关注的焦点逐渐向精神方面聚焦。这就需要企业在生产过程中要关注文化,并将文化注入企业生产的产品和提供的服务中,因为这是保证企业提供的产品或服务与消费者的需求相统一的有效手段,这是

● 无边界化重构 ▶▶▶

因为文化直接从认知层面使企业生产和消费者的消费需求实现了一致。

将文化形塑到企业提供的产品和服务中去。要用文化来形塑产品，就需要将产品视为一个平台。这个平台不仅承载着消费者对于产品使用价值的诉求，而且还承载着消费者对于精神方面的消费诉求。如何能让产品或服务承载消费者在精神方面的价值诉求呢？这可以通过一个实例来说明，比如，球迷通常愿意花费高于普通足球多倍的价格来购买被足球明星签名的足球。足球明星在普通的足球上签名，就是对只具有使用价值的足球注入文化的过程。因为，足球明星对于球迷来讲，代表着一种高度，一种对于精湛球技的向往、尊重和崇拜。现实中，球迷和足球明星的距离是遥远的，他们之间很难有交集。而球迷获得了球星签名的足球为他们之间建立交集提供了可能。对于球迷来讲，这个签名就代表了他和球星之间的距离被拉近了，这就是球迷们的认知。球星在足球上签名是对球迷认知的主动适应，签名为购买签名足球的球迷带来了一种与球星之间的亲近感。由此可见，要将文化注入产品之中，除了准确理解文化的内涵以外，更重要的是要将这种内涵以文化符号的方式通过产品或服务展示出来。首先，利用产品或服务的外形和品质来展现。对于消费者来讲，产品或服务承载着消费者物质和精神的双重价值诉求。外形和质量通常能够反映购买它的消费者的精神诉求，在品质和形态上精益求精的人，往往对于精神追求也是要求很高的人。将文化符号和品质注入产品可以有很多种方式，比如，在一个水壶上印制优美的图案，将水壶的储水功能和观赏价值融为一体；此外，利用材质的不同来体现消费者的诉求，比如用稀有贵重的材质来制作水壶，拥有这种水壶的主体可以借此体现自己的身份和地位。用特殊具有保健功能的材质对水壶进行处理，可使人更健康，从而能够展示消费者在健康方面的诉求。可见在产品使用价值的基础上，通过注入文化符号，可以使产品的观念价值获得新的增值空间。其次，以DIY的方式将消费者的情感直接注入产品，互联网有效降低了企业和客户之间进行沟通交流的成本，使客户和企业之间实现了高效率沟通。DIY已经成为现实，消费者动手，将自己的劳动加入所要消费的产品的生产过程，一是有效节约了企业准确获取消费者需求信息的成本；二是生产出的产品更能满足消费者的需要。在互联网经济时代，个性化、体验式消费已经成为趋势和潮流，这也为企业从多角度、多方位来延伸和拓展产品和服务的观念价值提供了市场和时代基础。

第二节 核心能力提升和延伸模式

核心能力的塑造为企业实施开放式发展战略提供了组织基础。要想实现企业能力的可持续发展，还需要企业能够从外部不断重构要素和力量的能力。这就需要企业将其核心能力在全球价值网络体系中进行不断地延伸和拓展。当企业将自身塑造成具有核心能力的模块化价值创造单元，它就可以很方便地与活跃于市场中的其他模块化价值创造单元联盟进行价值创造，从而将企业的发展能力从实力拓展到势力。

一 从模块化到价值网络

价值网络是分工深化发展的结果，构成价值网络的各个价值节点之间是相互协作的关系。从一体化向核心能力转型体现了分工的深化，而从模块化到价值网络体现的是分工的整合。青木昌彦将分工之间协作关系建立的过程称作模块化集中。模块化集中与一般分工之间的协作表现不一样的地方在于，模块化集中是依靠界面接口规则来实现模块化之间的协作的。根据价值创造系统的结构和功能特征，可以将具有核心能力的模块化组织划分为四类：一是在需求信息方面具有核心竞争优势的模块化组织；二是在界面联系规则设计上具有核心竞争优势的模块化组织；三是在系统集成方面具备核心竞争优势的模块化组织；四是在实体操作方面具备核心竞争优势的模块化组织。这些类型的模块化组织相互之间的关系如图7-7所示。

从图7-7的逻辑架构可以看出，需求信息模块化组织是整个机制创造体系活动的目标和方向，规则设计模块组织围绕需求信息生产模块组织来制定实现价值创造体系目标的具体策略，系统集成模块组织按照规则设计模块制定的规则体系组织模块化价值单元来开展价值创造活动。实体操作

● 无边界化重构 ▶▶▶

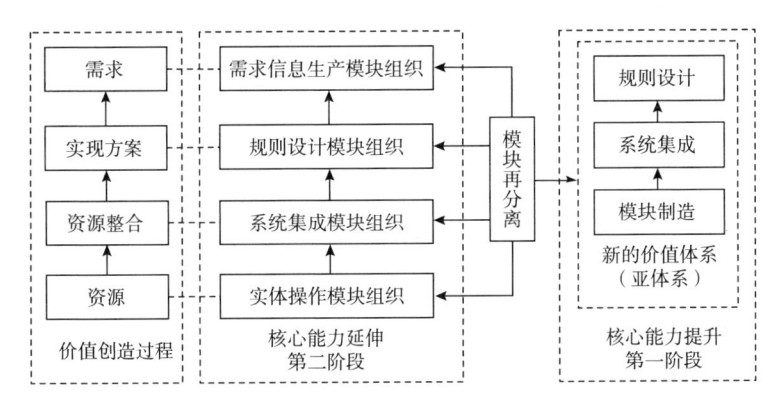

图 7-7 价值体系的模块化分离与整合

模块组织是具有实际价值创造能力的模块化组织单元。在任何一个具体的价值创造活动中，需求都是该价值创造体系形成所围绕的核心。一个价值创造体系的产生、发展、成熟到最后的解体的整个发展过程也是创造需求、发现需求和满足需求的运动过程。在自给自足的经济条件下，个人需求是驱动个人进行生产的动力来源。在分工经济下，市场需求是驱动生产的核心动力。这种需求仍然根源于人的需求，只不过因为分工的深化延长了迂回生产的链条，从围绕人的需求又衍生出生产过程中各种中间产品的需求。无论分工经济发展的复杂程度有多高，需求总是经济活动的开端。科技进步大幅度提升了人类的劳动生产率，发达的分工体系和分工协作的高效率也使任何价值创造过程不需要完全依靠一个全能型企业来承担。依靠联盟通过专业化协作可以有效实现价值创造过程。随着全球化市场的深入推进，市场竞争压力变大，高度发达的劳动生产率使得当前人们在各个方面的需求获得了极大程度的满足，关于市场中未被满足的"需求信息"成为一种稀缺资源，因此，能够挖掘出这类信息的企业必然具备竞争优势，而且可以利用这种优势与其他类型的模块化单元联盟进行价值创造，这也是分工深化发展的一种表现。此外，从图 7-7 也可以看出，不同的核心能力模块化组织，其价值创造能力的拓展和延伸路径是不同的。不管每种类型的模块化组织的价值创造能力的延伸和拓展路径有何差异，模块化后使它们都获得了价值创造能力的无限延伸。由此可知，企业价值创造能力的发展可分为两个阶段，一是通过模块化分拆和整合以及模块化再分拆和整合来实现；二是通过将模块化进行复制，通过与其他模块化单元联盟进行价值创造，从而实现模块化组织价值创造能力的延伸和拓展。以下就这两方面进行展开分析。

（一）通过模块化再分离与整合来提升核心能力

在专业化生产的经济时代，消费者的需求具有三种表现形式：一是自己清楚地知道需要什么，并将这种需求的信息公开；二是自己清楚地知道需要什么，但是没有将这种需求信息公开；三是对于自己的一些潜在需求，消费者还不确定，甚至还完全没有意识到。针对消费者需求的这三种表现形式，企业也相应地有三种战略：一是迎合需求；二是满足需求；三是创造需求。不管实施哪一类战略，需求都是战略制定和实施所围绕的核心。

在互联网经济时代，第一类需求和第二类需求很容易被企业获知，尤其是企业将客户DIY引入生产过程，可以有效解决企业生产过程中的信息不足的问题。订单生产突出体现了企业针对第一类和第二类需求信息所进行的经济行为。因为人的认知是动态变化的，虽然马斯洛将人的需求划分了主要的五层次结构，但是，每一个层次的需求内涵也是包罗万象的。随着人自身认知和社会的不断演进，每个人在马斯洛所描述的各个层次的需求也是动态变化的。因此，站在当下的认知状态下，一个人对于未来自己的需求是不可能具有完全认知的，也就是对自己潜在的需求是缺乏认知的。比如，如果将我们生存的时代往前平移若干年，我们也许就会发现站在遥远的过去，我们现在认为是必需品的东西，在当时我们可能对其完全没有认知。因此，需求不仅受多种因素的影响，而且需求是动态变化的。在考察一个人的需求的时候，如果将时间跨度设置得足够长，那么，我们就可以清楚地发现很多时候我们每一个人实际上对自己的需求并不如我们自己想象得那么清晰。不难发现，人类文明在不断前进的路上，就是在不断唤醒这些潜在的需求。在专业化分工发达的市场经济下，一些企业专门依靠发掘人类的这些潜在需求来实现其生产经营的目标。值得注意的是，正是这些企业才真正推动了经济从一个台阶向另一个台阶不断迈进。因

无边界化重构

为，针对任何已经显示的需求，如果没有新的潜在的需求被发掘出来，那么，技术的进步很快就会将这种现存的需求给予充分的满足。当劳动生产率高到一定程度，如果经济结构不发生变化，那么任何新企业都不可能诞生，因为市场不需要那么多的企业。在需求一定的情况下，供给的增长是存在临界点的。可见，发掘潜在需求是推动经济不断向前发展的核心动能。

需求信息探索型企业的专业化能力塑造和延伸。市场竞争越激烈，异质性需求信息越缺乏。获取异质性需求信息在信息时代是一项高度专业化的工作。而且随着信息化社会的不断深化发展，这种专业化工作本身也在不断进行再分工，从而分拆成更细分的专业化单元。信息工作包括信息的采集、信息的存储、信息的加工、信息的传输、信息的应用、信息的反馈等多个环节和过程。当信息量非常大的时候，每一个环节都进行专业化将是最有效率的战略选择。现代计算机产业的发展就是采用这种策略，通过将计算机整体按照功能分成信息存储模块、信息处理模块、信息输入模块、信息输出模块等多个专业单元，这种在专业化上的细分也使得原来独立进行计算机生产的企业采取由多个专业化企业联合生产的产业结构。通过这种分拆，总体上来看，原来意义上企业的各个模块的功能都有效获得了提升。因为，分拆后的各个模块单元都由新的不同的独立性企业来完成，因此，要实现原来一体化形态的整个计算机生产过程，就需要对各个独立的企业进行整合。在模块化产业组织构型中，各个独立的企业是依靠界面接口规则来实现整合的。由于界面接口规则强调通过竞争机制进行合作，这为模块化企业的价值创造活动提供了充分的弹性。

专业进行规则设计的企业的专业化核心能力塑造与延伸。规则设计型企业的核心能力是围绕具体的需求提供专业的解决方案，从其实践来讲，这类企业擅长将总需求分拆成多个子需求，从而通过合理的组织和排列，围绕总需求构建一个需求体系，并准确定义每一个需求的特征，及各个需求之间的相互联系机制。这类似于工程科学，需要非常专业化的知识。当然，这类企业对其所定义的各种需求，自身并不提供如何来满足这些需求的解决方案，仅仅只是定义需求和表达需求，并根据市场环境和技术环境的变化，对各种需求及其相互之间的联系规则进行革新。实际上，这类企业将价值创造过程合理进行模块化分拆，对每一个模块的功能进行定义，并标准化不同模块之间进行联系的规则。从信息的角度来讲，这类企业专业提供公开的系统信息，而对每一个模块的功能如何实现？把它直接交给市场。

专业进行系统集成的企业的专业化核心能力塑造与延伸。基于规则设计企业提供的实现需求的解决方案，系统集成型企业组织资源来将这个系统方案变为现实。系统集成企业可以有多重策略来将方案变为现实，其中主要有一体化、联盟两种方式。如果采用一体化，那么，企业需要组织所有资源来将规则设计企业所设计的所有模块化单元的功能进行实现。这实际上不能发挥模块化的力量，模块化力量的有效利用需要通过联盟的方式。这样可以使每一个模块化单元在市场竞争机制的作用下，既能发挥专业化的效率，又能激发充分的主动性和创新性。更重要的是能使其在更大的市场空间发挥价值创造能力。

操作模块核心能力的延伸和拓展。操作模块是指具有实体价值创造能力的模块化企业，比如，加工、制造、物流等模块，这些模块在开展生产经营活动的过程中，以有形的物质要素投入为主。具有这种模块化功能的企业处于价值创造体系的操作层，是整个价值创造体系的实体基础。在一体化的传统企业中，具有和模块化企业同样功能的价值创造单元，其功能发挥的空间只局限在企业内部。而且，对于企业整体来讲，为了完成价值创造过程，需要对价值创造体系的全过程进行投资，这就需要巨大的投资，对于企业经营本身是巨大的压力。模块化后，原来意义上企业中的价值创造模块，可以在更广阔的市场空间中通过同时加入多个价值体系的创造过程，以此来实现自身价值创造能力的拓展和延伸。这不仅解决了一体化企业所需庞大投入的压力问题，而且也节约了复杂管理所需的开支。通过界面接口规则体系，各个企业只需要管理好自己非常简单的模块化本身就可以了。由此一来，模块化企业本身与联盟价值创造体系的价值创造能力及运作的技术效率和经济效率都会大幅度提升。

（二）通过模块嵌入价值体系的方式延伸核心能力

各种模块化单元经过模块化的再分拆和再整合，就会不断形成新的联盟价值创造体系。从价值创造过程的整体来看，原来由一个企业所进行的价值创造活动，现在变成由多个企业通过联盟所构成的企业族群来完成。在这个联盟中，每一个企业都具有特殊的模块化组织结构形态，其结构简单，具有突出的异质性核心功能。而且，这种异质性的核心功能非常容易通过复制与其他模块化组织进行协作，相互之间因为有界面接口规则，从而相互协作所需的信息成本很低。通过复制，企业以联盟、连锁的方式将这种模块化组织嵌入多个价值创造过程，从而实现模块化企业的核心能力获得无限的延伸和拓展的空间。

通过联盟来实现模块化企业核心能力的拓展和延伸。联盟是融合行政科层机制和市场优胜劣汰的淘汰机制为一体的价值创造型组织。它利用界面接口规则体系，发挥"看得见的手"的优势，以此克服市场竞争的无序性劣势，以及市场功能发挥信息不足的问题，同时通过市场优胜劣汰的淘汰机制，从外部广阔的市场空间选择最具竞争力的模块化单元进行合作，保证构成价值创造体系的每一个构成单元都是最具创新力、最符合价值创造体系需求的，从而克服纯粹科层机制造成创新力不足的问题。每一个价值创造体系都是以需求为核心而形成的，各种具有专业化核心能力的模块化单元是以市场交易契约联结在一起的，是一个企业族群。在这个联盟中，发挥"看得见的手"的作用的企业属于这个联盟的盟主，对进入联盟的其他成员进行协调和控制，但是它与其他进入联盟的企业之间不存在隶属关系，而是合作关系。各种具有核心能力的模块化企业都依靠市场的"淘汰赛"机制来进入和退出联盟。最为重要的是，即使是联盟中的盟主，也由市场竞争决定。正是因为模块化价值联盟具有科层和市场双重优势，从而保证了具有核心能力的模块化企业能够实现价值创造能力在全球化市场中进行无限拓展和延伸。因为在全球化市场上，不仅需求规模是空前的，而且需求更具多样化。围绕每一个需求，巨大的规模足以保证能形成至少一个价值创造体系来满足该需求。在需求规模巨大的情况下，专业化分工将促进这种需求不断衍生出各种需求。围绕新的需求又会形成多个新的价值创造体系。随着市场规模的扩大和分工的深化发展，全球化市场上不计其数的价值创造体系为各种模块化组织形态的企业提供了无限扩展的选择空间。可见，全球化市场为具有核心能力的模块化企业的发展提供了天然的市场基础。此外，对于一个具体的联盟价值创造系统来讲，其价值创造过程所需的各个价值功能单元都依靠在市场中进行重构，因为重构的机制是依照市场竞争的方式展开的。对于一个价值创造体系中某个具体功能环节来讲，活跃于市场中多个模块化企业都具备满足这个环节的功能要求。因此，价值创造体系要实现这个环节的价值创造能力就具备了多种选择的基础。引入竞争机制，让各模块自行竞争，通过竞争最符合该功能环节需求的企业脱颖而出。这对于价值创造体系和模块化企业带来双重最优的结果，对于价值创造体系来讲，能够找到相对最符合其需求的模块化单元；而对于模块化企业来讲，为了获得竞争优势，能够始终保持充分的创新激励。

通过连锁战略来实现模块化企业的核心能力延伸。联盟突出的是具有核心能力的企业通过与其他模块化组织进行协作来实现自身的价值创造能力的经济活动方式，通过将自身的能力进行复制同时加入多个价值创造过程来实现能力的延伸和拓展。而连锁强调将具有核心能力的模块化企业，通过复制完整地放置在不同的市场，以此来实现其价值创造能力的延伸和拓展。市场正加速向全球一体化推进，但是，当前市场依据地域分隔的现象仍然普遍存在。当市场处于分割状态，连锁经营就成为实现企业经营范围有效拓展的战略。而且，在市场分割的情况下，基于价值联盟的连锁同样具备巨大的发展空间。因为，将价值联盟的整个运作机制在不同的市场上进行复制，可以直接拓展联盟中每一个具有核心能力的模块化企业价值创造能力。随着互联网经济的不断推进，企业的经营活动越来越依靠在虚拟空间展开。因为，虚拟空间是先天性全球化的，在此运行的市场是先天性的全球一体化市场。在这个市场上，具有核心能力的模块化企业将自身能力进行复制，并加入不同价值创造体系的过程本质上就是连锁的过程。因此，在全球一体化的市场上，企业核心能力通过复制、加入联盟的过程实质上也是连锁的过程。

综上，通过核心能力的复制，以联盟和连锁的方式，不仅使单个具有核心能力的模块化企业通过连锁充分实现规模经济，而且联盟价值创造模式也为其实现范围经济提供了充分的市场基础。因此，企业核心能力模块化不仅为自己能力的发展赢得了无限的拓展和延伸空间，而且为自身从外部重构要素和力量获得了强大的势力。

二　从实体经营到虚拟经营

企业的实体经营包含两个层面的含义：一是企业在现实世界的地理空间中开展经营活动；二是企业主要依靠有形物质要素的投入开展生产经营活动。在互联网构筑的虚拟空间出现之前，企业只能在实际的地理空间中开展生产经营活动，受交通运输和信息通信技术的约束，人们信息获取的范围和行动的范围都具有非常显著的边界。因为在一个相对狭小的地理空间边界内，企业生存的市场规模不会很大，从而分工的深化程度必然不会很高。这就使很多企业必须采取一体化的方式来开展生产经营活动，对于研发设计、仓储物流、生产制造甚至人才的培育都需要自行投资建设。互联网信息技术在经济领域的普遍应用，尤其是虚拟空间的形成，使企业生产经营活动的展开不再完全受地理空间边界的束缚。一方面，虚拟空间先天性的全球化市场规模，使分工高度发达，企业开展生产经营活动再也不需要事必躬亲，它只需要抓住自己最擅长的，就能够发挥比较优势；另一方面，虚拟空间高效率的信息沟通协调机制，为企业实施专业化协作大幅节约了信息成本。采用协作的生产经营方式，一个企业大幅削减自行投资的范围和数量，但是它仍然能够实现一体化经营下的经营目标，甚至比在一体化经营下更有效率地去实现该目标。通过协作，企业在重构发展所需的要素和力量的过程中，打破"资源所有权"的观念，积极引入"资源使用权"的概念。基于使用权，企业直接拓展了其生产经营活动开展所能支配的资源数量和范围。在极端的情况下，企业不拥有任何实体资源，也许只是有一个好想法，就能通过专业化协作实现巨大的价值创造。在互联网经济时代，这类企业越来越多。因为这类企业通常在没有多少实体资源的基础上，就能支配大规模的实体资源，并实现巨大的价值创造目标，从而人们将这种经营模式称为虚拟经营。由于实施虚拟经营可以从外部获得无限的要素和力量支撑，所以采用这种方式经营的企业的发展能力可以实现无边界增长。一般来讲，一个企业要从实体经营向虚拟经营转型，需要具备两方面的条件。

发挥无形资源在企业生产经营中的核心作用。现代发达的交通和先进的信息通信技术，有效提升了专业化之间的协作效率，企业不再需要通过一体化和规模化来维持和塑造竞争优势。在分工发达、专业化协作效率很高的条件下，通过塑造专业化的核心能力是企业取得竞争优势最科学的战略。不同于一体化的企业生产经营方式，专业化生产的企业需要以开放的形态，与外部要素和力量合作来实现生产经营目标。要实现与外界的合作有效达成，企业需要投入很多无形要素来培育合作达成所需的"信任"。而且，企业要想在市场竞争中获取更多的合作机会，就必须不断创新来保持和强化自身的异质性核心能力。从塑造异质性竞争能力的视角来看，基于有形要素塑造的竞争优势常常易被模仿，因为有形要素具有可观察的外形，容易被计量和测度。而基于无形要素塑造的核心竞争力往往不易被模仿，因为无形要素不像有形要素具有显性的外观，容易被计量和测度。因此，基于无形要素塑造的竞争优势更具有持久性。比如知识、社区、网络、品牌、声誉、文化、社会资本等，这些要素很难模仿，并难以被计量和测度。此外，无形要素不同于有形要素，它在使用的过程中不具有边际成本递增的现象，尤其是品牌不会因为使用一次就损耗或者消失。对于知识这种无形资源，它与有形物质要素的差异更为明显，它在使用的过程中不仅不会耗损，反而会在使用过程中，随着使用次数的增加而不断增加，并且使用的次数越多，边际产出越大。因此，它具有边际效率递增的特征，而不像有形物质要素具有边际效率递减的特征。因此，企业经营要想从实体转向虚拟，就需要重视无形要素对于塑造企业核心竞争优势的作用。

要实现虚拟经营，就要突破以所有权为基础的经营模式。以所有权为基础进行经营，必然使企业经营能够支配的要素和力量受到自有资源规模的约束。这不利于企业能力的增长。因此，企业需要突破以所有权为基础的经营理念。采用多种产权交易方式来实现其生产经营过程中可支配要素和力量的数量和范围。从收益的视角来看，一项资产的所有者既可以基于所有权进行交易，也可以通过使用权进行交易。使用权交易可以使资源所有者在不损失所有权的前提下，获得收益。这种方式对于资源所有者让渡资源的使用权提供了激励保证。对企业来讲，基于所有权，或基于使用权，都能使其实现生产的目的。但是，采用两种方式对企业经营效率的影响具有很大的差异。基于所有权，企业投资压力巨大，并且具有显著的发展边界，其自身拥有的要素和力量的规模边界就决定了其企业能够发展的边界。而基于使用权，企业直接克服了基于所有权所面临的约束。因为，在企业之外，其潜在可使用的要素和力量是不计其数的，只要通过实施科学的合作战略，企业就能从外部不计其数的要素和力量进行无边界化重构。这不仅能够直接解决企业自己投资的压力，还能避免企业为投资承担全部投资风险。

三　从"实力"到"势力"

兰斯·莫罗强调了知识经济所带来的变革，过去规模庞大的一体化企业逐渐被具有核心能力的专业化小型公司所替代。过去，人们都认为总裁是一个企业的核心指挥者，其实总裁应当发挥组织结构的功能。因为，在知识经济时代，每个人都具备管理好自己的能力，所以，我们要崇尚具有核心竞争优势的自主性小团体[1]。企业在实体形态上发生的这种变化，并不意味着企业能力变小了。实际上，这是企业在互联网经济时代增强自身价值创造能力的一种科学选择。曾楚宏等[2]指出以资本密集的方式发展经济，企业具有不断扩大经营规模的特征，而在知识经济时代，知识密集型的企业呈现显著的实体规模不断缩小的趋势。实际上，企业实体规模和企

---

[1] 〔美〕汤姆·彼得斯：《疯狂的时代呼唤疯狂的组织》，蒋旭峰译，中信出版社，2006，第55~56页。
[2] 曾楚宏、林丹明、朱仁宏：《企业边界的协同演化机制研究》，《中国工业经济》2008年第7期。

业的发展能力并不必然等同，规模只能反映一个企业自有资源的多少，并不能实际反映其进行价值创造活动能够控制和支配的资源的多少。企业发展能力的边界，就是指一个企业对整个市场支配和控制的能力[①]。因此，能力指标是包含规模在内的更为综合性的指标，既包含有形资源，也包含无形资源。有形资源可以体现企业的"实力"，而基于有形资源和无形资源所展现的是企业的"势力"。

（一）规模之大与网络之大

企业存在的终极目的是实现以企业家为核心的相关利益者的各种价值诉求，而这种各不相同的价值诉求的最终实现都是以企业能否向其顾客提供满足其需要的产品或服务为前提的。所以，对于企业家和各相关利益者来讲，提供满足顾客需求的产品或服务是实现他们最终目标的中介目标。因为，中介目标和他们的最终目标完全相关，所以，对于企业的发展来讲，就是不断提供更能满足顾客发展需要的产品或服务。在交通运输和信息技术不发达的时代，通过市场的方式进行专业化协作往往成本较高，因此，企业要向客户提供物美价廉的产品，一体化的方式可能是一种效率选择。而且，为了追求成本优势，企业不断地扩大规模，可以有效降低生产的成本。而且，因为企业主要依靠行政命令来配置各种资源，所以，各专业化行为主体之间不需要太多的无形资源维系相互协作所需的"信任"。因此，在规模化生产的企业中，对于无形资源的培育往往被忽视。然而在互联网经济时代下，发达的交通运输和先进的信息通信技术大大降低了专业化之间进行协作的效率，企业持续向顾客提供更优质的产品和服务，其生产经营活动的开展有更好的策略选择，不必再走规模化的方式。根据前面的分析，企业进行规模化生产存在显著的机会成本，一是自己承担全部的投资风险；二是在自己所拥有的资源规模的约束下，因为要照顾到所有专业化单元对于资源需要，这就使企业无法集中资源发展具有核心优势的业务，而且将资源用于自身不擅长的专业化单元，又不能最大限度发挥这

---

① 李海舰、原磊：《论无边界企业》，《中国工业经济》2005年第4期。

些资源的价值。互联网经济为化解企业以一体化方式进行规模化经营所面临的这些弊端提供了技术支撑。将原来一体化的企业转变为有一群小型分散的利润中心，从而形成由多个利润中心所形成的企业网络，这样一来，企业的"规模之大"就被"网络之大"替代了。

当企业的"规模之大"就被"网络之大"所替代，企业就不再需要以一体化的方式进行运作，可以完全集中自有资源来发展其核心业务，通过与其他具有核心竞争优势的价值创造单元合作的方式，从广阔的市场空间来重构自身发展所需要的各种要素和力量。这就可以直接将企业从资源的约束中解放出来。因为，互联网经济将片段的区域市场连成统一的全球一体化的市场，这种市场规模为分工深化发展提供了前所未有的基础。在全球化市场的激烈竞争作用下，能够存在的每一个专业化单元基本上都是具有竞争优势的价值创造单元。因此，这为企业从外部重构优质要素和力量提供了保障。这也给企业的经营带来三方面的变化。第一，面对市场变化能灵活应对。在网络之大的经济体系中，企业自身组织结构主要以专业化的形态展现，自身内部的专业化协作关系被简化到极致，因此整体组织架构更简单，因此在行动上更具灵活性。此外，因为这种专业化单元必须与市场中其他模块化组织相互合作才能进行价值创造，它是直接置身于市场的。因此，它对市场变化能够直接感知，并及时进行应对。第二，可以充分利用网络之大的正的外部性。网络之大为企业进行专业化合作提供了无限的机会，尤其是基于虚拟空间进行的合作，其潜在的合作对象来自世界各地。由于在这里顾客也来自世界各地，他们都在虚拟空间集聚在一起，从而形成了需求规模效应。这样，企业的经营不仅获得了专业化上的规模经济效益，而且同时获得了需求的规模经济效益。第三，为企业专注核心能力提供了有利的内部和外部环境支撑。价值网络是由无数专业化单元相互联系所构成的有机经济活动体系，每一个价值节点都是企业发展所需的宝贵资源，通过联盟与协作，企业可以有效将这种资源纳入自身生产经营实践中，这样自己可以集中资源和力量来发展自己的专业化核心能力。

由此可见，发达的交通运输体系和现代化的信息通信技术，使得企业不再需要通过一体化的方式来开展生产经营活动。联盟合作的方式将是企业更优的战略选择。因为联盟合作的基础体现的是专业化之间的合作，是一种基于平等、自愿的优胜劣汰机制基础上的合作。这种合作的范围越大，专业化程度越高，那么，整体的价值创造能力就越强。因此，企业的发展呈现显著的由"规模之大"向"网络之大"逐渐转型。

（二）"实力"与"势力"

有形物质要素所展现的是企业的"实力"，而"势力"是指企业在"实力"基础上所展现的影响力，两者既紧密相连，又有区别。势力强调企业在市场上所具有的凝聚力。实力主要基于有形要素来塑造，而势力是由有形要素和无形要素共同塑造的一种力量。因为物质要素具有边际生产力递减的特征，所以，企业单纯依靠物质要素所展现的实力是有发展边界的，这也使企业的发展能力具有收敛边界。因为"势力"既包括有形要素，也包括知识、网络、社区、社会资本、品牌、声誉等无形要素。对于知识这种无形要素，它在经济活动中具有边际生产力递增的特征，不仅不会因为使用而使知识耗损，反而会越用越多，越用产生的劳动生产率会越高。基于势力发展的企业，其发展能力将不会有收敛边界。

"势力"对于企业在市场中重构要素和力量发挥着非常重要的凝聚力和向心力的作用。分工经济要有效确立取决于分工之间的协作能否有效达成。对于协作双方来讲，双方之间的信任是实现双方达成协作的关键。信任建立的关键在于信息沟通。实践证明，每个人以开放的方式，主动将关键信息传递给潜在的合作对象，是最有效地建立信任、达成合作的方式。当一个人将自己的信息送达的受众越多，那么，就有更多的机会获得更多信息受众对其的信任。而且，信息受众对其信任会在更多的人群中扩散，从而会形成连锁反应的效应。这种连锁反应效应会对信息发出者同时产生激励和约束双重效应，在信息传播效率高的情况下，信息发出者发出的信息一旦被受众证实为"真"，那么，信息受众就会产生信任感，借助信息受众的社会关系，这种信任感会被有效扩散出去。当然，如果一个人传播了欺骗或者虚假的信息，这种信息一旦被一个受众发现，在信息传播效率高的情况下，这个发出欺骗信息或者虚假信息的人就会失去在信息受众中的信任，这种不信任同样会通过信息受众的社会关系扩散出去。因为人和人之间的信任关系有一个重要的特征，在多次交易中建立的信任关系会直接被一次欺骗行为完全破坏，要再次建立这种信任关系的难度极高。因此，在信息透明度高的社会，有意识通过信息来实施欺骗行为将承受巨大的机会成本，这就决定了人们只有讲真话才对自己最有利。互联网经济为各个经济行为主体之间的信息传播带来了有效的技术支撑，通过互联网企业只要能够向其顾客提供优质的产品和服务，那么，它就非常容易在顾客当中建立影响力。如果它能与其他企业之间进行诚信合作，那么它就很容易在合作伙伴中，以及潜在的合作伙伴中建立影响力。当然，企业要是实施欺骗行为，它自然就会被顾客和合作伙伴所抛弃，在市场上产生消极的影响力。

在全球价值网络体系中，企业更容易塑造发展所需的势力，基于势力企业更能获得发展所需的力量。全球价值网络体系实质上是一个复杂的全球化分工协作体系，这个体系在互联网时代，尤其是在互联网构筑的虚拟空间，主要依靠现代化的信息通信技术与外界进行沟通交流。因为互联网构筑的虚拟空间是开放的，所以，信息在此进行传播的效率非常高。由于每个人在社会中都具有自己的交往圈层，这个交往圈层具有非常稳固的信任基础，这是一种非常宝贵的社会资本。假设这个人为A，那么，社会中任何一个人，假设B想要获得A所具有的这种社会资本，B可以通过与A建立信任关系，然后利用社会关系中大家对A的信任，从而获得大家对其的信任。价值网络体系开放、并行的信息传播方式，使得任何一个企业可以非常高效地与多个合作伙伴同时进行沟通交流，因此，该企业很容易将其诚信度和能力的信息扩散出去。一旦其能力获得了合作伙伴的认可，在合作伙伴社会关系的辐射下，其影响力将被有效扩散出去。这可以为企业带来更多的潜在合作伙伴。依次发展下去，企业的发展就能依靠这种影响力从外部重构无限的要素和力量。

（三）"势力"、无边界化重构与企业无边界化发展

根据前面的阐述，分工与协作是现代经济发展的关键，分工是经济增

长的源泉，而协作是分工能够确立的基础。专业化之间的协作本质上体现的是人与人之间的协作，人的行为主要受意识支配，人和人之间的协作能否有效达成取决于双方信任关系是否能够建立。因此，信任是一个经济行为主体在实施与他人进行协作的过程中所必需的要素。如何让他人对自己产生信任？对于企业来讲，一方面要让顾客相信自己提供的产品和服务是货真价实的；另一方面要让和其进行合作的合作者相信和自己进行合作对其是有利的。可见，在市场经济中，企业的势力就表现在其让顾客和合作伙伴对其产生信任的能力。而这种能力需要通过它向消费者提供满意的产品和服务，向合作伙伴提供有竞争优势的专业化价值创造能力来获得。

企业如果获得了这种势力，自然就能在顾客当中产生信任，从而保证其所生产的产品或提供的服务有畅通的销路。最重要的是，在分工经济条件下，企业自身目标的实现直接依赖于与其他专业化单元之间的协作。企业可以实现协作的范围越广泛，协作的效率越高，那么，企业提供产品或服务的能力就越强。因此，企业所具有的势力直接决定从其外部重构要素和力量进行生产经营活动的能力。互联网为企业这种势力提供了技术支持和机制保障。首先，在互联网经济下，高效率、开放式的信息传播机制，大幅降低了经济行为主体对于信息真伪的甄别成本。根据前面的分析，如果一个人发布虚假信息被互联网中的任何人识破，那么识破这种虚假信息的人只要将信息在互联网上公布，其他人因此就直接节约了和这个人进行交易或协作所需要进行的信息甄别成本。其次，在互联网经济下，经济行为主体采取机会主义行为的成本将非常高。因为，在互联网中信息传播效率高，传播的范围广，一个人实施机会主义行为被识别的概率大大提升，而且机会主义行为一旦被识破，机会主义行为者需要承担的代价也会非常大。尤其是他的机会主义行为非常容易被其交易或合作的对象或潜在的交易与合作对象所获知。如果这种情况发生，那么，这个机会主义行为者将在互联网经济下失去顾客和合作伙伴，这对于一个人或是一个企业来讲都将是致命的危机。可见，势力为企业对外部要素和力量进行无边界化重构提供了保障。

通过在合作伙伴中建立"信任",在顾客中建立"客户忠诚",从而塑造企业的"声誉",是企业势力形成的基础。基于互联网构筑的虚拟空间,将这种声誉借助价值网络很容易传遍全球市场。当这种声誉在全球化的价值网络体系中扩散开来,企业在顾客当中的向心力和在合作伙伴中的凝聚力就会聚合成强大的"势力"。这种势力不是一种威权,不会给别人带来压迫感,而是使别人产生信任,获得亲近感的力量。有了这种力量,企业在无边界的全球化市场中就能对自己发展所需的要素和力量进行无边界化重构。因为企业是具有核心能力的模块化组织,因此,借助势力,它可以有效实现通过复制将自己的价值创造能力嵌入多个价值创造体系的过程,从而实现自身价值创造能力的无边界发展。

综上,本书谈到的势力,是指顾客和企业合作伙伴对其的信任,是相信的力量。在现代化的分工经济体系中,这种力量一方面是企业能够顺利将产品或服务销售给顾客的保证;另一方面是企业在生产产品或提供服务的过程中,从外部获得要素和力量支持的保证。势力为企业从外部重构要素和力量提供了信任基础,在全球化价值网络体系中,具有专业化核心能力的企业通过无边界化重构可以实现价值创造能力无边界发展。

第三节　形成无边界化发展的产业生态体系

可以从两方面来表述企业重构的含义:一是从企业家的视角,指企业家以不同方式将其所能支配的原材料和力量进行组合;二是从分工的视角,重构既包括分工本身的重构也又包括组织分工的机制的重构。两种视角都隐含地强调了经济活动过程的体系性,体系性要求构成体系的各要素必须相互协作,基于企业家的视角强调了各种原材料和力量之间的协作;而分工本身能否确立都是以分工之间的协作能否达成为前提的。怎样的重构才能使系统的效率实现提升?根据前面的分析,无边界化重构战略就是一种效率选择。从无边界化重构战略的实践来看,其重构的一般路径可概括为平台驱动、形成社区、发展成无边界的产业生态体系等三个典型阶段。

一 平台驱动

传统企业的重构活动主要基于地理空间来展开，企业主要在特定的地区开展生产经营活动，受到地理空间边界的约束，企业家所能支配的原材料和力量在数量及来源范围上就会具有很大局限。互联网为人们打造了一个没有边界的虚拟空间，由于这个空间和现实世界具有映射关系，因此，虚拟空间并不虚无，不是简单地作为对照现实世界的一面镜子，它是现实世界的延伸，它汇聚了人们交往和协作所需的各种信息。在传统经济下，企业家依托地理空间来实施重构活动；而在互联网经济下，企业家在虚拟空间中依托平台来实施重构活动。

表 7-1 2007 年和 2017 年市值排名全球前 10 的企业

单位：十亿美元

2007 年		2017 年	
公司名称	市值	公司名称	市值
埃克森美孚（Exxon Mobil）	467	苹果（Apple）	815
通用电器（GE）	394	Alphabet	637
微软（Microsoft）	265	微软（Microsoft）	558
中国工商银行（Industrial & Commercial Bank of China）	259	脸书（Facebook）	485
花旗集团（Citigroup）	243	亚马逊（Amazon）	461
AT&T	238	伯克希尔·哈撒韦（Berkshire Hathaway）	438
皇家荷兰壳牌（Royal Dutch Shell）	232	阿里巴巴（Alibaba）	415
美国银行（Bank of America）	230	腾讯（Tencent）	394
中国石油（Petrochina）	225	强生（Johnson & Johnson）	357
中国移动（China Mobile）	207	埃克森美孚（Exxon Mobil）	323

资料来源：引自陈永伟《"剥削者"抑或"守望者"？对平台竞争和治理的再思考》，《中国改革》2018 年第 2 期。

近些年来，基于互联网经营的企业高速发展，尤其是基于互联网实施平台化运营的企业，其发展速度是极其惊人的。表 7-1 比较了 2007 年和 2017 年市值排在全球前 10 的企业的变化情况，从表 7-1 可以看出，在

● 无边界化重构

2007年全球排名前10的企业中,到2017年只剩下了一家。而且,在2017年,市值全球排名前10的企业中,有7家都是平台型公司。苹果公司通过创建App store,Google(Alphabet)公司通过Play store将各类消费者、生产者集聚在它们的平台上,由于平台是虚拟的、无限的,所以,它们可以容纳无限的企业,使进入平台的各种参与者能够进行无边界化重构;同样,腾讯、Facebook通过社交平台,通过积累庞大的用户群体,进而吸引各类企业入驻,各自也形成了一个可以进行无边界化重构的平台;淘宝、京东、Amazon等公司通过建立网上销售平台,吸引了无数买家和卖家,并吸引了无数物流公司、广告公司、金融公司入驻平台,从而形成无边界化重构的平台。此外,Airbnb、携程、滴滴打车、赶集网,甚至美图秀秀、YY直播、优酷、共享单车等各种平台企业都如雨后春笋般出现。短短10年时间,是什么因素使平台企业能够拥有如此强大的威力,将传统市值排名全球前10的企业甩在了后面?概括各类平台的特征,不难发现使平台企业具有如此威力的核心因素是平台企业具有强大的凝聚力,而带来这种凝聚力的是平台企业的三类机制,它包括进入平台的机制、退出平台的机制和在平台上活动的机制。这三类机制构成了平台的基本框架,并为平台企业进行无边界化重构提供了制度基础,如图7-8所示。

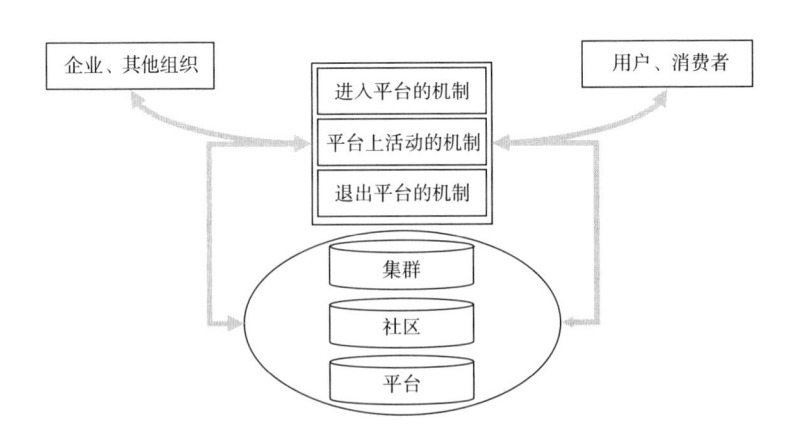

图7-8 企业基于平台的无边界化重构机理

资料来源:陈小勇《产业集群的虚拟转型》,《中国工业经济》2017年第12期。

(1) 进入平台的机制

平台既是企业开展生产经营活动的场所依托，也是实现重构的桥梁。由于平台在虚拟空间可以无限延伸，因此，这座桥梁是开放的，虽然它是开放的，但是登上这座桥梁需要遵循一些规则。因为，登上这座桥梁也就意味着进入这个平台，进入企业生产经营活动的领地，也就进入重构活动过程。如同现实生活中的社区，欢迎健康、友好的公民入驻、来访、交流，但是会杜绝不健康的、破坏性的因素进入社区。聊天轮盘（Chatroulette）因为开始时没有系统化的进入规制，很快出现"裸体"问题，导致大批用户退出，从而严重影响了参与平台各方主体之间的重构活动发展的范围和深度。聊天轮盘通过采取一系列用户过滤器修正接入规则，以此保证平台能够获得健康发展。

(2) 退出平台的机制

作为桥梁，平台不仅对进入者有一定的规则要求，对于进入者的离开也有一定的规制。这包括主动和被动退出规则。主动退出需要清算相关经济利益联系，以避免因其主动退出平台，而使平台上的其他主体价值受损。对于被动退出来讲，对于平台中沉睡型资产、"僵尸"用户等如何清理，也必须要有一套完善的机制。因为如果平台中某个参与主体的退出，而导致平台中其他行为主体受到损失。既有的用户就会因这种潜在的风险而退出，这同时也会使潜在的进入者选择放弃进入。

(3) 平台上活动的机制

平台是模块化的组织体系，因此，平台上的活动机制主要遵循模块化组织体系运行的机制。体现的是平台上各模块化企业之间的界面联系规则。基于界面联系规则，每一个模块化企业在平台上与其他模块化企业合作、联盟，以实现自身的价值。因为模块化企业间的合作、联盟是动态的。因此，各企业在平台上活动的规则，随各模块化企业间的互动而动态演化。

二 形成社区

在虚拟空间，平台为企业进行无边界化重构提供了场所依托。但是，

● 无边界化重构

　　企业要实现无边界化重构，还必须有制度保障：正式制度和非正式制度。根据前面的分析，重构活动体现为企业对各种要素和力量按照生产经营的需要而不断重新组合，其核心表现为生产经营活动各参与主体之间的互动与协作。与传统企业重构过程不同的是，基于平台进行重构的企业，有效拓展了重构活动的参与主体，将消费者、生产者及其他各类社会团体和个人纳入同一平台，从而形成社区。社区在促进成员间互动与协作方面具有制度上的天然优势。这表现在，它不仅能让正式制度和非正式制度拥有充分的融合空间。而且，基于平台形成的社区，又是一个天然的制度实验场所。各种正式制度和非正式制度可以在此自由进行融合实验，在竞争机制的作用下，虚拟平台更容易发现更有效率的组织分工的制度。那么，在平台上如何构建社区？虽然，不同平台在构建社区的具体战略上有所不同，但是一般都具有以下两阶段特征：①积累平台的用户；②以用户为资源吸引企业、政府及其他社会机构进入社区互动。

1. 积累用户

　　用户的概念内涵要比客户的大。在互联网经济下，很多企业提供的资源对用户通常是免费的，而对客户则是收费的。对于平台上的每一个用户来讲，他（或她）都可能是某个企业的潜在客户。所以，平台上累计的用户越多，可以使这个平台的用户资本越雄厚。现代互联网公司的竞争，实质上是对用户资源的竞争。为了争夺用户，淘宝在支付宝平台上引入小黄车，腾讯在微信钱包中引入摩拜。Facebook和Google进军无人驾驶，这些企业的这些行为，本质上都是一种争夺用户资源的战略。有了用户规模，各类消费品企业就自然追逐而来，消费品企业入驻自然又吸引中间产品生产企业入驻，从而形成滚雪球式的循环。

2. 以用户为突破口形成互动社区

　　随着用户积累到一定规模，平台就会开始对各类企业、政府机构和其他社会组织形成吸引力。因为，基于用户规模形成的产业集群不仅具有生产的规模经济效应，而且，可以形成强大的"需求规模经济效应"。需求规模经济效应是指当各种消费者聚集在一起，就会产生消费外部性。这表现在，供给方获取需求信息的效率会大幅提升，买方则能更容易找到卖方。此外，集中在一起的用户可以更有利于企业实行规模化的用户教育，从而更有利于节约企业对用户教育的平均成本等。

因此，形成社区是企业实现无边界化重构发展的关键阶段。这一方面将决定其无边界化重构能力的形成、维持与发展；另一方面将决定其未来的创新能力，因为基于虚拟空间的平台所形成的社区是天然的制度实验场所。

三 实现生态化产业体系

基于虚拟空间的平台使企业的发展克服了地理空间边界的束缚，不仅使企业发展获得了无限的空间，而且也使企业发展成为无边界的全球化产业集群。社区的形成，又为其成员间的互动提供了一个效率制度体系，更为缩短平台上成员之间协作的心理距离提供了充分的制度保障。这将促使企业的重构形态进一步升级演化，最终成为无边界发展的产业生态体系。

1. 区域分工体系向全球分工体系升级

传统产业发展因地理空间边界的制约，置身其中的企业，其分工战略都是基于区域分工体系制定的。在互联网经济下，虚拟空间一开始就为企业进入全球化市场提供了空间基础，也为企业参与全球化分工体系的战略提供了方向。企业进入虚拟空间，由于虚拟空间中运行的市场是先天性全球化的，因此，进入其中的企业必然接受全球化市场规则的支配，及全球市场的竞争压力，服从全球分工体系的运作机制。随着传统企业不断实现虚拟化转型，区域分工体系就会逐渐被突破，最终实现向全球化分工体系的升级。

2. 企业从价值链条中的"环节"变为价值网络中的"节点"

在传统经济活动中，企业价值创造能力是嵌入价值链条中的。在有限的地域空间内，受市场规模的约束，企业的功能只能在有限的价值链条中发挥，甚至只能参与一条价值链。但在互联网构筑的虚拟空间，广阔的全球化市场空间为分工向高度专业化的深化发展提供了充分的条件，各种分工交叉融合，价值创造活动突破价值链形态，发展成价值网络形态。尤其是在全球化分工体系中，企业就成了全球价值网络中的节点，可以同时参与多个独立价值创造体系的价值创造活动。这样一来，产业的虚拟转型使企业参与分工的战略从基于价值链的分工战略升级为基于全球价值网络的分工战略。

3. 自发秩序成为主导

对于传统经济活动中的企业来讲，受地理空间的约束，它的生产经营活动通常被局限在特定的区域，因此，它所面临的制度环境是一维的，常常只能在此制度环境下行为。很多基于特定地理位置形成的产业或企业体系，受所在地和各级政府制定的产业政策的制约，企业的自主性会受到很大的制约。因此，在这种产业体系中，企业对于外部制度环境的选择缺乏应有的自由度。虚拟转型使经济体系中的企业，一是可以在无边界的虚拟空间，自由选择对不同地区、不同制度环境中的要素和力量进行重构；二是对经济体系运行的制度有更强的主导力量。比如平台企业，它本质上是一个庞大的虚拟产业集群，它所设计的规则体系直接是虚拟产业集群形成与发展的制度基础。每一个平台由于各具特色，所以在制度形态上就会各具差异。互联网构筑的虚拟空间，如同一个制度实验室，各种企业都可以在此进行各种形式的重构试验。最重要的是，虚拟空间的每一个平台企业都会发展成为庞大的产业集群，且每一个虚拟产业集群的形成都具有突出的自发秩序主导特征。

第四节　本章小结

结合前面章节的理论和案例分析，本章通过核心能力塑造、核心能力延伸、基于平台化战略形成产业生态体系等三个步骤来概括和构建企业无边界化重构战略的实施路径。

基于分工理论，围绕分工和协作的关系，本章分别从组织、制度和文化三个层次，系统分析了企业核心能力重构的路径选择。从组织层面，基于企业一体化存在的不足，本章指出模块化是打破企业在生产经营过程中所面临的自有资源约束的关键，而且也是突破企业在边界内进行经营、实现开放式经营的关键。通过模块化，一体化的企业就可以被分解为由多个具有核心能力的模块形态的公司构成的企业群。原来意义上的企业变成多个企业所构成的价值联盟。从产权一体化到组织形态模块化，一体化的企业首先需要对业务进行重组，强化核心业务能力，而将非核心业务外包。在操作上企业主要是将内部各个业务单元直接推向市场，利用市场的优胜劣汰机制来决定各个业务单元的去留，通过业务核心化战略，可以让企业在组织形态上呈现弹性和柔性，并且使企业实现真正的轻资产运作。在制度层面，企业将市场竞争机制引入科层，将原来各个部门和单元的行政隶属关系变为市场平等的契约关系，用市场竞争机制来衡量企业内部职员的运作效率，以此来使企业获得科层和市场竞争机制的双重优势，这既能保证各种资源进行协作的有序性，又能使各种资源发挥其自主性、创造性和创新性。在文化层面，因为文化是形塑一个人价值观的重要元素，而价值观是驱动人行为的源泉，因此文化和人的行为具有非常紧密的联系。因为文化属于意识形态方面的东西，虽然文化对于人和企业来讲非常重要，但是它是无形的，因此需要将文化做实。本章从价值观、制度和物质三个层面，系统说明了如何将文化做实。在价值观层面要用规律性的认识来形塑员工的价值观；在制度层面要将规律性的认识通过制度展示出来；在物质层面要将产品和服务视为平台，使其来承载文化，让其不仅能够承载使用价值，而且还能承载观念价值。

  从一体化到模块化，企业获得了开放式发展的组织基础和条件，具有专业化的核心能力。要实现这种核心能力的提升和延伸，就需要通过与其他具有核心能力的模块化企业进行协作，通过虚拟化运作的方式，将企业自身的实力发展到势力。第一，通过复制将自身嵌入各个价值创造系统。拥有核心能力的模块化企业实质上是分工体系的一个价值节点，其价值的实现有赖于和其他模块化企业协作。因为每一个具有核心能力的模块化企业都是具有异质性核心竞争优势的价值创造单元，这种模块化企业要想保持核心竞争优势，必须在市场上难以被其他企业复制，但它可以进行自我复制。通过复制，这种企业可以将自己同时嵌入多个价值创造过程，从而实现其价值创造能力的延伸和拓展。第二，企业通过联盟的方式实现自身核心能力的拓展和延伸。联盟是一种灵活的价值创造组织形式，一个模块化企业通过核心能力复制，可以同时加入多个联盟价值创造过程。当一个联盟的价值创造活动结束，如果这个联盟没有继续存在的必要，那么，这个联盟可以随即解散，构成联盟的各个价值模块就恢复原来独立的专业化形态，然后可以加入其他联盟价值创造过程。第三，具有核心能力的模块化企业，开展生产经营活动更需要注入无形要素。一体化的企业在生产经营过程中，因为主要依靠行政命令进行资源配置，所以，只要遵从行政命令，企业内部各专业化单元就能够实现协作。但是，当企业模块化以后，各个模块化企业之间没有行政隶属关系，它们之间的合作需要信任关系来维系。信任关系与人的认知联系非常密切，而建立这种信任关系既需要企业投入有形资源，更需要企业投入无形资源，尤其是网络、社区、社会资本等无形资源。因为，网络为交易双方进行沟通交流提供了效率手段，而沟通交流是交易双方建立信任的基础。社区是促进文化交流的场所，可以为交易双方利用各自的社会关系，也就是社会资本提供了社会条件。随着企业在顾客和合作伙伴中的信任关系不断稳固，企业在市场中就拥有了向心力和凝聚力，这种力量会使企业形成一种势力。这种势力像水流一样，具有扩散和蔓延效应，在网络和社区的作用下，利用社区成员的社会资本自行发展壮大。

核心能力在虚拟空间进行延伸需要有平台依托。虚拟空间是无边界开放的世界，平台不仅为企业提供了立足点，同时也为企业与其他企业进行沟通交流与合作，甚至与各类社会行为主体进行沟通交流与合作提供了场所。不同的是，这个场所表现为由进入平台的机制、平台上活动的机制以及退出平台的机制等所构成的规则体系。这些规则一方面保证平台的开放性，另一方面保证平台保持健康运转。这种开放性和健康运转能否有效实现融合，主要取决于平台化运作的企业能否成功地将自身塑造成"社区"。社区在这里具有三大重要特征：一是它内部成员的身份多元化，且每一个成员的身份具有无边界化转换的特征；二是社区运作机制依靠正式制度和非正式制度双重规制，尤其是非正式制度所发挥的效力要比传统企业中非正式制度更显著；三是社区中，正式制度和非正式制度的融合形式具有多元化和动态化的特征，因为平台在虚拟空间无限延伸，平台上的社区理论上覆盖平台触及的所有空间。因此，传统地区不同的正式制度和非正式制度借助互联网，很容易进入同一个社区，这些相异的次级制度体系会在此社区碰撞、分化、重构，最终形成新的制度形态。因此，平台上的社区实际上也是一个制度创新的天然实验场所。正是虚拟空间的无边界性、平台的开放性和社区规制体系的创新性，使依托平台进行重构的企业从组织形式、运行机制和运营战略上都不再是传统意义上的企业，因为平台化运作的企业超越独立形态，它是一个企业集群，它与平台上的各类企业、个人及其他各类行为团体之间既相互独立又相互统一，它俨然是一个持续进行无边界化重构和无边界发展的生态产业体系。

第八章 结论与思考

第一节 结论

本书遵循"从实践中来,到实践中去"的理念。

一是从实践中把握企业发展趋势。计算机和互联网将现实世界在虚拟空间进行了逻辑映射,从而为人们提供了一个全新的活动空间。这个空间是开放的,具有先天性全球化属性。运行在这个虚拟空间的市场也是先天性全球化的。因此,互联网给现代经济的发展带来了革命性的变化,运行于虚拟空间的全球一体化市场打破了旧有区域性分隔的市场边界,也打破了旧有的市场竞争格局。置身于新的市场环境,企业急需一种新的发展模式来适应,而无边界化重构正是在新的市场环境下,企业在应对新形势的实践中摸索出的效率选择。

二是从实践中提炼企业发展规律。因为企业以所有权形式所拥有的资源有限。所以,企业需要从外部不断重构发展所需的各种要素和力量。因此,企业必须打破各种边界,以此来实现对其发展所需的要素和力量进行无边界化重构。这首先需要企业转变经营理念,要将传统的封闭性的边界经营思维向开放的无边界思维转变;要将一体化的独立生产经营模式向基于联盟协作的生产经营模式转变;要从强调规模之大向强调网络之大转变;要从实体经营向虚拟经营转变;要从在边界内寻求价值创造向在开放的无边界的全球一体化市场中寻求价值创造能力的无边界化增长转变。

三是利用从实践中总结的规律来构建企业未来发展战略。首先,在经营的思维层面,企业要树立开放的、无边界发展的思维,要强调通过对市场中不计其数的要素和力量进行无边界化重构,以此来满足企业发展所需的资源。其次,企业要做实通过无边界化重构来实现无边界发展的理念。做实无边界化发展的理念,企业就需要打破经营层面、管理层面、操作层面存在的边界体系障碍,以及企业外部各类经济行为主体和组织之间所存在的边界体系障碍,此外,企业在突破这些边界体系所带来的障碍的同时,能够充分利用现代化信息技术、利用市场和科层相融合的组织分工的机制,来重构企业的组织和运行机制,从而实现企业能力的无边界化发展。

本书通过对企业无边界化重构战略的系统性研究,得出以下六个方面结论性的认识。第一,无边界化重构是发展的本质,企业组织无边界化重构是企业实践回归企业本质的科学性战略选择。第二,企业无边界化重构的核心是"协作",而"共赢"是保证协作能够实现的前提基础。第三,企业要实现能力的无边界发展就需要具备异质性的核心竞争优势,因此,核心能力构建是企业实施无边界化重构战略的实践起点。第四,互联网经济下,无边界重构的过程是企业在全球一体化市场中进行要素和力量重构的过程。第五,在互联网构筑的虚拟空间,企业是依托平台来实践企业无边界化重构战略的。第六,通过无边界化重构的发展方式,企业最终能够发展成为具有无限价值创造能力的企业帝国。

一 无边界化

经济活动过程是系统性过程。从本质上讲,系统演进的进程本身是没有界限的。所谓的"界限"或者"边界",只不过是人们为了方便认识世界而用以区分事物的一种概念。这种概念有助于人们将自身所生存的复杂世界,以逻辑、有条理的方式进行抽象概括和表达。虽然,这些概念的形成基于真实的世界,但是它却不等于真实世界。人们通常所表达的事物之间的边界,并不意味着事物之间如同存在一堵墙一样,相互之间不能进行互动和联系。真实的情况是,事物之间没有绝对边界,它们本质上是开放的,它们之间的互动和联系无时不在。如果人们总是用观念上的"边界思维"来指导行为实践,那么,这种实践是不符合事物运动发展规律的。以

● 无边界化重构

此行为指导人们的行为实践，这不仅会使人们的行为难以达到预想的目标，甚至还会使人们受到规律的惩罚。因此，人们需要在认知上弄清楚"边界"一词含义的适用范围，在对复杂事物的抽象认识上，它具有工具意义上的概念性价值，但是不能将该词的含义扩展到经济实践中。因为，边界思维不能真实反映经济实践过程的本质特征——开放性和联系性，即无边界。

企业作为一个具有特殊功能和存在目的的组织，它既相对独立又统一于整个自然和社会体系中。对于现代企业来讲，它是在企业家精神驱动下而形成的生产要素和力量的聚合性组织。这种组织随着环境的变动需要进行不断重构，重构过程表现为各种要素和力量的重新分化和组合，也表现为新要素引入或旧要素退出原有的组织团体，或者兼而有之。根据熊彼特的定义，重构过程属于一种创新过程，是企业相对原有状态对生产要素和力量所做的新组合，是对原有组织结构或形态的一种创造性破坏。

企业的发展有赖于新组合的实现。传统企业在重新组合生产要素和力量的时候，主要基于所有权边界，这就将企业所需的要素和力量划分为两部分，一部分称为企业内部的要素和力量，另一部分称为企业外部的要素和力量。这种边界思维必然禁锢企业进行重构时对于可支配要素和力量的思考广度和空间，不能将基于边界思维所认为的外部无限的要素和力量纳入企业重构战略的思考框架。所以，边界思维将严重影响企业能力发展的空间，必然对企业家经营目标的有效实现产生巨大的影响。因此，企业作为市场中"看得见的手"，其行为战略的构建必须突破边界思维，要用"无边界化"思维来回归事物运动的开放性、联系性本质。

二 共赢目标

企业通过无边界化重构来实现无边界发展是指价值创造能力的无边界发展，它通常基于核心能力以价值联盟的方式来实现。①"共赢"是形成价值联盟的核心纽带。现代企业作为当代人类社会这个大系统中的基本构成单元，它是在企业家精神的驱动下产生的。企业家不仅是经济活动中的意欲理性人，而且更是社会活动中的社会人。意欲理性人和社会人并不矛盾。使用意欲理性人的概念，强调人的个体性，而社会人则既强调个体性，又强调个体之间的相互联系性和相互制约性。企业作为经济活动中的行为主体，体现的是以企业家目标为核心的集体多元化目标的最优化和平衡。无边界发展的企业在这方面表现得更为突出，因为这种企业在重构过程中，突破所有权边界的思维，将所有权拓展到使用权、受益权、处置权等各种产权的范畴，而且也突破生产者和消费者的界限。因为无边界发展的企业主要依靠全球价值网络中各种价值创造体系来实现能力的发挥和能力的延伸。对于每一个企业来讲，是否选择进入某个价值体系，取决于该价值体系能否给它带来价值。如果不能，那么，它自然就不会加入该价值体系。因此，众多的企业能够聚集在同一个价值系统中，正是该系统能满足每一个企业价值实现的需要。同时，各企业也要遵守价值系统共赢的规则，否则，整体价值得不到实现，单个企业的价值也没有保障。由此可见，共赢既是价值联盟的核心纽带，也是企业价值实现的保障。②"共赢"是做大蛋糕的有效战略。任何现存的市场份额都是有限的，排他式竞争主要是抢夺既有市场份额，属于分蛋糕模式。在这种环境下，不管单个企业的竞争力有多强，其价值实现都存在边界局限，最大也只能获取既有的市场规模。因此，这种排他式的自我价值最大化竞争模式难以为企业带来更大的价值创造空间。企业无边界发展强调以竞争与合作的"共赢"战略来做大价值联盟网络，通过不断地开拓新的市场空间，从而将市场做大。随着市场的不断扩大，市场价值总规模就会扩大，从而，企业价值实现的空间也就会不断扩大。由此一来，参与合作的每一个成员企业就能分享更大的蛋糕。此外，这种基于合作、共同开拓市场的运营模式是建立在高度专业化分工的基础上的。专业化作业必然促进作业效率的提高，"共赢"的合作运营将产生更大的收益。

三　核心能力

运行在互联网虚拟空间的市场的竞争激励和市场状况瞬息万变，置身于此市场，企业能力的强弱主要表现在其市场反应能力和价值创造能力的大小上。通过无边界化重构来实现无边界发展的企业，主要是基于核心能力，通过将该能力在全球价值网络中进行延伸和拓展来实现发展的。①通过塑造核心能力提升企业市场反应能力。较高的市场反应能力需满足两个条件。一是能及时、准确地获取市场变化的信息。二是针对市场变化能够做出及时、有效的响应。要准确、及时获取市场变化的信息，就需要企业与市场实现零距离接触。显然，一体化的企业在这方面具有显著的不足。因为一体化的企业容易随着规模增加而变得臃肿，在科层机制的作用下，处在企业各部门及各层级的员工通常依照上级的行政命令行为，是一种被动的行为模式，是被动接受市场信息的，市场信息需要经过层层边界传递给他们，这造成了他们与市场之间存在显著的距离。由此一来，企业就难以做到对市场变化进行及时、有效的应对。基于分工来对企业进行核心能力塑造，并引入市场优胜劣汰机制，可以帮助企业摒弃不擅长的业务与功能，以此来优化其结构和功能。当市场机制被引入市场，企业中每一层级的每一个部门，甚至每一名员工都需要直接面对市场，紧跟市场变化。这可以充分保证市场变化信息能在第一时间被企业相关责任人感知。而且，优胜劣汰机制为企业中的各类员工提供了充分的创新激励。通过优胜劣汰的竞争机制，企业自然就会被塑造成具有核心竞争力的模块化组织形态。②通过核心能力增强企业价值创造能力。核心能力为企业增强价值创造能力带来了两方面的优势，一是专业化的优势。企业淘汰掉不擅长的业务和功能，就改变了一体化的形态，变成具有模块化形态的专业型组织。专业化作业必然会有效提升企业的生产经营活动效率。这是因为经过淘汰留下来的业务可以获得企业更多的资源投入，此外，专业化作业直接能提升该业务的熟练程度和创新能力。二是获得无限的价值实现空间。一体化企业中的所有资源一般只为自身服务，这些资源价值创造活动的空间只局限于企业一体化的边界内，而核心能力型企业主要是通过联盟价值创造的方式来实现经营目标。突破产权一体化的边界局限，具有核心能力的企业就可以在全球一体化的虚拟市场空间中嵌入无数个具体的价值创造过程，以此来延伸和拓展其价值创造能力。可见，核心能力为企业价值创造能力进行无边界化延伸和拓展提供了组织基础。

四　全球重构

企业通过重构来实现发展，也是通过重构来应对市场变化。互联网构筑的虚拟空间为企业重构活动提供了天然的无边界化空间。企业可以在全球一体化的市场上通过无边界化重构来实现其经营目标，其自身只需以具有核心能力的专业化组织形态存在，这种组织形态具有轻型、柔性和弹性的特点，在适应激烈的全球化市场竞争上具有优势。①通过全球重构使企业成为轻型组织。在互联网经济下的社会分工体系属于全球价值网络型分工，是高度精细化的专业化分工。在这种分工体系下，企业参与分工的战略不再基于价值链进行重构，而是基于全球价值网络来重构。基于价值网络来重构参与分工的战略，可以使企业直接超越价值链边界的局限。在分工高度精细化的全球价值网络中，企业只需将自身塑造成具有核心能力的价值节点，将不擅长的业务交给价值网络中的其他企业，与其进行合作，这样自己就可以专注自己所擅长的，企业就能集聚有限资源在其核心业务上。当企业去除了不擅长的业务单元，其组织形态就会变得简洁，最终成为具有核心能力的轻型组织。②通过全球重构使企业变成柔性组织。企业重构的目的是满足发展的需要，基于市场优胜劣汰的重构，必然使企业发展成为具有核心能力的组织。价值重构又会使企业表现出模块化形态，具有标准化的界面接口规则。因为这是降低企业与其他模块化价值创造型企业进行协作的成本的有效方式。通过核心能力复制，基于标准的界面接口规则，企业可以和活跃于全球化市场中的其他核心能力模块进行自由重构，从而形成多个价值创造联盟。价值联盟是实现企业经营目标的一种组织方式，可以在需要的时候按照一定的规则形成，当经营目标实现后可以随即解散。联盟解散后，企业恢复相对独立的形态，从而可以加入新的联盟。可见，通过复制、联盟，企业成了轻型、柔性、弹性的组织，这一方面使它能在全球一体化的市场变化中实现灵活应对；另一方面使它的价值创造能力在无边界的虚拟空间中获得无边界的延伸和拓展。

五　平台运作

互联网充分释放了平台化的力量，在无边界的虚拟空间，平台是企业在虚拟世界立足的支点，更是维系个体在虚拟空间开展交易的纽带。在虚拟空间，企业平台化运作是互联网经济下企业无边界化重构的重要特征。①通过平台化运作，企业可以自由链接虚拟空间存在的丰富资源，这可以让其重构过程存在无限的可能。在虚拟空间中，平台向全球无限延伸，通过全球重构，企业成了具有核心能力的专业化组织，它不再需要拥有价值创造所需的全部功能，而只需全部功能的某一部分，或整个价值创造过程的一个片段。然而，具备核心能力的企业并不是通过产权一体化来获得价值创造过程所需的其他功能。它通常以市场契约的方式与所需的其他功能所有者进行价值联盟，通过联盟进行虚拟运营。在无边界的全球化市场中，对于价值联盟来讲，存在无数个潜在的具有核心能力的企业可供选择，对于单个企业来讲，有无数个价值体系可供选择加入。这一方面保证了企业有无限可供利用的外部资源，另一方面也为企业挑选最优质的外部资源进行联盟提供了保障。正是平台化和虚拟运作才使企业能够实施无边界化的重构战略，才使其价值创造能力的无边界发展成为可能。②平台化运作基于价值联盟，它融合市场和科层两方面的优势。基于核心能力的价值联盟是虚拟运作采取的基本组织形式，它是各种相对独立的、具有核心能力的企业，以市场交易契约的形式联结在一起的弹性组织，围绕"价值创造"而形成，完成了"价值创造"过程就可以解散，任何核心能力企业按照市场竞争机制进入和退出价值联盟，各自按照市场绩效获取报酬。市场的优胜劣汰保证了价值联盟具有充分的积极主动性和创新性。所以，这种组织具有显著的市场特征。但是，价值联盟主要是围绕网主企业形成的，在价值创造过程中，为了保证价值体系能够协调、有序地运行，网主企业需要利用一定的规则，对联盟中的各个成员进行层次划分，以便于对其进行协调和控制。因此，它又具有科层的优势。

六　企业帝国

无边界化重构后的企业具有"小核心大外围""小虚拟大实体"的组织形态。无边界化重构，一方面使企业转变成具有核心能力的专业化型组织，另一方面使企业的发展直接实现从外部广阔的市场空间中进行要素和力量的重构，从而突破企业基于所有权的资源约束。虽然核心能力重构使企业的实体规模变得相对较小，却使其核心能力能够通过复制以连锁、联盟的方式同时嵌入多个不同的价值创造过程，实现使其价值创造能力在全球价值网络中进行无限拓展和延伸。因此，通过无边界化重构，企业能够发展成为庞大的企业帝国。这种企业帝国具有以下特征。一是"小核心大外围"。在虚拟空间，市场是全球一体化的，全球价值网络型分工体系为企业以核心能力的形态存在提供了市场基础。因为，这种企业基于核心能力可以实施虚拟化运作，通过虚拟化运作来从外部重构发展所需的各种要素和力量，从而使其呈现"小核心大外围"的形态。在分工深化的过程中，脑体产业的分工使企业的研发、营销、营运等生产经营活动变成脑袋产业，制造成了躯体产业。脑袋产业主要依靠无形资源，从而其实体规模较小，甚至是没有实体的核心能力体，从而表现出小脑袋。但是，这种具有核心能力的小脑袋所指挥和控制的躯体产业（具有实体规模）可以非常庞大。例如，恒源祥通过品牌运作，将 80 多家制造商、5400 多家授权经销商、40000 多名员工整合在一起，构建了一个"恒源祥联合体"。其定位是：成为一家拥有消费品牌的战略、咨询、管理顾问公司，让品牌成为知识资源的品牌，能够被联合体中的加盟工厂、经销商、零售商，及其他成员所广泛使用。二是"小虚拟大实体"。现代化互联网企业，例如，Apple、Google、Amazon、淘宝、京东、当当等国内外知名互联网企业，它们在互联网虚拟空间通常以一个网站平台的形式存在，给人的直观印象就是手机、电脑终端的一个网站。但是，这些网站却运营着巨大的经济实体。例如，苹果公司的 App Store 入驻了无数家企业；淘宝、京东、Amazon 等电子商务企业，与这些互联网公司一起运营的公司不计其数，而且在持续扩大。

第二节 思考

一 得到的启示

企业不仅承载着企业家的价值诉求，同时也承载着企业所有成员及消费者的价值诉求，它是现代市场经济活动的核心主体。随着市场加速向全球一体化推进，发达的分工体系使经济活动的开展呈现高度的组织化。互联网在经济领域的普遍使用，不仅改变了企业进行生产经营活动的方式，而且从根本上改变了企业生存和发展所依赖的资源和环境。尤其是互联网构筑的虚拟空间，直接将现代企业置于一个全球一体化的市场中，这对企业来讲，既是挑战也是机遇。如何抓住机遇，并将挑战也变成机遇，以此使企业的发展实现新的飞跃？这取决于现代企业如何借助互联网经济所带来的优势，以此突破传统企业生产经营模式所存在的局限，并针对新的市场环境构筑新的企业发展战略。企业无边界重构发展战略研究是在前人理论研究的基础之上，结合互联网给现代企业发展的实践和其生存环境带来的变化，通过归纳、概括、提炼，在以下几方面为现代企业的发展提供理论启示。

1. 从"有形"到"无形"

企业开展生产经营活动既需要投入有形要素，也需要投入无形要素。本书从两个层面考察了传统企业理论以"有形要素"为核心所存在的局限，为现代企业的经营实践带来了新的启示。一是资源观。传统企业理论主要以有形的物质资源作为企业发展的内生变量，将知识、网络、社区、声誉、文化、社会资本等非物质性的无形资源视为外生。这种观念忽视了无形资源对于企业发展所具有的内生性作用，会导致企业的发展被锁定在由有形资源所决定的能力边界内。现在，人类进入知识经济时代，无形要素正逐渐取代有形要素在企业发展中的核心地位。据统计，在经济发达国家，企业无形资源和有形资源之比，1980年是1∶1，到2000年，这个比例上升为 4 : 1，即无形资源占了 80%[①]。此外，无形要素并不具有有形要素边际生产力递减的特征，尤其像知识这种要素，它反而具有边际生产力递增的特点。由此可见，无形要素是决定现代企业发展的内生变量，而且是非常核心的内生变量。二是产品观。产品价值是由使用价值和观念价值所构成的。传统企业理论将企业生产经营的战略关注点主要聚焦在产品的使用价值上，这是对消费者精神消费需求的忽视，一种观念指导企业生产经营活动，不能通过产品销售从客户那里获得观念价值，这对企业经营来讲是一种损失。工业经济大幅提升了社会劳动生产率，从而使人们对于物质产品的消费的需求获得了极大的满足，现在人们的消费正从物质消费向精神消费转型，当前流行的个性化消费和体验经济就是典型的表现。因此，依托产品这个平台，在其使用价值的基础上注入观念价值，从而使产品的价值获得延伸和拓展，这成为实现产品跨越式发展的关键。

2. 从"实体"到"虚拟"

互联网未广泛应用在经济领域以前，企业只能在特定的地理空间中开展生产经营活动。跨地区的生产经营活动面临高昂的交通运输和信息成本，这种经济环境使得企业从一体化的规模中寻求效益，是一种效率选择。当然，一体化的管理成本也为企业发展能力带来了收敛边界。此外，基于所有权的实体运作模式，使企业无论从资源，还是从市场规模来看，都面临显著的边界约束。互联网构筑的虚拟空间直接突破地理空间的边界障碍，将分割的区域市场融合成全球统一的一体化大市场。此外，通过互联网，分布在世界各个地方的资源都能以信息化的方式在虚拟空间呈现，并可以在此进行超越时空边界的交流与协作，并且最大限度地降低了这些活动的交易成本。通过虚拟运作，现代企业不仅能够实现一体化意义上的生产经营目标，而且，通过虚拟联盟的无边界化重构方式，现代企业可以用极低的交易费用代替高昂的一体化管理成本。此外，虚拟运作是一种开放式重构发展模式，存在于无边界市场空间中的资源为企业价值创造能

---

① 李海舰、原磊：《论无边界企业》，《中国工业经济》2005 年第 4 期。

力、实现无边界化延伸和拓展提供了有力支撑。

3. 从"全能"到"核心能力"

全球价值网络型分工模式是高度组织化的分工体系，它体现的是分工与协作的统一。脑体产业分离体现的是经济活动中实体和虚拟分工，随着脑体产业在各自产业领域分工的深化发展，集研发设计、生产制造、销售、仓储、物流于一体的全能型企业，逐渐被功能较为单一的、相对独立的企业所替代，企业开展生产经营活动不再只依靠自有资源来实现价值创造过程各个环节对资源的需求，并将原来一体化企业中各个经济行为主体间的行政指挥关系，变为市场中的供给和需求关系，从而克服了一体化组织中各个经济行为主体面对市场变化反应不足的缺陷。生产的最终目的是满足人的需求，在分工经济下，企业不仅要迎合需求、发现需求，更需要创造需求，因为人的认知是有限的，实际上人自身存在很多潜在的需求自己并不一定清楚，需要具有创新力的企业家去唤醒。而且，在信息发达的时代，企业家只有做到如此，才能赢得市场竞争力。而要做到这些，企业必须实现与市场零距离接触。一体化的企业，其内部大部分员工与市场之间相隔大段的距离，这严重影响了企业作为整体对市场变化的反应能力。对一体化企业进行无边界化重构就是使其从封闭走向开放，通过引入市场机制，将企业中各个部门间的行政职能关系变为价值创造流程过程总的供给与需求的关系。这种开放式的企业组织重构，从根本上改变了传统意义上对于客户的定义。重构后的一体化企业，变成多个具有专业化核心能力的利润中心，每一个利润中心实际上成了新的企业，在市场优胜劣汰机制的作用下，企业中每一个部门、每一个成员都具有充分的创新激励去进行需求创造。

4. 从"排他竞争"到"联盟合作"

一体化企业更强调争夺市场份额，这属于典型的排他式竞争。排他式竞争具有显著的零和博弈，甚至是负和博弈的特征。企业无边界化重构发展理论认为，运行于虚拟空间的市场是先天性全球一体化的，空前的市场规模为企业以高度专业化的方式进行生产提供了市场基础。高度专业化的生产方式是以合作为前提的，因此，在全球一体化的市场上，以及消费者个性化消费需求，使现代企业的经营战略不再是以争夺市场为主，而是做大市场。做大市场不是抢夺既有的市场份额，而是创造和开辟新的市场。因此，现代企业需要调整经营战略，要变竞争对手为合作伙伴。延伸迂回价值生产链条，避开竞争寻求合作，让价值创造过程的每一个企业都可以专注核心价值创造能力。当每一个企业都从争夺蛋糕转向制作蛋糕，社会总财富的增长就会实现加速。

5. 从"实力"到"势力"

以"实力"为核心的企业经营理念，强调做大企业规模。在互联网经济下，全球一体化的市场瞬息万变，强调规模实力的经营方式具有显著的竞争力局限。企业无边界化重构发展理论认为，在全球一体化市场加速发展的环境下，企业已经不再只依靠实力来赢得竞争力，而是需要以"势力"来赢得竞争力。势力不是新建企业而是整合企业，不是做大企业规模，而是做大企业网络。势力体现的是对整个市场的支配力和控制力，使市场对企业能力信任的力量。拥有这种力量，企业就会在顾客中形成向心力，这种向心力为企业产品和服务的销售提供了充分的保障；同时，拥有这种力量，使得企业在全球价值网络中形成凝聚力，这种凝聚力为企业在无边界的虚拟空间中重构发展所需的要素和力量提供了充分保障。

二 研究不足与展望

本书的不足体现在以下两个方面，未来研究主要针对本书的不足来展开。

第一，在研究方法方面，本书在进行理论演绎推理的过程中，主要采取定性分析和案例阐释相结合的方法，定量研究存在明显不足。这主要具有两方面的客观原因：一是企业无边界化重构发展是现代企业发展的新趋势，它属于新兴事物，从而与它相关的各项指标的数据都还缺乏系统性记录和保存，使得定量分析所需的数据还很不健全；二是企业组织无边界化重构强调企业的发展能力，因为能力是由多种因素共同作用的结果，尤其是在网络经济活动中，无形要素对于塑造企业核心能力具有关键性的作用，而无形要素具有难以量化的特征，从而决定了企业能力也很难量化。

然而，量化分析是增强理论分析逻辑严密性的重要手段，因此，在未来的研究中，要设法构建更为科学的、易于量化的指标体系，加大定量研究的比重和分量，建立更为规范、系统的理论模型，以提升理论研究的系统性、严密性和规范性。

第二，在研究内容方面，本书主要基于核心能力、模块化和价值网络三个维度来构筑整个理论的分析框架，以此来对企业本质及企业组织无边界化重构的本质、驱动因素，以及实现路径进行系统性的研究。然而，企业发展是一个复杂的过程，本书所运用的核心能力理论、模块化理论、价值网络理论其本身还处于不断地完善过程中。因此，关于企业组织无边界化重构的企业发展理论还需要随着这些理论研究的进展而不断地进行修正和完善。此外，本书内容属于一般性研究，没有专门针对中国企业，从而对于中国企业特殊性方面的研究相对不足。中国企业在发展过程中有其独特性，尤其是国有企业。因此，结合这种特殊性进一步探讨中国企业，尤其是国有企业实施无边界化重构发展战略具体需要什么样的条件，这对于促进中国企业融入全球价值网络分工、拓展价值创造空间、提升价值创造能力具有直接的现实意义。

参考文献

中文部分

〔美〕约瑟夫·熊彼特：《经济发展理论》，何畏、易家详等译，商务印书馆，1990。

〔丹〕尼古莱·福斯、〔美〕克里斯第安·克努森：《企业万能——面向企业能力理论》，李东红译，东北财经大学出版社，1998。

〔德〕马克斯·韦伯：《新教伦理与资本主义精神》，康乐、简惠美译，陕西师范大学出版社，2007。

〔法〕阿兰·佩雷菲特：《论经济"奇迹"——法兰西学院教程》，朱秋卓、杨祖功译，中国发展出版社，2001。

〔英〕约翰·穆勒：《政治经济学原理》，赵荣潜等译，商务印书馆，1991。

〔韩〕W. 钱·金、〔美〕勒妮·莫博涅：《蓝海战略——超越产业竞争，开拓全新市场》，吉宓译，商务印书馆，2005。

〔加〕唐·泰普斯科特、〔英〕安东尼·D. 威廉姆斯：《维基经济学》，何帆等译，中国青年出版社，2007。

〔美〕B. 约瑟夫·派恩等著《体验经济》，夏业良等译，机械工业出版社，2002。

〔美〕加里·哈梅尔、C.K. 普拉哈拉德：《竞争大未来》，王振西等译，昆仑出版社，1998。

〔英〕阿尔弗雷德·马歇尔：《经济学原理》，朱志泰、陈良璧译，商务印书馆，2019。

〔美〕阿奇 B. 卡罗尔、安 K. 巴克霍尔茨：《企业与社会：伦理与利益相关者管理》，黄煜平等译，机械工业出版社，2004。

〔英〕阿瑟·刘易斯：《经济增长理论》，周师铭等译，商务印书馆，1999。

〔美〕奥利弗·E. 威廉姆森：《资本主义经济制度》，段毅才等译，商务印书馆，2002。

〔美〕彼得·德鲁克：《德鲁克管理思想精要》，李维安等译，机械工业出版社，2009。

〔美〕彼得·德鲁克：《21世纪的管理挑战》，朱雁斌译，机械工业出版社，2006。

〔美〕彼得·德鲁克：《卓有成效的管理者》，许是祥译，机械工业出版社，2009。

〔美〕戴维·C. 科顿：《当公司统治世界》（第二版），王道勇译，广东人民出版，2006。

〔美〕戴维·N. 韦尔：《经济增长》，金志农、古和今译，中国人民大学出版社，2007。

〔美〕戴维·S. 兰德斯：《国富国穷》，门洪华译，新华出版社，2010。

〔美〕道格拉斯·C. 诺斯：《经济史上的结构和变革》，厉以平译，商务印书馆，1992。

〔美〕菲利普·科特勒、南希·李：《企业的社会责任》，姜文波等译，机械工业出版社，2006。

〔美〕弗兰克·H. 奈特著《风险、不确定性与利润》，安佳译，商务印书馆，2006。

〔美〕弗朗西斯·福山：《信任：社会美德与创造经济繁荣》，彭志华译，海南出版社，2001。

〔美〕赫尔曼·西蒙：《隐形冠军：谁是全球最优秀的公司》，阿丁等译，新华出版社，2002。

〔美〕塞缪尔·亨廷顿：《文明的冲突与世界秩序的重建》，周琪等译，新华出版社，2002。

〔美〕加里·贝克尔：《人力资本理论》，郭虹译，中信出版社，2007。

〔美〕杰夫·豪：《众包：大众力量缘何推动商业未来》，牛文静译，中信出版社，2009。

〔美〕卡丽斯·鲍德温、金·克拉克：《设计规则：模块化的力量》，张传良等译，中信出版社，2006。

〔美〕科斯、诺思、威廉姆森著、〔法〕克劳德·梅娜尔编《制度、契约与组织》，刘刚等译，经济科学出版社，2003。

〔美〕克里斯·安德森：《长尾理论》，乔江涛、石晓燕译，中信出版社，2012。

〔美〕理查德·R. 纳尔逊、悉尼·G. 温特：《经济变迁的演化理论》，胡世凯译，商务印书馆，1997。

〔美〕琳达·S. 桑福德、戴夫·泰勒：《开放性成长》，刘曦译，东方出版社，2008。

〔美〕罗恩·阿什克纳斯、迪夫·乌里奇、托德·吉克、史蒂夫·克尔等：《无边界组织》，姜文波译，机械工业出版社，2005。

〔美〕马克斯·韦伯：《新教伦理与资本主义精神》，于晓、陈维纲等译，广西师范大学出版社，2006。

〔美〕马汀·奇达夫、蔡文彬：《社会网络与组织》，王凤彬等译，中国人民大学出版社，2007。

〔美〕迈克尔·波特：《竞争优势》，陈小悦译，华夏出版社，2001。

〔美〕迈克尔·迪屈奇：《交易成本经济学：关于公司新的经济意义》，王铁生等译，经济科学出版社，1999。

〔美〕默里·L. 韦登鲍姆：《全球市场中的企业与政府》，张兆安译，上海三联书店，2002。

〔美〕乔治·斯蒂纳、约翰·斯蒂纳：《企业、政府与社会》，张志强译，华夏出版社，2002。

〔美〕切斯特·巴纳德：《组织与管理》，曾琳等译，中国人民大学出版社，2009。

〔美〕史蒂文·L. 戈德曼、罗杰·N. 内格尔、肯尼思·普瑞斯：《灵捷竞争者与虚拟组织》，杨开峰、章霁等译，辽宁教育出版社，1998。

〔美〕汤姆·彼得斯：《疯狂的时代呼唤疯狂的组织》，蒋旭峰译，中信出版社，2006。

〔美〕托马斯·弗里德曼：《世界是平的——21世纪简史》，何帆等译，湖南科学技术出版社，2006。

〔美〕西奥多·W. 舒尔茨：《论人力资本投资》，吴珠华等译，北京经济学院出版社，1990。

〔美〕小艾尔弗雷德·D. 钱德勒：《看得见的手》，重武译，商务印书馆，1987。

〔美〕亚伯拉罕·马斯洛：《动机与人格》，许金声等译，中国人民大学出版社，2007。

〔美〕康芒斯：《制度经济学》，于树生译，商务印书馆，1962。

〔美〕詹姆斯·C. 柯林斯、杰里·I. 波拉斯：《基业长青》，真如译，中信出版社，2002。

〔美〕詹姆斯·S. 科尔曼：《社会理论的基础》，邓方译，社会科学文献出版社，1999。

〔日〕青木昌彦、安藤晴彦：《模块时代：新产业结构的本质》，周国荣译，上海远东出版社，2003。

〔日〕青木昌彦：《比较制度分析》，周黎安译，上海远东出版社，2001。

〔日〕速水佑次郎、〔美〕弗农·拉坦：《农业发展的国际分析》，郭熙保、张进铭等译，中国社会科学出版社，2000。

〔印度〕阿马蒂亚·森：《以自由看待发展》，任赜、于真译，中国人民大学出版社，2002。

〔英〕查尔斯·汉迪：《组织的概念》，方海萍译，中国人民大学出版社，2006。

〔英〕冯·哈耶克：《哈耶克论文集》，邓正来译，首都经济贸易大学出版社，2001。

〔英〕尼尔·保尔森、托·赫尼斯编《组织边界管理：多元化观点》，佟博等译，经济管理出版社，2005。

〔英〕爱德华·泰勒：《原始文化》，连树声译，上海文艺出版社，1992。

〔英〕威廉·配第：《赋税论、献给英明人士、货币略论》，陈冬野等译,商务印书馆,1963。

〔英〕亚当·斯密:《国富论》,杨敬年译,陕西人民出版社,2001。

〔英〕亚当·斯密:《国民财富的性质和原因的研究》,郭大力、王亚南译,商务印书馆,1981。

〔英〕伊迪丝·彭罗斯:《企业成长理论》,赵晓译,上海三联书店、上海人民出版社,2007。

〔美〕约翰·霍金斯:《创意经济:如何点石头成金》,洪庆福、孙薇薇、刘茂玲译,上海三联书店,2007。

曹江涛、苗建军:《模块化时代企业边界变动研究》,《中国工业经济》2006年第8期。

曾楚宏、林丹明:《论企业边界的两重性》,《中国工业经济》2005年第10期。

曾楚宏、林丹明、朱仁宏:《企业边界的协同演化机制研究》,《中国工业经济》2008年第7期。

陈惠雄:《快乐原则——人类经济行为的分析》,经济科学出版社,2003。

陈佳贵、黄群慧:《工业发展、国情变化与经济现代化战略——中国成为工业大国的国情分析》,《中国社会科学》2005年第4期。

陈小勇:《产业集群的虚拟转型》,《中国工业经济》2017年第12期。

陈永伟:《"剥削者"抑或"守望者"?对平台竞争和治理的再思考》,《中国改革》2018年第2期。

陈郁编《企业制度与市场组织——交易费用经济学文选》,上海三联书店、上海人民出版社,1996。

〔美〕戴维.罗默:《高级宏观经济学》,王根蓓译,上海财经大学出版社,2003。

杜曙光、林民盾、蔡勇志:《横向产业理论的提出与新型企业研究:香港利丰公司的案例分析》,《经济管理》2006年第13期。

范黎波:《互联网对企业边界的重新界定》,《当代财经》2004年第3期。

冯丽、李海舰:《从竞争范式到垄断范式》,《中国工业经济》2003年第 9 期。

郭劲光：《企业网络的经济社会学研究》，中国社会科学出版社，2008。

郭树民、刘文杰：《企业网络研究综述》，《当代经济管理》2009 年第 8 期。

郭树民：《和谐社会构建背景下的企业和谐关系管理》，《当代经济管理》2009 年第 4 期。

郭鑫、毛升主编《海尔精髓——企业文化与海尔业绩》，民主与建设出版社，2003。

侯若石、李金珊：《资产专用性、模块化技术与企业边界》，《中国工业经济》2006 年第 11 期。

胡泳：《海尔的高度》，浙江人民出版社，2008。

胡泳：《张瑞敏谈管理》，浙江人民出版社，2007。

贾旭东：《虚拟企业的战略结构研究》，《中国工业经济》2007 年第 9 期。

贾旭东：《虚拟企业组织运行的基础环境与模式研究》，《兰州大学学报（社会科学版）》2005 年第 2 期。

金碚：《中国工业改革开放 30 年》，《中国工业经济》2008 年第 5 期。

金建培、金雪军：《西方企业成长研究发展评述》，《技术经济》2008 年第 4 期。

盛洪主编《现代制度经济学》，北京大学出版社，2003。

李海舰、陈小勇：《企业无边界发展研究：基于案例的视角》，《中国工业经济》2011 年第 6 期。

李海舰、冯丽：《企业价值来源及其理论研究》，《中国工业经济》2004 年第 3 期。

李海舰、郭树民：《从经营企业到经营社会——从经营社会的视角经营企业》，《中国工业经济》2008 年第 5 期。

李海舰、郭树民：《企业市场化研究：基于案例的视角》，《中国工业经济》2008 年第 8 期。

李海舰、聂辉华：《论企业与市场的相互融合》，《中国工业经济》

2004年第8期。

李海舰、聂辉华：《全球化时代的企业运营——从脑体合一走向脑体分离》，《中国工业经济》2002年第12期。

李海舰、魏恒：《新型产业组织分析范式构建研究——从SCP到DIM》，《中国工业经济》2007年第7期。

李海舰、原磊：《论无边界企业》，《中国工业经济》2005年第4期。

李海舰：《中国流通产业创新的政策内容及其对策建议》，《中国工业经济》2003年第12期。

李海舰：《基于软资源的新型工业化道路——从硬资源的约束到软资源的突破》，《中国经济问题》2005年第5期。

李海舰：《现代经济十大最新走向》，《科技创新与生产力》2010年第4期。

李宏彬等：《企业家的创业与创新精神对中国经济增长的影响》，《经济研究》2009年第10期。

李怀斌：《现代营销的困境与救赎——基于社会网络嵌入的后现代营销论纲》，《中国工业经济》2009年第6期。

厉无畏、王慧敏：《创意产业促进经济增长方式转变——机理·模式·路径》，《中国工业经济》2006年第11期。

厉无畏：《创意改变中国》，新华出版社，2009。

林竞君：《网络、社会资本与集群生命周期研究——一个新经济社会学的视角》，上海人民出版社，2005。

罗珉、杜华勇：《平台领导的实质选择权》，《中国工业经济》2018年第2期。

罗珉：《价值星系：理论解释与价值创造机制的构建》，《中国工业经济》2006年第1期。

〔德〕马克斯·韦伯：《新教伦理与资本主义精神》，于晓、陈维纲等译，三联书店，1987。

〔美〕曼瑟尔·奥尔森：《集体行动的逻辑》，陈郁等译，上海人民出版社，1995。

盛洪：《经济学精神》，广东经济出版社，1999。

史闻东、李家鸿：《企业边界、企业扩展与企业成长的比较分析——对企业成长理论的重新解读》，《经济管理》2007年第18期。

苏慧文、高月飞：《从组织流程和管理流程角度提高内部管理效率》（上），《外国经济与管理》2000年第9期。

苏慧文：《海尔管理变革：市场链与业务流程再造》，《南开管理评论》2001年第1期。

谭伟强、彭维刚、孙黎：《规模竞争还是范围竞争？——来自中国企业国际化战略的证据》，《管理世界》2008年第2期。

王凤彬、陈高生、熊小彤：《企业内部市场交易费用分析》，《中国工业经济》2005年第1期。

王凤彬、赵民杰：《职能部门：资源控制者还是服务提供者——兼评内部网络型组织模式及其应用》，《财经问题研究》2004年第8期。

王伟：《基于企业基因重组理论的价值网络构建研究》，《中国工业经济》2005年第2期。

王询：《论企业与市场间的不同形态》，《经济研究》1998年第7期。

王询：《文化传统与经济组织》，东北财经大学出版社，1999。

吴敬琏：《制度重于技术——发展中国高新技术产业》，中国发展出版社，2002。

吴思华：《策略九说》，复旦大学出版社，2004。

〔英〕西尼尔：《政治经济学大纲》，蔡受百译，商务印书馆，1977。

〔美〕小艾尔弗雷德·钱德勒：《规模与范围——工业资本主义的原动力》，张逸人等译，华夏出版社，2006。

徐宏玲：《模块化组织价值创新：原理、机制及理论挑战》，《中国工业经济》2006年第3期。

杨杜：《企业成长论》，中国人民大学出版社，1996。

杨蕙馨、李峰、吴炜峰：《互联网条件下企业边界及其战略选择》，《中国工业经济》2008年第11期。

杨克明：《海尔兵法》，中国经济出版社，2003。

杨瑞龙、冯健:《企业间网络的效率边界:经济组织逻辑的重新审视》,《中国工业经济》2003年第11期。

〔澳〕杨小凯、张永生:《新兴古典经济学和超边际分析》,中国人民大学出版社,2000。

〔澳〕杨小凯:《企业理论的新发展》,《经济研究》1994年第7期。

〔澳〕杨小凯:《经济学:新兴古典与新古典框架》,张定胜、张永生、李利明等译,社会科学文献出版社,2003。

余东华、芮明杰:《模块化、企业价值网络与企业边界变动》,《中国工业经济》2005年第10期。

余菁:《企业制度的弹性》,《中国工业经济》2011年第4期。

袁晓婷、陈春花:《文化资本在经济增长中的表现形式和影响研究》,《科学学研究》2006年第S1期。

张其仔:《社会资本论》,社会科学文献出版社,1997。

张维迎:《竞争力与企业成长》,北京大学出版社,2006。

张五常:《中国的经济制度》,中信出版社,2009。

中国企业管理研究会、中国社会科学院管理科学研究中心编《中国企业持续成长研究报告》,中国财政经济出版社,2008。

钟宏武、徐全军:《国内外现代企业成长理论研究现状比较》,《经济管理》2006年第1期。

周其仁:《社会责任是社会所有成员的责任》,《中国企业家》2006年第24期。

周其仁:《市场里的企业:一个人力资本与非人力资本的特别合约》,《经济研究》1996年第6期。

朱绍文:《〈国富论〉中的"经济人"的属性及其品德问题》,《经济研究》1987年第7期。

庄子银:《创新、企业家活动配置与长期经济增长》,《经济研究》2007年第8期。

庄子银:《企业家精神、持续技术创新和长期经济增长的微观机制》,《世界经济》2005年第12期。

英文部分

Arrunada, B., and X. H. Vazquez., "When Your Contract Manufacturer Becomes Your Competitor," *Harvard Business Review*, 2006.

Ashkenas, Ron., Creating the Boundaryless Organization, Business Horizons, 1999.

Baker, W. E., *Achieving Success Through Social Capital*, San Francisco: Jossey – Wiley and Sons Inc, 2000.

Baldwin C. Y., K. B. Clark, *Design Rules: The Power of Modularity*, Cambridge, MA, MIT Press, 2000.

Bansal, P., "Evolving Sustainability: A Longitudinal Study of Corporate Sustainable Development," *Strategic Management Journal*, 2005.

Barley, S. R., "The Alignment of Technology and Structure through Roles and Networks," *Administrative Science Quarterly*, 1990.

Barnatt Christopher, *Cyberbusiness. Mindsets for a Weird Age.* New York: John Wiley, 1995.

Barney J., "Firm Resources and Sustained Competitive Advantage," *Journal of Management*, 1991.

Bazan L., Navas – Aleman, L., The Underground Revolution in the Sinos Valley: A Comparison of Global and National Value Chains, Paper Presented at Workshop on Local Upgrading in Global Chains Brighton Institue of Development Studies, 2001.

Benson K., "The Inter – organizational Networkas a Political Economy," *Administrative Science Quarterly*, 1975.

Birchall, David and Laurence Lyons, *Creating Tomorrow's Organizations*, London: FT/Pitman, 1995.

Callahan C. V., B. A. Pasternack, "Corporate Strategy in the Digital Age," *Strategy and Business*, 1999.

Chandler A. D., *Scale and Scope*, Cambirdge, MA: Harvard University

Press, 1990.

Chesbrough H. Open Business Models: How to Thrive in the new Innovation Landscape, Boston: Harvard Business School Press, 2006.

Cheung, S., "The Contractual Nature of the Firm," *Journal of Law & Economics*, 1983.

Cochran. "The Evolution of Corporate Social Responsibility," *Business Horizons*, 2007.

Collins C. J., Clark K. D., "Strategic Human Resource Practice, Top Management Team Social Network, and Firm Performance: the Role of Human Resource Practices in Creative Organizational Competitive Advantage," *The Academy of Management Journal*, 2003.

Conner, K. R. A., "Historical Comparison of Resource-Based Theory and Five schools of Thought within Industrial Organization Economics: Do We Have a New Theory of the Firm?," *Journal of Management*, 1991.

David J. Teece, Gary Pisano, Amy Shuen, "Dynamic Capabilities and Strategic Management," *Strategic Management Journal*, 1997.

Demsetz, Harold, "The Theory of the Firm Revisited," *Journal of Law Economics, and Organization*, 1988.

Dorothy Leonard-Barton, "Core Capabilites and Core Rigidities: a Paradox in Managing New Product Development," *Strategic Mangement Journal*, 1992.

Dorothy Leonmaro Barton, "Core Capabilities and Core Rigidities: A Paradox in Managing New Product Development," *Strategic Management Journal*, 1992.

Dyer, Singh, "The Relational View: Cooperative Strategy and Sources of Inter-organizational Competitive Advantage," *The Academy of Management Review*, 1998.

Epstein, M. J. & Roy, M. J. *Sustainability in Action: Identifying and Measuring the Key Performance Drivers*, Long Range Planning, 2001.

G. B. Richardson, "The Organization of Industry," *Economic Journal*, 1972.

George A. Steiner, John F. Steiner, *Business, Government, and Society*, New

York: McGraw – Hill, Inc. 1997.

Ghoshal, S., Moran, P., "Bad for Practice: A Critique of the Transaction Cost Theory," *The Academy of Management Review*, 1996.

Gray, E. R., J. M. T. Balmer, "Managing Corporate Image and Corporate Reputation," *Long Range Planning*, 1998.

Grieves J., "Introduction: The Origins of Organizational Development," *Journal of Management Development*, 2000.

Heal, G. Corporate Social Responsibility: An Economic and Financial Framework, The Geneva Papers on Risk and Insurance Issues and Practice, 2005.

Hidalgo, C. S. A., R. Hausmann, *The Building Blocks of Economic Complexity*, Partha Sarathi Dasgupta, 2009.

Humphrey J., Schmitz H., How Does Insertion in Global Value Chains Affect Upgrading in Industrial Clusters, Working Paper for IDS and INEF, 2002.

Iansiti M., *Technology Integration : Making Critical Choice in a Dynamic World*, Boston: Harvard Business School Press, 1998.

Jay B. Barney, *The Managing of Organizations: Strategy, Structure, and Behavior*, with Ricky Griffin, Boston: Houghton – Mifflin, 2010.

Joan Robinson. *Economics is a Serious Subject*, Cambridge, English: W. Heffer&Sons, 1932.

Jones, Charles L., "R&D – Based Models of Economic Growth," *Journal of Political Economy*, 1995.

Joseph T. Mahony, J. Rajenaran, "The Resource – Based View Within the Conversation of Strategic Management," *Strategic Management Journal*, 1992.

Julie M. Hite, William S. Hesterly, "The Evolution of Firm Networks: From Emergence to Early Growth of the Firm," *Strategic Management Journal*, 2001.

Kahn. H., "World Economic Development Boulder," *Westview Press*, 1979.

Kaplinsky R., "Globalization and Unequalisation: What Can Be Learned from Value Chain Analysis," *Journal of Development Studies*, 2000.

Kathleen M. Elsenhardt, Jeffrey A. Martin., "Dynamic Capabilities: What are They?," *Strategic Management Journal*, 2000.

Kothandaraman P, Wilson D. T., "The Future of Competition – Value – Creating Networks," *Industrial Marketing Management*, 2001.

L. Kroeber, ClydeKluckhohn., *Culture: A critical review of concepts and definition*, Papers of the Peabody Museum of American Archaeology and Ethnology, 1952.

Lipnack Jessica, Jeffrey Stamps, *Virtual Teams: Reaching Across Space, Time, and Organizations with Technology*, New York: John Wiley, 1997.

Eriksson, K., Johanson, J., Majkgard, A. and Sharma, D. D., "Experiential Knowledge and Cost in the Internationalization Process." *Journal of International Business Studies*, 1997, 28 (2).

Lucas, Robert Jr., "On the Mechanism of Economic Growt," *Journal of Monetary Economics*, 1988.

Luhmann, N., *Social Systems*, Translated by Bednarz Jr., J. and Baecker, D., Stanford University Press, Stanford, 1995.

Lundvall, B. A., Innovation as an Interactive Process: From User – producer interaction to the National System of Innovation. In Technical Change and Economic Geography, edited by G. Dosi, C. Freeman, G. Silverberg & L. Soete, London: Frances Pinter, 1988.

Marshall W. Van Alstyne, Geoffrey G. Parker, Sangeet Paul Choudary, "Pipelines, Platforms, and the New Rules of Strategy," *Harvard Business Review*, 2016.

Marsili O. *The Anatomy and Evolution of Industries: Technological Change and Industrial Dynamics*, Cheltenham, UK&Northampton MA: E. Elgar, 2001.

Michael Jensen, William Meckling, "Theory of the Firm: Managerial Behavior, Agency Costs and Ownership Structure," *Journal of Financial Economics*, 1976.

Mises, L. von, *Human Action*, a Treatise on Economics (3rd edn), Chicago, IL: Henry Regnery, 1966.

Nelson. P R, Wniter. S. G., *An Evolutionary Theory of Economic Change*, Cambridge MA and London The Bekna Press, 1982.

NicholasGarnham., "Toward a Theory of Cultural Materialism," *Journal of Communication*, 2006.

Nicolai J. Foss., The Resource – Based Perspective: An Assessment and Diagnosis of Problem, Working Paper, 1997.

North, Douglas. C., *Institutions, Institutional Change, and Economic Performance*, New York: Cambridge University Press, 1990.

Patel, P. and K. Pavitt., "The Nature and Economic Importance of National Innovation Systems," *STI Review*, No. 14, OECD, Paris, 1994.

Peng M. W, Heath P., "The Growth of the Firm in Planned Economies in Transition: Institutions, Organizations, and Strategic Choice," *Academy of Management Review*, 1996.

Penrose E. *The Theory of the Growth of the Firm*, Oxford: Oxford University Press, 1959.

Peter F. Drucker, *Management in a Time of Great Change*, New York: Truman Talley/Dutton, 1995.

Prahalad, C. K., el, G., "HamThe Core Competence of the Corporation," *Harvard Business Review*, 1990.

Putnam, Robert, *Making Democracy Work: Civic Traditions in Modern Italy*, Princeton University Press, 1994.

Ralph W. Hidy, Muriel E. Hidy, *Pioneering in Big Business 1882 – 1911, Volume I in History of Standard Oil Company*, New York: Harper& Brothers, 1955.

Ranjay Gulati, Nitin Nohria, and Akbar Zaheer. "Strategic Networks," *Strategic Management Journal*, 2000.

Richard Norman, Rafael Ramirez, "From Value Chain to Value Constellation: Designing Interactive Strategy," *Harvard Business Review*, 1993.

Richard R. Nelson, "Why Do Firms Differ, and How Does It Matter?," *Strategic Management Journal*, 1991, 2.

Romer, Paul M. , "Endogenous Technological Change," *Journal of Political Economy*, 1990.

Romer, Paul M. , "Increasing Returns and Long - run Growth," *Journal of Political Economy*, 1986.

Ronald H. Coase, "The Nature of the Firm," *Economica*, 1937.

Sartorius, Rolf, Vernon W. Ruttan, "The Sources of the Basic Human Needs Mandate," *The Journal of Developing Areas*, 1989.

Scott, W. Richard, *Organizations: Rational, Natural, and Open Systems*, Englewood Cliffs, NJ: Prentice - Hall, 2003.

Shan R. H. , Swaminathan V. , "Factors Influencing Partner Selection in Strategic Alliances: the Moderating Role of Alliance Context," *Strategic Management Journal*, 2008.

Simon, Herbert A. , *Administrative Behavior: a Study of Decision - Making Processes in Administrative Organizations* (4th ed.), New York: Free Press, 1997.

Steven N. S. Cheung, "The Contractual Nature of the Firm," *The Journal of Law and Economics*, 1983.

Teece D, Pisano G. , Shuen A. , "Dynamic Capabilities and Strategic Management," *Strategic Management Journal*, 1997.

Thompson, E. P. , "Time, Work - Discipline, and Industrial Capitalism," *Past and Present*, 1967.

Tsai, W. , "Knowledge Transfer in Intra - organizational networks: Effects of Network Position and Absorptive Capacity on Business Unit Innovation and Performance," *Academy of Management Journal*, 2001, 44 (5).

Warner, W. L. , Lunt, P. S. , *The Social Life of a Modern Community*, New Haven, CT: Yale University Press, 1941.

Weber, M. , "The Business Case for Corporate Social Responsibility: A Company - level Measurement Approach for CSR," *European Management Journal*, 2008.

Werner H. Hoffmann, Wulf Schaper - Rinkel, "Acquire or Ally? A Strategy Framework for Deciding Between Acquisition and Cooperation," *Management International Review*, Wiesbaden Second Quarter, 2001.

Williamson, O. E., "The Vertical Integration of Production: Market Failure Consideration," *American Economic Review*, 1971.

Wood, D. J., Jones, R. E., "Stakeholder Mismatching: A Theoretical Problem inEmporical Research on Corporate Social Performance," *International Journal of Organization Analysis*, 1995.

Zahra S. A., George G., "Absorptive Capability: A Review, Reconceptualization, and Extension," *The Academy of Management Review*, 2002.

图书在版编目(CIP)数据

无边界化重构：回归企业发展本质 / 陈小勇著 . --北京：社会科学文献出版社，2020.9
 ISBN 978 - 7 - 5201 - 7289 - 9

Ⅰ.①无… Ⅱ.①陈… Ⅲ.①企业发展 - 研究 Ⅳ.①F272

中国版本图书馆 CIP 数据核字（2020）第 175066 号

无边界化重构
——回归企业发展本质

著　　者 / 陈小勇

出 版 人 / 谢寿光
组稿编辑 / 邓泳红
责任编辑 / 宋　静

出　　版 / 社会科学文献出版社·皮书出版分社（010）59367127
　　　　　　地址：北京市北三环中路甲 29 号院华龙大厦　邮编：100029
　　　　　　网址：www.ssap.com.cn
发　　行 / 市场营销中心（010）59367081　59367083
印　　装 / 三河市尚艺印装有限公司

规　　格 / 开 本：787mm × 1092mm　1/16
　　　　　　印 张：17.5　字 数：269 千字
版　　次 / 2020 年 9 月第 1 版　2020 年 9 月第 1 次印刷
书　　号 / ISBN 978 - 7 - 5201 - 7289 - 9
定　　价 / 98.00 元

本书如有印装质量问题，请与读者服务中心（010 - 59367028）联系

▲ 版权所有 翻印必究